# 预　见
## 中国信息社会的下一个十年

信息社会 50 人论坛　编

電子工業出版社·

**Publishing House of Electronics Industry**

北京·BEIJING

**图书在版编目（CIP）数据**

预见：中国信息社会的下一个十年/信息社会 50 人论坛编. —北京：电子工业出版社，2022.1
ISBN 978-7-121-37856-0

Ⅰ．①预…  Ⅱ．①信…  Ⅲ．①信息化社会－远景－中国  Ⅳ．①G201

中国版本图书馆 CIP 数据核字（2021）第 251790 号

责任编辑：米俊萍
印　　刷：三河市鑫金马印装有限公司
装　　订：三河市鑫金马印装有限公司
出版发行：电子工业出版社
　　　　　北京市海淀区万寿路 173 信箱　邮编：100036
开　　本：720×1 000　1/16　印张：17.25　字数：276 千字
版　　次：2022 年 1 月第 1 版
印　　次：2024 年 1 月第 2 次印刷
定　　价：88.00 元

凡所购买电子工业出版社图书有缺损问题，请向购买书店调换。若书店售缺，请与本社发行部联系，联系及邮购电话：（010）88254888，88258888。

质量投诉请发邮件至 zlts@phei.com.cn，盗版侵权举报请发邮件至 dbqq@phei.com.cn。

本书咨询联系方式：（010）88254759。

# 编 委 会

# 序言/Foreword

## 下一个十年的主题是数字化转型

张新红，信息社会 50 人论坛理事、2021 年度轮值主席；长期从事信息社会和数字经济理论、实践及政策研究，参与一系列相关政策的研究制定工作。

以 2011 年为起点，不知不觉间，信息社会 50 人论坛（以下简称论坛）已经成立十年了。

在准备十周年庆祝活动期间，秘书处要求发表一下感言，我就写下了这样一段文字："信息社会 50 人论坛成长的十年，是中国信息化事业一路高歌猛进、激情燃烧的十年，也是中国从工业社会向信息社会加速转型的十年。很高兴能与一群有思想、有担当、有意思的专家学者一起见证中国信息社会发展的恢弘实践，并与论坛一起成长进步。在过去的十年里，论坛做了大量卓有成效的工作，无论是整理出版年度报告、评选年度十件大事，还是开办信息社会北大讲堂、推出大趋势讲座，以及进行多种形式的调研、咨询、研讨活动，都对增进信息社会共识、传播信息社会理念、指导信息社会实践起到了很好的作用。同很多论坛专家的想法一样，我很喜欢论坛松而不散、零而不乱、活而不泛的平台特性，喜欢论坛专家们包容、理性、乐观的思想基因，喜欢论坛里充满正气、正理、正能量的学术氛围。论坛是时代的产物，理应走在时代潮流的前端，呼应时代的需求。真心希望在今后的时间里，能够继续与论坛专家们一起一如既往地当好信息社会发展的观察者、思想者、守望者。"

自 2013 年起，论坛每年都会公开出版一份年度报告，实际上也是论坛专家们的代表性思考成果汇总。在第一份年度报告《边缘革命 2.0：中国信息社会发展报告》的序言中，我介绍了论坛成立的背景、过程，将年度报告看成"关于信息社会的新思维魔方"。

本书就是论坛 2021 年的年度报告，将其命名为《预见：中国信息社会的下一个十年》，有两层含义：一是站在论坛成立十周年的重要节点上，需要对下一个十年信息社会发展的前景做出预判；二是与过去的十年相比，下一个十年存在更多的不确定性，需要更大的智慧去思考、应对。

在过去的十年里，中国作为世界第二大经济体，依然保持了较快的发展速度，人均 GDP 从 2010 年的 3566 美元到 2020 年一举突破 1 万美元大关，"中等收入陷阱"的梦魇已然淡去。这一成就的取得来之不易，也合情合理。据测算，"十三五"时期，中国数字经济年均增长 16.6%，对 GDP 增长贡献率超过 67%。移动互联网、物联网、大数据、云计算、人工智能等新一代信息技术及其应用快速发展，不仅为经济和社会发展提供了新型动力，还带来了一系列新产品、新产业、新业态、新模式、新职业等数字新物种。我们有理由说，是信息社会的到来给中国提供了千载难逢的历史性机遇。

下一个十年又将如何呢？5G、大数据、区块链、人工智能、工业互联网、数字孪生、量子计算等技术演进一定还会创造令人眼花缭乱的精彩瞬间，但也必须考虑百年未有之大变局、逆全球化潮流、新冠肺炎疫情、数据治理陷阱等可能带来的不利影响。当这个神奇的时代被贴上复杂、脆弱、不确定的标签时，我们需要更多的理性、智慧和大格局。

这些年遇到迷思时，我已经习惯于向论坛专家们寻求答案，翻阅一下论坛年度报告总会收获满满。本书就收录了近 30 位专家的最新思考及多家研究机构的课题报告，相信对大家理解信息社会的下一个十年也会有帮助。

在"预见"篇中，我们会看到胡泳对 21 世纪的见解、段永朝对"六根重塑"的布道，也会看到胡延平对虚实互联网、吕廷杰对经济转型、杨培芳对公共经济领域社会化改革所描绘的图景，腾讯研究院的报告则提供了一幅栩栩如生的未来负责任企业的画像。

在"变轨"篇中，姜奇平看到了数字经济的价值本体，安筱鹏找到了数字化转型的核心要素，司晓揭示了产业互联网的战略价值，余晓晖描绘了工业这个主战场，汪向东力主"数商兴农"，吴秀媛呈现了农业数字化"3M"模型，中国社会科学院信息化研究中心探讨了双循环背景下的数字经济，阿里研究院细说了数据生产力。

在"重建"篇中，狄增如通过系统科学洞察复杂世界，张永生、马旗戟盯上"双碳"目标，梁春晓、张新红、左美云、刘浏着力思考、荐智以化解"超级老龄化"，张国华、杨冰之力图撬动城市数字化转型，国家信息中心报告共享经济发展概况。

在"治理"篇中，高红冰强调数据监管的重点应放在使用环节，吕本富建议数字资源"三权分离"，邱泽奇解析算法监管如何应对"沉默的螺旋"和"系统崩溃"，何霞演绎自动驾驶的中国故事，励勤、周涛为数据要素流通如何分账提供框架模型，中国信息通信研究院政策与经济研究所画出培育数据要素市场的路线图。

每位专家的视角不同、关注点不同，看到的未来图景可能也不一样，但几乎所有专家都在强调一条主线：数字化转型。其实，从2020年起，以"数字战疫"为标志，整个人类已经进入了一个数字化全面转型的新阶段，国家、地区、城市、产业、企业甚至个人都将经历数字化转型的洗礼和磨炼，这个阶段可能要持续十年、二十年甚至更长时间。主动转型还是被动转型，体验和结果可能会大不一样，本书中专家们的思考也许能够帮助我们做出更好的选择。

每个人都可以从专家们对未来的分析、描绘中找到自己想要的知识，形成一个关于下一个十年数字化转型的拼图。

我很欣赏本书中一篇文章的结语：前方不是坦途，但肯定足够精彩。

张新红

2021年9月

# 目录/Contents

## 治　理

预见

# 胡　泳｜
# 21 世纪，人类历史的枢纽期

胡泳，信息社会 50 人论坛成员、北京大学新闻与传播学院教授；致力于在文化、技术和政治的交叉点发现有趣的东西，特别是解放性的文化实践、网络和网络社会理论、数字经济与管理，以及人的主体性。

英国作家伊安·莫蒂默（Ian Mortimer）的书《变革的世纪》中，讨论了这样一个问题：哪个世纪我们看到的变革最多？伊安·莫蒂默认为，11 世纪最重要的成果是城堡，12 世纪最重要的成果是法律和秩序，13 世纪最重要的发明是市场，14 世纪最大的变化是瘟疫（当时黑死病横扫整个欧洲，造成欧洲约 1/3 的人死亡），15 世纪最重要的人物是哥伦布，16 世纪最重要的变化是个人暴力的减少，17 世纪最关键的是科学革命，18 世纪最重要的事件是法国大革命，19 世纪最重要的产物是通信，而 20 世纪最重要的变革是对未来的发明。

毫无疑问，技术极大地改变了我们在 20 世纪的生存和死亡方式。但是，它也标记了可能更为深刻的变化。1900 年，很少有人认真考虑过未来，而今天，我们几乎预测所有事情：天气会怎样，股市又如何，我们需要什么样的住房，我们的退休金将价值多少，等等。我们越来越多地讲述将要发生的事情，而不是已经发生的事情。在这个意义上，我们把 20 世纪视为现代世界的起点——人类从此开始考虑未来。

21 世纪，迄今已迈过 20 年，如果说 20 世纪是现代世界的起点，那么，我们又将如何描述 21 世纪呢？

我认为，21 世纪是人类历史上最重要的世纪，虽然这个世纪还远远没有过完。这并不是因为你我身处这个世纪——我们都知道,人类拥有一种将自己的时代看成前所未有、独一无二的时代的倾向。有三个理据可以证明我们生活在人类历史的关键时刻。

## 一、危险时刻

第一个理据可以叫作"危险时刻"。

这个理据很简单:21 世纪,我们只有克服巨大的挑战才能拥有未来,仅此一点,就足以使其成为迄今为止所有世纪中最重要的世纪。假如被这些挑战所击败,人类就将处于毁灭的边缘,这也令 21 世纪比未来的世纪更加关键。

牛津大学的哲学家托比·奥尔德说:"按照人类历史的标准,我们目前正处于一个非常特殊的时期,我们的行为可能会破坏我们的世界。"他的同事尼克·波斯特洛姆将此称为人类的"存在风险"(Existential Risk),即某些威胁可能导致人类灭绝或摧毁起源于地球的智慧生命。

过去,人类不可能完全消灭自己。然而,并不算太久之前的 1945 年,人类在战时首次使用核武器,发展出灭绝自身的能力。从那以后,我们不断磨炼这种死亡能力,现在地球上有了不少核武器。专家们对核战争到底会带来多大的灾难持不同看法,但很显然,从某种意义上说,人类自毁不再遥远,而且变得越来越容易。

我们也朝着其他威胁文明的方式迈进——从气候变化到流行病,从基因技术到人工智能。随着我们侵占自然并把人口扩大到近 80 亿人,病毒可能反复来袭,这是与我们这个物种必然相伴的灾难。气候变化不会使地球变得无法居住,但它肯定会使其变得更脆弱、弹性更低,使全球协调性下降,并且更容易受到生态系统或地缘政治环境的其他冲击源的影响。人工智能研究者对于颠覆性人工智能技术究竟是 10 年还是 200 年到来并没有共识,但许多人同意,除非经过精心设计,它的降临将会是灾难性的。

根据存在风险论,从我们发明各种自毁方法到某种形式的全球治理浮现,令我们可以通过协调且系统的方式解决挑战而不是依赖运气的时期,构成历史上的枢纽期。只有我们在接下来的时间内采取明智的行动，人类才将得以度过最危险和最具决定性的时期。没有度过这个时期之前，每个人都是凭运气生活，存在巨大的偶然性。

我们不能确定这个非常特殊的时期正好是一个世纪之久，它很容易持续数百年。但极其明显的是，枢纽期不会永远持续下去。如果我们每年仅靠运气生存，那么到了某些年份，我们会倒霉。

美国人口生态学家保罗·艾里奇最有名的著作是于 1968 年出版的轰动一时的《人口爆炸》，该书认为世界人口当时已经超过了地球生态环境的承载能力，正威胁着整个人类的生存。由于出版社的决定，他的妻子安妮·艾里奇没有成为《人口爆炸》一书的共同作者，但他们之后的很多书和文章的署名都是艾里奇夫妇。

这对夫妇写过一本书叫《灭绝》，其前言中介绍的一个寓言很快就在生态学术圈中流传开来，就像"人口炸弹"的比喻对外界产生巨大影响一样。

这个寓言讲述的是，一位旅客注意到一位机修工正从他将要乘坐的飞机机翼上敲出铆钉，机修工解释说航空公司将因此获得一大笔钱，同时，机修工也向这位震惊的旅客保证，飞机上有上千铆钉，绝对是万无一失的。事实上他已经这样做了一阵子，也没见有飞机掉下来。

这则寓言的重点在于，我们无从知晓究竟哪一颗铆钉会导致飞机失事。对于乘客而言，哪怕敲掉一颗铆钉都是疯狂的行为。然而，艾里奇教授却严正指出，在地球这艘大型宇宙船上，人类正在以越来越快的速度敲掉一颗颗的"铆钉"："生态学家并不能预言失去一个物种的结果，正如乘客无法估计飞机失去一颗铆钉会有什么后果一样。"

这个寓言精妙地显示了我们每年都在依靠运气生存。因此，存在风险论的研究者希望我们能够结束导致危险的全球局势，而非仅仅试图度过危险的每一年。如果我们能够做到这一点，将对未来产生巨大的决定性影响。

## 二、价值锁定

第二个理据叫作"价值锁定"。

价值锁定观点认为，在不久的将来，人们可以通过某些方式为更遥远的未来的人类后代锁定一种特定的路线。如果这样做，我们需要确保我们不会锁定未来道德进步的潜力。一些研究人员认为，开发更先进的技术将意味着把有关人类价值观的许多最重要的问题有效地置于人类控制之外。如果我们对率先问世的先进计算机系统进行编程，让它分享我们的价值观，那么它就会按此运行，哪怕我们后来决定想要某种不同的东西。

第二次世界大战期间，阿兰·图灵密码破译小组的首席统计师兼数学家古德大概是清晰阐述人工智能未来图景的第一人。他于 1965 年这样写道：我们把超智能机器定义为具备超越所有聪慧人类智能活动的机器。考虑到设计机器是智能活动的一部分，那么超智能机器甚至能够设计出更好的机器。毫无疑问，肯定会出现诸如"智能爆发"这样的局面，人类智能会被远远地甩在后面。因此，第一台超智能机器将是人类创造的最后一台机器，当然前提条件是这台机器足够听话并告诉我们要怎样才能控制它。

在《超级智能》一书中，尼克·波斯特洛姆循着古德的思想认为：如果有一天我们发明了超越人类大脑一般智能的机器大脑，那么这种超级智能将会非常强大。并且，正如现在大猩猩的命运更多地取决于人类而不是它们自身一样，人类的命运将取决于超级智能机器。……一旦不友好的超级智能出现，它就会阻止我们将其替换或者更改其偏好设置，而我们的命运就因此被锁定了。

所以，超级智能带来的挑战很可能是人类面对的最重要和最可怕的挑战。而且，不管我们是成功还是失败，这大概都是我们将要面对的最后一个挑战。"我们要的不仅仅是娴熟的技术以引发智能爆炸，我们还要能在更高水平上掌握控制权，以免我们在爆炸中身首异处。"

大多数关注"价值锁定"的研究人员都在考虑人工智能问题。不过还有一种更一般的说法，牛津大学学者威尔·麦克斯基尔将其总结为："最关键的点是我们如何开发用于设计谋划人类后代的动力和价值的技术（可能通过人工智能，也可能通过其他技术，如基因工程或先进的洗脑技术）。"换句话说，如果我们在这一步形成的是足够专制和强大的威权，可能意味着子孙后代将无力推翻或改革新技术。

## 三、群体行动

关于 21 世纪的与众不同，还有最后一个理据。在大多数历史上，即使人类就某一种行动方针达成一致，整个世界也无法围绕这种方针进行协调。而全球通信技术已经改变了这一点。

在涉及人类交往的情况下，群体行动问题无处不在，因此它是经济学和政治科学的核心。例如，诺贝尔经济学奖获得者埃莉诺·奥斯特罗姆就声称："群体行动理论是政治学的中心主题。"任何时候只要个人在不付出时间和精力的情况下可以从他人的昂贵行动中受益，社会就会面临群体行动的困境。而在此困境中，人类并非一筹莫展，是可以找到应对机制的。21 世纪的一个关键任务就是去发现并实行这样的应对机制，由此在全人类的层面上达成一致并开展共同行动。

同样，在大多数历史上，经济增长缓慢或根本没有增长。而现在，经济正在快速增长，各行各业都充满了变革。有人认为这不可能持续到遥远的未来，因为各国仍然在使用 20 世纪的标准来衡量幸福感，这个标准就是国内生产总值（GDP）。为了全球经济的可持续发展，我们既需要捕捉生产资本和金融资本，又需要重视劳动力技能（人力资本）、社会凝聚力（社会资本）和环境价值（自然资本）。

## 四、形成未来的两条道路

所有这一切，使得 21 世纪成为一个不寻常的时期——也许是决心改变世界的人们被赋予这样做的非同寻常的权力的时期。听起来，有关 21 世纪可以称为人类历史上最重要的世纪的宣称，无论你同意也好，不同意也罢，似乎都是主观抽象的看法。然而，是否同意该宣称，其实绝非无关紧要。

如果 21 世纪是一个非常关键的世纪，那么对未来而言，最好将重点放在我们面前的紧迫挑战上，如将我们所有的资源都用于应对即将到来的最大威胁。而如果它并非那么关键，那么专注于我们如何塑造子孙后代就更有意义了——也许建立新的长期机构、资助哲学和伦理研究及努力改善网络时代的教育，对未来才是更重要的。

一些研究远景的人认为，我们最需要采取有针对性的干预措施，以使远景变得美好。所谓有针对性的干预，就像阻止小行星撞击地球一样。其他人则倾向于以非常广泛的方式来帮助形成遥远的未来，如使民众变得更加利他、受过良好教育或富有同情心，相信无论未来遇到什么问题，这些方式都可能提供帮助。因此，判定 21 世纪是否独特，或者至少是否非同寻常，可能会影响一个决断：到底是有针对性的干预更好，还是广泛的帮助更好。

我想引用过去十年来量子技术的快速发展进一步说明这一点。未来虽然是不可预测的，但幸运的是，量子理论告诉我们，不可预测性不一定是一件坏事。实际上，可以将两个量子位锁定在一起，以使它们各自都不确定，但同时它们又可以完美地实现同步——两个量子位均为 0 或均为 1。也许它也为我们如何面对未来提供了一个方法——通过负责任的计划（同时包含未来的不确定性），人类可以提高对未来做好准备的概率。

简而言之，我们如何看待 21 世纪的威胁，可能会大大影响我们如何应对这些威胁。而在全世界非常需要大国携手处理一些关键事情的时候，中美之间的摩擦却在加大。这进一步加剧了我们面临的风险，使得 21 世纪成为人类历史上最重要的世纪。

## 段永朝|
# 六根重塑，喜忧参半的困局

段永朝，信息社会 50 人论坛执行主席、北京苇草智酷科技文化公司创始合伙人、杭州师范大学阿里巴巴商学院特聘教授；著有《互联网思想十讲：北大讲义》《新物种起源：互联网的思想基石》等。

与人工智能相比，虚拟现实的热度似乎没那么高。

人们接触虚拟现实，更多是从游乐场、科技馆或博览会的展台上，戴上虚拟现实头盔，玩一玩虚拟的赛车、滑雪、登山，体验心跳加速的感觉，发出阵阵尖叫。

与大量的人工智能应用，如机器翻译、语音识别、人脸识别、无人机、自动驾驶，还有各式各样的智能机器人相比，虚拟现实似乎更像玩具，是用来炫酷的。当然，更多惊艳的虚拟现实画面是通过科幻大片呈现的，也着实刺激得人脑仁儿疼。不过，从近几年黑科技迅猛发展的势头看，虚拟现实这一领域对人的感官系统的重塑可能来得更令人猝不及防。

## 一、主体性：虚拟现实的起点

如果从 20 世纪中叶训练飞行员的模拟器算起，虚拟现实已经有超过半个世纪的历史。1965 年，美国施乐公司的科学家萨瑟兰就开发了交互式显示技术，为后来个人计算机图形显示器奠定了基础。1977 年，萨丁（Sandin）研制出数据手套，可以用手指与计算机交互；1984 年，VPL 公司的兰尼尔（Lanier）首次提出"虚拟现实"的概念。经过半个多世纪的发展，虚拟现实已经在动漫游戏、模拟仿真、训练演练、沉浸体验等领域取得长足的进展，特别是近几年与人工智能、大数据、三维显示、神经网络、脑机接口等技术的融合，使得虚拟现实向数字环境建构、沉浸式深度体验、立体显示与交互等方向发展，日益显示出诱人的应用前景。

然而，直接作用于人的感官系统的数字技术在引发人们兴奋的尖叫声后，越来越带来令人不安的遐想：在人类所构建的虚拟世界中，作为肉身存在的人，是否会迷失自己，从而丧失对自我的把握和认知呢？长期沉浸在虚拟现实的环境中，是否会导致人的精神迷乱？虚拟实景与物理世界的分界线到底在哪里？这些问题最终都归结于对人的主体性的再认识。所以，虚拟现实技术的发展将带来对人的主体性的重塑，这已经是一个紧迫的哲学问题了。

对人的主体性的关注，是西方两千年哲学的主脉。从柏拉图开始，一直到康德，西方古典哲学始终在追问"我是谁？"这个问题。答案自然五花八门、流派众多。法国思想家笛卡儿曾经为这个问题烦恼万分：我怎么才能证明我自己的存在？借助"梦境分析"，笛卡儿最终得出一个"金句"："我思故我在。"当然，影响后世的还不是这个"金句"（这个"金句"太多人能脱口而出），而是笛卡儿创立的"思维方法"，即主体与客体的两分法。简单地说，在笛卡儿看来，横亘在主体、客体之间的边界是清晰的。

两分法可谓塑造了此后数百年人们看待世界、思考问题的基本框架。比如你站在这里，眼观六路、耳听八方，感知着周遭世界，盘算着、思忖着，与这个世界打着交道。这个世界就在那里，是"客观存在"的，不管你看或不看，闭上眼睛你都知道，"世界"就在那里。

当然，哲学家眼里的世界，要比你眼里的世界复杂得多。"主体性"的问题在哲学家眼里，挑战就没断过。古希腊的"忒修斯之船"就是一桩典型的公案。这桩公案说的其实是"万物流变"——用中国古人的话说，是"抽刀断水水更流"，或者"子在川上曰，逝者如斯夫，不舍昼夜"。将其翻译成"大白话"，就是"太阳每天都是新的"，或者"每一秒钟的你都与众不同"。

不管你对哲学有多深的造诣、多浓的兴趣，"主体性"这一问题是一个迄今为止仍然说不清、道不明的问题。笛卡儿的两分法简单又奏效，且顽固地植入人们的思想底层。不过，这一情况在过去 100 年里正在渐渐改变。

借助相对论、量子力学知识，很多人都明白了一件事，就是"观察者视角"，这比笛卡儿的两分法又复杂了一个数量级。因为，当你意识到有"观察者视角"这回事时，其实心中已经悄然植入了比"观察者视角"更高的视角，暂且称之为"上帝视角"。用卞之琳的诗说明这种情况，就是"你站在桥上看风景，看风景的人在楼上看你"。

在胡塞尔的现象学之后，一些哲学家把主体的问题暂时"悬置"起来（因为这道题实在是太难了）。哲学家开始回到现象本身。此时，哲学家思考问题的角度，与笛卡儿"旁观式"的姿态相比，已经有了巨大的变化。哲学家在思考主体进入客体的可能性（或者反过来，客体进入主体的可能性）。比如海德格尔就试图用精妙的语言描述、辨认被抛来抛去的、千变万化的"主体"，以及在上下翻腾、纠缠不休的存在、这一刻的存在、稍纵即逝和面目全非的无数个此在之间那些说也说不清的关系。

没办法，西方哲学就是这样的。东方哲学的表述则不是这样的。东方哲学面临这种令人辗转反侧的话题，不是把酒临风、吟诗作赋，就是结跏趺坐、面壁不语。

话说回来，不管西方哲学如何流派繁多，不得不承认笛卡儿两分法的思想还是很厉害的。在主体和客体之间画出一条清晰的边界，以便能"把持住"这个世界，依然是大家挥之不去的朴素情怀。

这个坚硬的"主体性"与虚拟现实是何种关联呢？按照哲学家的解释，人的主体性其实是对人的独立性、自主性的确认。这种确认的关键是理性支撑下的人的抽象的规定性。当这种"主体性"受到怀疑、立足不稳的时候，人的存在就变得十分脆弱了。相应地，建构于这种"主体性"确认基础上的人的经验和知识，也将变得支离破碎。虚拟现实所面对的恰是"主体性"这一历经岁月所建构的"人的安乐窝"，这种自我意识、自由意志、自主经验一旦遭遇数字世界的冲击，将对"主体性"这一人的认知底座产生巨大的冲击。

## 二、无缝穿越：真正的危险边缘

头盔是虚拟现实的标志性装备。如果按萨瑟兰发明的第一款可跟踪头盔算起，虚拟现实的起源比互联网的前身阿帕网还要早一年，即起源于 1968 年。数十年里，虚拟现实主要还是用在游戏、仿真等场景，是作为工具来使用的，是人的感官的延伸。但今天虚拟现实的发展已经与其有天壤之别了。

虚拟现实已经使人们可以穿越虚实边界，进入有无之境。今天的虚拟现实研究者们致力于从技术上探索这种"虚实边界的无缝穿越"，这种穿越可能给人的情绪、心智、认知带来令人震撼的冲击和影响。如果说巨大的冲击在探察技术边界的话，那么对深远影响的思考就属于哲学范畴了。

这是真正的危险边缘。

科幻大片总是给人们展现各种超越当下物理定律的景观，典型的就是时空隧道。人们对黑洞、星际旅行、时空隧道总是充满好奇和激情。在技术手段还十分匮乏的年代，科幻作者们就曾设想过时空穿梭机。不过，那毕竟是科幻大片的艺术展现。

人们对当今黑科技最大的恐惧和担忧就在于其可能被某种不可知的力量所操控。从技术角度看，这是完全有可能的。这种可能性体现在两方面：一方面是虚拟现实提供的，虚拟现实可以深度侵入人的感官系统，重塑人的感知界面，达到"以假乱真"的境地；另一方面是代码化，所有的数字装置都依赖开放编码来运转，这些代码可能是事先写好的，也可能是动态生成的，还可能是根本就像"被污染"的纸巾一样"粘"到干净的代码片段上的。这两方面让无论是专业人士，还是普通人，对技术驱使下的未来世界既充满好奇，又充满恐惧。

思考这些问题，是哲学家的工作。

技术变革影响世界的程度已经远远超过了工具理性的范畴。在技术飞速发展的今天，人们对哲学、思想的渴望更加急迫。马克思曾指出，以往的哲学致力于解释世界，而今天的哲学则致力于改造世界。马克思认为，从古希腊到康德、黑格尔的古典体系，总是试图给出关于整个世界的完整认识的哲学姿态，但这已经远远不够了。

虚拟现实的危险是什么？就是"界线消失"，用我这些年讲授"认知重启"课程的话，就是"六根重塑"。技术深度介入世界的后果，就是人的感官被大大重构。我们所见、所感的世界早已不是纯粹的"第一自然"，而是"第二自然"甚至"第三自然"。

如果还是沿用笛卡儿的两分法看世界，就会感到莫名的困惑和焦虑：过去，硬邦邦、明晃晃的"主客分界线"是这个世界平稳运转的保证，也是主客之间不可逾越之门，但今天，这个门至少被打开了，甚至被拆掉了。

今天谈论前沿科技，往往会涉及一长串技术名词：5G、物联网、大数据、人工智能、机器人、虚拟现实，如果加上神经网络、基因编辑、脑机接口，那就更不得了。这些名词背后的技术联起手来，这个世界的面貌必然大变。中山大学虚拟现实实验室的翟振明教授将这一画面描述为三个层级：底层是以物联网为核心的冷冰冰的网络；中间层是"主从机器人的遥距操作"，也就是交互层；最上面还有一层，就是虚拟现实环境下的人际网络。

这就是说，未来我们可能会告别今天这个熟悉的世界：和煦的风，狂暴的雨，嘈杂的闹市，宁静的泊船……画面还是那个画面，但你知道这一画面中，有多少合成物，掺入了多少代码调制？

翟教授的思考，就站在这一画面的边缘处。在他眼里，这个世界不但是危险的，而且是"邪恶"的。或者换一个委婉的说法，这个世界具备相当的"邪恶的可能性"。

为什么？因为这个世界将摧毁自由意志，摧毁人。与诸多具有人文情怀的工程师、科学家一样，翟教授坚定地认为，他之所以做实验，触碰虚拟现实的"危险边缘"，甚至申报技术专利，是希望"捍卫人的尊严"，希望像古罗马的门神雅努斯那样，守望过去，祈祷未来。万丈深渊的边界、善恶的分水岭在哪里？他没有画地为牢地进行假设（一元论或二元论，这恰恰是西方文化数千年争执不休的一个元问题），他内心只有一个愿望：在万丈深渊的边缘插上警示牌。

### 三、六根与三观：亟待探索的造世伦理学

在我看来，虚拟现实最为重要的意义是两个：一个是它提出并深化了一个重要的问题——随着技术的发展，随着虚实边界的消弭，这个世界"堕落"的可能性有多大；另一个是它促进了东西方文化的对话（我觉得是暗含的）。

对未来世界的预测，这些年来悲观的论调其实已经不少了。比如受到广泛批评的马斯克关于"脑机接口"的论调。其实马斯克本人在这一问题上也异常分裂。他一边义无反顾地试验着各种大脑植入芯片的可能性，另一边对未来世界极度担忧，甚至认为"人工智能可能在五年内接管人类"。另一位历史学家——以色列的教授赫拉利，在《未来简史》一书中宣称，99%的人在高科技面前都会蜕化为"无用之人"。这个说法其实并非赫拉利首先提出。

1995 年 9 月，美国旧金山费尔蒙特大饭店聚集了 500 位世界级的政治家、商界领袖和科学家，他们所描绘的人类"正在转入的新文明"中，有一个重要的特征，就是"在下个世纪（21 世纪），20%的有劳动能力的居民就足以维持世界经济的繁荣"。那么剩下的 80%的人干什么呢？布热津斯基还专门用一个词表达这层意思，就叫"靠喂奶生活"（Tittyainment）。今天人们更熟悉的说法叫"奶头乐"。

当越来越多的头盔被卖出去时，当越来越多的裸眼 3D 成为日常生活无法摆脱的常态时，某种潜藏很深的认知重塑过程其实已经开始了。

比如"注意力"这个话题。注意力问题长久以来游离于严肃的科学之外。科学家认为这是一个心理学问题，心理学家认为这是个哲学问题，而哲学家又认为这只不过是一个"感知测量"的试验问题。过去 40 年来对这个问题的探究证明，这个问题至关重要。美国艺术史家乔纳森·克拉里在《知觉的悬置：注意力、景观与现代文化》中指出，人们以为的"注意力"，与其说是一个"自然的过程"，不如说是对"意识"挤压的过程。通俗地说，就是人们以为"看世界"是一个完全自主的过程，人们可以自由地行使自己的"看视权"。殊不知，经过

千百万年与周遭世界的视听感知交互，"本能与天性"中已经慢慢渗透、沉淀、挤压成型了大量看世界的"取景框"，这些"取景框"构成了人们"看世界的意识构造"。

电学和光学效应被用于广播、电话、电视，以及今天的计算机、互联网、手机，一系列声/光/电的生活装置和生产装置，其实已经悄然改变了人的"六根"。现代人的"六根"与秦汉时期、唐宋时期人们的"六根"已经大大不同。如此来说，"三观"怎么可能毫无变化地沿袭至今呢？

"六根重塑"，其实在哲学、伦理学的意义上，就是三观重塑的过程。

技术对生活世界的重构，从石器时代就已经开始了，只不过这种重构时而缓慢、时而疾速。例如，在近代艺术领域，近代艺术家为何在 19 世纪中叶之后，陷入某种烦躁不安的境地？在数百年宫廷画、写实主义占主流的情况下，为何忽然出现了色彩斑斓的"印象派"？这涉及很多因素，但其中一个因素，可能是化学颜料的出现。

对达芬奇、鲁本斯、拉斐尔那个时代的人来说，手工调制颜料是一个画家的本分。现代画家已经没有这一"福分"了。化学颜料的出现仿佛给画家装上了"义肢"——换一种说法，就是画家其实被截肢了。这就是"六根重塑"的真实过程。

当这件事情一旦发生，或者一旦被意识到已经发生，剩下的事情就变成"遥远的追忆"了。生命列车，已经驶入了扳好的另一股岔道。

虚拟现实的深入研究需要关注其哲学层面的"长期演化路径"，核心思想是提醒人们"要开始应对无节制的技术颠覆"了。

虚拟现实绝不仅是技术，更事关人类文明的存续。对中国人来说，基于传统东方文化领悟"天人关系"是理解虚拟现实的一个重要视角。100 年来哲学思潮最伟大的发现，其实是发现不可能。"空无"，并不是"空白"。中国古代贤哲对超越有无之境有自己独到的视角。无论是孔子、孟子，还是老子、庄子，驾驭有无的至妙法门是除却黑白的第三极：中道。

用中道的思想"统摄"有无，需要极大的耐心、极强的意志和精妙的自我把持能力。

这个世界并非用钻探、挖掘、还原的方法就可以穷尽。但今日之中国人，已经走出了明清时学者的那种局限性。在复杂多变、纵横交错的当下世界，要进退有度不是那么容易的事情，特别是在人工智能、大数据、物联网、5G、虚拟现实、数字货币等高科技正在铸造未来数字世界的新型基础设施的时代，我们一方面要有扎扎实实的硬实力，另一方面要保持巨大的虔诚和敬畏。能很好驾驭"为"与"不为"的，恰恰是中道。

但是，中道并非坐而论道。我们需要改造世界，也不能忘记解释世界。这个世界不但需要重新解释，更需要在改造中解释。

没有现成的答案。

胡延平 |

# 连接 3.0，未来场景不是元宇宙而是虚实互联网——虚拟世界、数字世界与现实世界的融合发展

胡延平，信息社会 50 人论坛成员、FutureLab 未来实验室创始人、DCCI 互联网数据中心创始人、未来智库专家。

连接 1.0 是信息/通信的人机连接，连接 2.0 是感知/智能的泛在连接，连接 3.0 是虚实世界的场景化融合连接。

互联网 1.0 是信息/通信/关系网络，互联网 2.0 是万物互联的智能网络，互联网 3.0 是真实世界与虚拟世界的交融网络。

交互 1.0 是基于键盘/屏幕/鼠标的人机交互，交互 2.0 是传感意义上的智能交互，交互 3.0 是以多维交感为基础的自然交互。

综上所述，本文的 1.0 相对泛指已经过去的经典互联网时代，2.0 相对泛指正在到来的智能互联网时代，3.0 相对泛指 2030 年前后才会大致成形的虚实互联网时代。

## 一、虚实互联网：基本定义

由于无法用其他既有词汇来准确概括下一个代际网络的发展阶段，我只好自创一个词语——虚实互联网。虚实互联网并非虚拟现实互联网，而是虚拟

现实（VR）、增强现实（AR）、混合现实（MR）及投射或叠加在现实之上的各种虚拟数字场景应用与连接所共同构成的包含基础设施、规则秩序、形同生态的融合世界。

虚实互联网的英文为 Virtu-ality Internet，请注意，其中 Virtu-ality 不是 Virtuality，因为后者在大部分情况下容易被理解为虚拟现实，尽管 Virtual 的英文原意并非"虚拟"，而是无限逼近真实，但在绝大多数时候，它都被理解为"虚拟"。虚实互联网不是过去比特世界/物理世界意义上的分界与连接，而是虚拟/数字场景与现实场景的交融，"场景"是最有助于直观理解虚实互联网的思维角度。另外，虚实互联网的本质不在于互联网，而在于虚拟/数字场景与现实场景投射、叠加、融合式的连接。

## 二、现实世界、数字世界、虚拟世界

现实世界、数字世界、虚拟世界，是虚实互联网所交融连接的三个世界。现实世界自不待言。数字世界是真实世界的数字化（有时被称为数字孪生，尽管并不准确），以及万物互联场景下所有传感/数据/网络/智能的有机组成。虚拟世界是真实世界的人、数字世界与虚拟世界的创造者所创造出来的虚拟事物及其投射向现实世界和数字世界的虚拟部分。

在很多时候，数字世界和虚拟世界是交织、叠加在一起的，以至于难以分辨它们的差别，但更多时候，虚拟世界和现实世界交织、叠加在一起，它们如此密不可分，就像数字世界的相当一部分始终是现实世界的数字映射一样。

虚实互联网起始于 VR/AR/MR 的引入。用户通过游戏产业最先接入虚实互联网。但是，虚实互联网虽然起于游戏，却不会终于游戏。在娱乐之外的生活、商务等领域，虚实互联网都将产生非常广泛的应用。可以说互联网 3.0 就是虚实互联网，智慧科技未来所构建的各种应用场景，就是虚实互联网。

## 三、虚实互联网与元宇宙

进入 2021 年，虚实互联网进一步浮现。在元宇宙（Metaverse）概念中，虚实互联网若隐若现，但虚实互联网是一个远比元宇宙范畴更大的概念。元宇宙还比较远，但虚实互联网的种种形态已经开始呈现。

2021 年，对虚实互联网最有力的一推来自 Facebook，其不仅是全球最大的社交网络的运营者，也是销量占比最大的 VR 产品 Oculus 的出品者。扎克伯格称 Facebook 要从社交公司转型为一家元宇宙公司的消息广泛传播，将 2020 年升温、2021 年大热的元宇宙概念进一步加热，就连 2021 年是元宇宙元年的说法都出现了，Facebook 这个角度的一系列行动由此被推到了宇宙中心一般的玄幻高度。

如果说英伟达加入这个赛道是因为其在图形、计算、人工智能方面的优势，要做虚拟创作平台、计算系统意义上的元宇宙创建者甚至平台运营者，成为元宇宙最核心的基础设施，那么 Facebook 的深层考虑是什么？元宇宙具备生态化条件了吗？元宇宙真的会成为一个"世界"吗？它和虚实互联网是什么关系？

## 四、元宇宙：早期概念、虚实互联网的部分雏形

美国计算机教授弗洛文奇于 40 年前在科幻小说《真名实姓》中构思了一个可以通过脑机接口进入并拥有感官体验的虚拟世界；美国科幻作家尼尔·斯蒂芬森于 1992 年出版的小说《雪崩》中首次造出 Metaverse 这个词，意指一个通过互联网等技术手段将现实世界投射其中的平行宇宙。《真名实姓》《雪崩》中描绘的元宇宙，2050 年都未必能实现。

元宇宙概念头部公司 Roblox 的创始人兼 CEO Dave Baszuck 对这个概念的描述是，现实当中的人通过平台，在虚拟世界拥有身份、朋友，在此可以获得沉浸感、失去现实感知的极致体验，一切都是低延迟、随时随地可以接入的，内容多元化，有其经济系统、数字文明，与现实世界并行不悖、互相影响。

但是，Facebook 的扎克伯格对元宇宙的定义明显超越了 VR 也超越了游戏。"可以将它视为移动互联网的继承者"，是一个"实体互联网"，"由许多不同的参与者以去中心化的方式共同运营"。"对于个人创作者和艺术家，对于想要在远离现有城市中心的地方工作和居住的人们，对于教育或娱乐资源较为有限的人们，元宇宙将为他们带来巨大机会。""如果真能开发出瞬间移动设备，元宇宙大概会

是它最大的舞台。但元宇宙不仅是虚拟现实。你可以在所有的计算平台上访问元宇宙，包括 VR、AR 和计算机，也包括移动设备和游戏机。说到这一点，很多人还认为元宇宙主要是用于玩游戏。娱乐显然会成为其中的重要组成部分，但我不认为游戏就是全部。我认为这是一个持久而同步的环境，让我们可以共处其中。这大概会是一种混合环境，它包含我们当今看到的社交平台，但可以让我们以具象化的方式置身其中。"

看得出来，Facebook 所谓的元宇宙更贴近虚实互联网。即使如此，依然不够。所以这也是为什么本文提到了元宇宙，但重点并不是在阐述元宇宙，更不是在为这个狭窄局限、言过其实、距离实现还比较遥远的概念背书。AR/VR/MR 等是虚实互联网在设备/应用意义上的第一个入口，元宇宙是虚实互联网业态/形态意义上的第一个入口，仅此而已。

元宇宙充满了局限性，它只是现实世界、数字世界、虚拟世界三个世界中的一个，但它有虚实互联网的雏形。所以，通过透视元宇宙的发展路径，探究其各种可能性，有助于分析、认知虚实互联网的样貌/形态。

### 五、虚实互联网雏形的三个基本判断和潜在预期

首先，虚实互联网是范畴更大也更为准确的新形态，元宇宙是最蛊惑人心但最不准确的概念，虚实互联网其实比言过其实、有独立存在意味但实际并不能独立存在的元宇宙更为准确。虚实互联网是各种广义虚拟与现实交融连接的互联网。

其次，元宇宙这一轮概念炒作，目前主要是资本驱动的概念抢注、资源圈地、业务布局过程，处于要素萌发、产品服务集聚阶段；而过度投资可能导致元宇宙相关产业在两三年后遇到类似 2016/2017 年 VR 泡沫破裂市场增速陡降的情形。

最后，虽然群聚效应的临界奇点已经初步显现，但这只会是这个领域的第二次短暂高潮，社交、娱乐、创作、展示、教育、交易意义上的生态形成期开始到来，但是要素就绪、充分连接、场景展开、应用融合的规模化市场启动阶段要在

2030 年前后才会出现；貌似数字世界由实入虚，其实这只是表象，之后会是由虚向实、融合现实，元宇宙不会止步于游戏娱乐、视觉内容，更不会止步于 VR、AR、MR、XR、CR……

## 六、Facebook 意义上的虚实互联网雏形的起步与路径

从连接人（社会网络 1.0）、连接基于关系的信息内容服务（社会网络 2.0）到连接世界（社会网络 3.0），Facebook 这次想要开始连接所有可虚拟、可增强、可混合的娱乐、内容、商务、生活等应用场景，本质是以连接虚拟实现连接世界。

Facebook 想要构建虚拟增强现实世界的基础设施，并从虚拟现实通过投射、叠加，反向映射、进入现实世界，成为现实世界的数字基础设施的一部分。虚拟世界的基础设施和现实世界的基础设施都具有"云、管、端、感、网、智"的架构特征。现实世界的基础设施不仅是过去意义上的通信、连接，还是"现实操作系统"和"场景引擎"，因为在这个操作系统之上运行的不仅是软件，还包括人及其行为、现实世界及其活动。

另外，Facebook 发行虚拟加密货币之心依然不死，只不过这次路径调整为游戏代币、场景代币。从虚拟加密货币到现实世界的通用数字货币，Facebook 有可能走一条迂回的从局部突围之后反向覆盖到现实的货币发行之路。

## 七、虚实互联网的幼稚期：元宇宙技术要件的 6 个瓶颈

元宇宙技术要件不成熟、用户体验不够好等问题，主要集中在"入口"，也就是用户得以接入到虚拟世界的硬件设备，比如眼镜、头盔等。不过总体来说，目前关键环节不同程度都存在一定瓶颈。

（1）视觉。人眼分辨率为 16K。若 VR 等视觉体验要产生真正的沉浸感，16K 只是没有窗纱效应的起点，而要产生流畅、平滑、真实的视觉体验，刷新率至少需要达到 120Hz，在色深色彩范围都相当"粗糙"、只有分辨率比较细腻的情况下，1s 产生的数据量大约为 15GB；对于运动画面，刷新率则需要达到

180Hz 左右。单就显示技术而言，乐观估计，2025 年前后可能达到这个水平，但届时其他关键模组依然无法跟进、配套到这个水平。包括 Oculus Quest2 在内，目前市面上的大部分产品只支持双目 4K，个别可达到单目 4K 水平，刷新率在从 90Hz 往 120Hz 挣扎，像素颗粒清晰可见，是非常简单、粗糙的玩具，甚至只是儿童级别的水平相当业余的玩具。未来视觉技术的另外两个路径更加遥不可及：视网膜投射方式是一条歧路；脑机接口方式可能 2050 年都无法真正用于视觉交互。

（2）算力。在消费级计算设备中，还没有显卡能够支持 16K 的显示分辨率，目前最高端的桌面级英伟达 RTX3090 只能支持到 8K，16K 总像素数相当于 4 个 8K，而 RTX3090 体积硕大，因此不可能用于移动头戴式显示设备。元宇宙的移动设备要实现端侧引擎、端侧智能、端侧 16K 的支持，还要有光追、3D 渲染、透视之类的功能的话，至少五年之内不会出现达到这种算力水平的系统级芯片（SoC）。2028—2030 年才有可能出现达到这个算力水平的 SoC，但仍达不到这类设备所要求的小型化、低功耗程度。裸眼 3D 显示、全息显示的 VR、AR 和 MR 设备，要真正达到让用户有沉浸感的较高级别的体验水准，对数据、算力的要求更高。和二维平面显示设备相比，这类设备技术难度较高，目前难以企及。基于 ARM 架构的移动计算 SoC，开辟了小型化、低功耗、高算力的计算架构的可能，但目前主流 AR/VR 平台应用的高通 XR2，实际水准只相当于中端手机中的 SoC，最高支持 90fps 的 3K×3K 的单眼分辨率，流传输、本地播放支持 60fps 的 8K、360°视频。请注意，这个 8K 只用于流传输、本地播放，可以简单理解为只支持 8K 视频播放，而不可以进行 8K 级别的 VR 引擎的计算处理。

（3）网络。即使 WiFi6 也无法提供实时远程交互或云到端沉浸体验所需的数据带宽，5G 更不能，Starlink 的卫星互联网则远远不能，遥遥无期的 6G 的实际下行/上行速率能不能超过 10Gbps 很难说，基础网络的代际演进不像智能设备迭代那样快，最乐观估计，元宇宙相关关键设备所需的基础网络也要在 2030 年前后才有可能就绪。设备之间的无线串流也只勉强支持目前的粗糙水准。

（4）云。对用户来说，要获得较好的体验，端侧成本就会高，云计算、从云到端的架构有助于改善这个问题，但除了网络带宽瓶颈，云平台本身的性能瓶颈也比较明显。当然，元宇宙要形成开放生态、提供良好位移体验、为创作者搭建生产系统、实现分布式系统之间的对接，则基础设施必须基于云平台。

（5）传感、时延、渲染。向真实、具有沉浸感的用户体验逼近，还有很多技术问题需要进一步解决，如空间感知、动作捕捉、面部捕捉、眼球捕捉。SLAM依然是儿童玩具级别的水平。头部 MTP 时延、操作响应时延、肢体 MTP 时延的改善，需要传感器、算法算力、引擎、操作系统、显示等的协同改善。复杂场景、高精度、3D、高分辨率下的时延和渲染问题更为突出，一些号称元宇宙级别的游戏大作，其实也就是儿童动画片的即视感，与逼真、沉浸式相差甚远。

（6）能效。元宇宙入口设备必须既高性能又低能耗，既小体积又长续航，而在这些方面，英伟达、高通等的 SoC 不仅算力密度在线性增长，能量密度也缓慢地线性增长，因此其能效水平的提升曲线并不支持元宇宙瞬间"起飞"。2021—2025 年，消费级不同级别的高端设备的功耗，即台式/桌面级设备、移动生产力设备、小型便携移动设备的功耗大致呈现为 500W、50W、5W 这三个阶梯。例如，桌面级英伟达 RTX3090 的功耗大致在 300W，使用这个级别显卡的设备综合功耗为 500～700W；高端笔记本电脑功耗为 50W 左右，苹果新一代 Macbook Pro 是其中的佼佼者，常规功耗为 10～30W，部分情况下功耗更高；Facebook 的 Oculus Quest2 电池容量为 3640mA·h，功耗为 7W 左右，续航也就两个小时；粗略而言，在将桌面级设备算力性能提升 2～4 倍的基础上，将其体积和重量缩小到可便携的移动设备水平，再将功耗降低到桌面计算设备的 1%，才可能从根本上解决元宇宙的入口体验问题，而且只是勉强达到基本起点而已。2030 年前后，有可能做到吗？

## 八、告别元宇宙的玄幻，迎接虚实互联网的切实

2020 年，VR/AR 设备全球销量不到手机的 1%，这个数据比什么都能说明问题。已售 VR/AR 设备的使用率、使用时长、用户活跃度更低。

综合来说，元宇宙这个并不准确的概念早来了至少 10 年。游戏娱乐圈追一追、捧一捧、玩一玩就可以了，其他圈层对此大可不必太当真。全球数字治理的疾风骤雨，对于一心想要构建数字理想国的元宇宙来说也不是什么好消息，数据、场景、社区支离破碎，虚拟货币更将受限。数字世界的版图是一回事，数字时代的世界地图是另一回事，主权国家与全球化数字平台的冲突才刚刚开始，超级平台的行为边界面临重新标定。现在是现实世界规则格式化数字世界规则的阶段，不是数字世界为虚实互联网制定规则的最好时机。而如果没有普遍的超越现实世界的数字规则、人人参与的虚拟世界秩序和广泛的智慧基础设施，元宇宙从何谈起？Libra 作为世界货币的梦想已经破灭了，连接世界、元宇宙的理想国能实现吗？这是一场世纪博弈，主权国家与超级平台，用户更愿意把自己的未来交给谁，把数字权力赋予谁？

Facebook 的野心背后，依然是平台+连接的思维，只不过过去成就的是社交网络，未来要成为的是 Matrix 母体。Facebook 看到的是集聚机会、基于集聚的连接机会，将人、场景、应用综合考量，云、管、端、网、智形成一个体系，用户的娱乐、商业、生活都在这个生态中。社交是纽带，全球用户流量是基础，Facebook 要做这些场景的 Matrix，要做连接数亿人及其场景的现实操作系统。英伟达是计算意义上的赋能者/创造者，而 Roblox、Epic 等理解为游戏概念股就好了。

尽管如此，即使 2030 年前后才可能走出瓶颈，产品才可能真正成熟，市场才可能规模化热启动，元宇宙这个概念还是会一直火热下去，因为它是那么蛊惑人心，一如乌托邦、理想国，人人心中都有一个最想要去的彼岸世界，即使人永远身在现实，不可能真的到达那里。

虽然元宇宙如此迷人，令人迷离，它所带来的误导仍然需要被修正。由虚向实是生命本然，由实入虚是生命妄念。次生现实（Secondary Reality）、次生世界（Secondary World）、混合现实（Mixed Reality）都比元宇宙更为准确，但更准确的概念应该是虚实互联网，也就是本文最开始所提出的 Virtu-ality Internet。Virtu-ality 这个创造出来的词，对 Virtuality 的实质进行了还原，即并非虚拟。就本质而言，VR、AR、MR 都是次生现实，它们彼此连接所构成的世界充其量只是次生世界，次生世界与现实世界的融合，是广义的混合现实；而元宇宙，是信念也是妄念，把它当成游戏世界惯常的一种"自我想象"就好了。现实世界始终是第一性的，面向现实世界的连接、交互、投射、融合是"虚拟世界"的正途，Metaverse 永远不可能成为元宇宙。元宇宙无法独立存在，不是彼岸、另一个时空，更不是现实世界必须依附其上的"元系统"。

对持元宇宙观点的业者来说，虚实互联网这个概念并不入耳，但它真切恰当、符合现在和未来的实际状况，它能够将用户从元宇宙的玄幻、迷幻中引导出来，让他们清晰地知道数字世界和现实世界之间的真实关系：数字世界并非另一个宇宙，并非孪生，也并非平行世界，而是现实世界的次生和依存。虚实互联网意味着元宇宙其实依附于现实世界，本质上存在于现实世界中。以眼前的VR/AR/MR 为例，所有虚拟情境、数字场景都不再是孤立的，它是虚拟与虚拟、虚拟与现实、虚拟与增强、虚拟与混合、增强与现实、增强与增强、增强与混合、混合与现实、混合与混合的交融互联。置身其中的用户也彼此连接为全球化社区，形成分布式系统，系统开放对接，场景和场景彼此融合、互相嵌入，虽然是一个网络世界，但终究是世界网络。

# 吕廷杰|
# 从信息经济到数字经济的转型

吕廷杰，信息社会 50 人论坛成员、2020 年度轮值主席，北京邮电大学教授，重庆邮电大学经管学院院长，中国信息经济学会常务副理事长，国际通信协会常务理事，工业和信息化部科技委委员，电信经济专家委员会委员。

目前，我们的社会正在进入数字化转型期，数字化究竟是什么、为什么、怎样做？数字化与信息化的关系又是怎样的？相信这些问题都是社会各界所关注的方向性问题。要想回答这些问题，需要从新基建和"十四五"规划，乃至"十三五"规划说起。

我们知道"十三五"规划的核心任务是去库存、去产能，也就是供给侧结构性改革。这是因为在 2008 年应对因美国次贷危机所引发的国际金融危机的过程中，我国投入了 4 万亿元来稳经济、救市场。但由于管理上较为粗放，进而造成了产能过剩、库存积压等一系列问题，因此就有了"十三五"规划中的供给侧结构性改革等必要措施。

改革开放以来，中国经济成长的三驾马车一直是消费、投资和出口。我国布局"一带一路"的初衷之一，就是要通过基础设施建设，促进人、财、物和信息的国际间流动，从而推动出口，提振国际经济活跃度。然而由于新冠肺炎疫情影响，加之美国特朗普政府的一系列反全球化举措，我国短期内无法实现所期待的目标。因此，拉动我国经济中长期增长的任务就落到了消费领域。尽管 2020 年是中国社会商品零售总额最高的一年，然而，也仅仅达到同期美国社会商品零售总额的 96%，而中国的人口数是美国的 4 倍。这就意味着，如果中国人均消费水平达到或接近美国的水平，我们的消费市场至少还能增长 4 倍。

拉动消费的市场目标在哪里？近中期投资驱动的新基建给出了答案：5G、特高压、城际高速铁路和城际轨道交通、新能源汽车和充电桩、大数据中心、人工智能、工业互联网等。可见，与传统基建相比，新基建发力于科技端，注重的是中长期的价值配置，且大多与信息科技相关。由此可以判断，中国未来经济增长的推动力来自高端制造业，而数字化正是打造未来高端制造业的核心抓手。为什么这么说呢？

统计数据表明，2020 年中国的 GDP 达到 101.5986 万亿元，而国家统计局公布 2020 年全国共 14.1178 亿人，这说明中国已经成功突破了中等收入陷阱。所谓的中等收入陷阱，是西方经济学家提出的一种经济发展格局，指当人均 GDP 接近或达到 1 万美元时，经济体的经济就会停滞不前。因为一些经济学家认为，发展中国家和欠发达地区在经济发展初期可以利用资源输出和人口红利获得短期的经济成长，但资源会枯竭，大量低收入人群会因为收入的不断增长走向高端消费。这样，高附加价值的工业制品的消费就会因发展中国家高端制造业的缺失而流向发达国家。

目前经济学界普遍接受的国际贸易理论和全球化体系都基于西方经济学家亚当·斯密和大卫·李嘉图等人的比较优势理论。该理论的主要观点是，发展中国家因为人员工资低，所以在生产服装鞋帽和小家电方面有比较优势，主要生产具有低附加价值的产品，而发达国家由于科技发达，可以生产发展中国家不能生产的芯片、发动机等，因此在高端制造业领域具有比较优势，主要生产具有高附加价值的工业制品。通过互通有无的国际贸易活动，各国可以在最经济的条件下各取所需。

然而，正如所有经济学结论都是有前提的一样，比较优势理论一旦遇到政治因素的干扰，如断供，就不攻自破了。中国发展高端制造业，不仅可以使中国摆脱西方发达国家的政治讹诈，还可以实现消费层面的内循环。这也是中国突破中等收入陷阱的重要一环。所以，"十四五"规划的主基调是：以国内循环为主，实现国内、国际相互促进的双循环。

那么，我们突破中等收入陷阱的核心在哪里？核心在于走向高端制造业，实现消费的内循环，避免在达到中等收入水平后，被发达国家在高端消费品领域"薅羊毛"，导致经济停滞不前。值得指出的是，科技的创新对于高端制造业和高附加价值产业的发展是非常重要的。这就是新基建和"十四五"规划都十分关注科技发展战略的原因。其中，信息科技尤为重要。

回顾历史，在人类社会信息文明发展过程中，出现了 20 世纪 60 年代的大型计算机、70 年代的小型计算机、80 年代的个人计算机、90 年代的桌面互联网，以及 2000 年以后的手机上网——移动互联网、2010 年以后的大数据和云计算、2020 年我们所热议的人工智能和区块链等与 5G 技术的深度融合，等等。

1980 年，美国著名的未来学家阿尔文·托夫勒写了一部极有影响力的书——《第三次浪潮》。托夫勒在书中指出，人类的第一次浪潮是农业文明的出现，因为发现并开发利用了物质资源，种庄稼有了锄头和犁耙，社会生产力三大要素（生产资料、生产者和生产工具）中的生产工具进步了，人类社会进入农业文明时代。生产力水平的提高使耕种面积扩大，生产了吃不完的剩余产品，因此产生了交换的需求，于是有了市场和货币，人类的文明就进步了。

紧接着到来的是称为工业文明的第二次浪潮，诱发这次浪潮的关键因素是人类发现了一种新的资源——能源，因此开发了新的劳动工具——动力化工具，这种工具的特点是：只需要人来操纵，不需要人的力量驱动。蒸汽机、机床、汽车等就是工业文明的产物，所以社会生产力水平再度得到大幅度的提升。于是，当时只有几千万人口的英国，作为工业文明的发源地，一举成为当时世界上最强大的国家。而中国当时没有跟上工业文明的步伐。

在第三次浪潮——信息化浪潮中，人类发现了一种新的资源——信息，并通过网络和计算机存储、处理信息。托夫勒曾预言，未来一个国家、一个企业的核心竞争力在于其运用网络和计算机的水平。因此，信息化逐步成为经济发展的必由之路。

那么，什么是信息化？举个例子，20 多年前，我们一群人出国，每人都要带一本厚厚的地图册，每天晚饭后大家会聚在一起商量明天去哪几个景点、怎么走。结果，常常因为信息不及时，设计好的路线正在修路，或者发生了交通事故、道路拥堵，影响了行程。后来有了 GPS，只需要把想去的地方输入导航仪或手机，一切路况尽在掌握中，行程还得到了优化，从而使我们的出行更方便，效率更高，这就叫信息化。信息化的本质是人还在操纵机器，但信息辅助了我们，让我们的整个操作更加方便、快捷，更有效率。

那什么是数字化呢？数字化是信息化的高级阶段，又叫后信息化时代，在数字化时代，我们只需要坐在车上，告诉车我们的目的地，车是自动驾驶的。在这个时代，人类将开发各种新型的劳动工具，这类劳动工具的特点是：既不需要人的力量驱动它，也不需要人来操纵它，机器智能大行其道。大家也许听说过"黑灯工厂"这个词，之所以黑灯，就是因为工厂内部不需要人了，机器的操作是通过传感器和网络由算法驱动的。数字化时代就是智能经济时代，经常有人把数字化和智能统一起来称为"数智化"，把万物互联称为"万物智联"。

那么，数字经济和智能经济的区别在哪里呢？智能经济是从科学技术影响劳动工具的角度来说的，而数字经济是从生产资料（要素）的角度来说的。

最早提出数字化的人是谁呢？是加拿大多伦多大学的教授唐·塔普斯科特（Don Tapscott）。1995 年，他出版了 *Digital Economy* 一书，首次提出了数字经济的概念。在 *Digital Economy* 出版一年后，美国麻省理工学院的尼葛洛庞帝教授出版了《数字化生存》一书，由于尼葛洛庞帝也是美国《连线》杂志的主编和搜狐的天使投资人，数字化这个词开始广泛地见诸媒体。2000 年 4月，美国商务部作为首个政府部门接受了数字经济这个词，并发布了《浮现中的数字经济》白皮书。

中国普遍采用数字经济这个词，应该始于 2016 年的 G20 杭州峰会，该大会一致通过了由中国主导起草的《二十国集团数字经济发展与合作倡议》。从此，我国进入数字化转型期。社会的数字化转型离不开网络和计算机的赋能。目前网络技术的前沿就是由 5G 引领的万物互联的泛在连接应用；而计算机技术的前沿就是人工智能的各类应用。例如，我国许多港口都进行了数字化改造。机械装备通过 5G 和人工智能的赋能实现了远程操控；每个集装箱里装了什么、属于谁、运到哪儿去，这些信息通过数字孪生一目了然。

面对这种情况，也有很多社会学家担心，人工智能所消灭的工作岗位数可能多于它所创造的工作岗位数。然而，我认为这种担心是没有必要的，因为社会经济的运行会自适应地形成良性循环。

以工业文明为例，当年机器的出现使一台机器可以顶替 10 个工匠的工作，而只需要一个工人看管，造成大量的人员下岗。但看管机器的工人工资大幅度提高，因此，发达国家人均工资比较高是其工业化的结果。与此同时，工人的休闲时间也增加了，他们可以旅游、休闲度假和开派对。强大的市场需求催生了服务业大军，被机器替代的下岗工匠成为服务业的主流，在岗工人在服务行业的消费，构成了国民收入的二次分配，经济因此循环起来。

那么，数字经济时代对就业的再分配规律是什么呢？有这样一个趋势：第一产业——养牛放羊（农牧业），第二产业——杀牛宰羊（工业），第三产业——吃牛肉、喝羊汤（服务业），第四产业——"吹牛皮""出洋相"（文化创意产业）。我在这里提出这个问题，就是希望大家意识到，文化创意产业将是未来的朝阳产业，是数字经济时代吸纳就业人口的重要领域，做好正能量的引导和基于数字科技的寓教于乐的文创项目才是发展的正确方向。

改革开放 40 多年，中国能够迅速崛起为世界第二大经济体，很多人研究了各种因素，而我坚持认为，信息化是中国经济发展的加速器。我也坚定地认为，我们的数字化进程将使我国经济发展保持在快车道。数字化转型是今后十年的趋势，所有的行业都值得重新做一遍，因为趋势大于优势。

# 杨培芳|
# 公共经济领域的社会化改革方向

杨培芳，信息社会 50 人论坛理事，中国信息经济学会前理事长，教授级高工；曾任国家信息技术政策起草组成员、国家 S-863 高技术发展规划核心组成员，负责和参与多项信息产业领域的改革与发展课题研究，2014 年被《经济学家周报》评为"年度十大著名经济学家"。

西方经济学理论的发展无不源于亚当·斯密提出的一个悖论：每个人都争取自己的最大利益，就不知不觉地增加了社会福利。为了摆脱中世纪神创论和利他主义说教，亚当·斯密旗帜鲜明地为个人利益正名，在那个年代无疑是积极的、进步的、有重要意义的。但是，这个理论鼓励无节制的自私和贪婪，为后来人类社会留下了祸根。近 40 年来，世界经济空前发展，随之而来的是资源枯竭、环境恶化、中产阶层削弱、贫富差距拉大。用印度前总理甘地的话说："地球可以满足人类的需求，但是满足不了人类的贪婪！"

张五常先生在"经济学为何失败"的演讲中也提出，"自私可以使人类发展，也可以使人类毁灭！"

西方主流经济学还忽略了一个重要问题，就是随着社会进步和城市化节奏加快，道路桥梁、供水供电、信息通信、教育医疗、环境卫生等公共经济领域面临越来越多的难题。

100 多年前，法国早期自由主义经济学派的代表巴斯夏就发现，产权运动的主要方向不是从公共领域流向私人领域，而是从私人领域流向公共领域。然而，以新古典经济学为代表的亚当·斯密的后继者们并没有进一步解决《国富论》留下来的诸多难题，而是用简单化、绝对化的方式把原本有巨大缺陷的理论推向极端和荒谬。

针对 20 世纪 30 年代的经济危机，凯恩斯在《就业、利息和货币通论》一书中提出了变革方案——承认和重视政府干预，为罗斯福新政提供了理论依据。他在反驳自由市场可在长期内实现自动均衡时说："在长期中我们都死了！"

然而，凯恩斯并没有深入到最根本的经济理念，也没有对"看不见的手"为什么会在公共领域失效做进一步探索。正因为如此，到了 20 世纪 80 年代，市场原教旨主义回潮。如朱特在《沉疴遍地》中所描述的，在这 30 多年里，西方世界危机频发、贫富差距急剧扩大，社会矛盾加深。

1991 年，诺贝尔奖获得者科斯被西方认为是现代产权理论的创始人、新制度经济学的代表。他一生所致力考察的不是经济运行过程本身，而是经济运行背后的财产权利结构，即运行的制度基础。他的产权理论发端于对私有制度含义的重新界定，从法律和经济的双重角度阐明了私有产权的合规性。

科斯认为，产权不明晰的社会是一个效率绝对低下、资源配置绝对无效的社会。反过来，只要产权是明确的，并且交易成本为零或很小，那么，无论在开始时将产权赋予谁，市场均衡的最终结果都是有效率的，可实现资源配置的帕累托最优。另一位诺贝尔奖获得者、经济学家 G. 斯蒂格勒将科斯的思想概括为科斯定理。这一概括虽不是科斯本人做出的，但许多经济学家都承认这一定理，并将其与 19 世纪的萨伊定律相提并论。

但是，新制度经济学还是基于在经济交往中存在追求利益最大的"理性的人"的假设，运用了西方主流经济学的个人主义方法论，由此造成的直接后果是，这种经济学理论还是与现实经济生活相差甚远。

作为行为经济学的代表，两位诺贝尔奖获得者——阿克洛夫和希勒对新古典经济学的理念进行了反思。他们认为新古典经济学的缺点在于只考虑了人们的经济动机和理性决策。"在只有经济动机和理性决策的情况下，新古典经济学是正确的。但是人们还有非经济动机和非理性决策，所以现实的经济系统就会出现种种不符合理论预测的现象和波动。"

还有不少经济学者对西方主流经济理论提出过批评，企图解决市场均衡的失效问题。但是，如果不彻底改变人们对于经济系统的基本理念，不对亚当·斯密的"每个人都要追求个人利益最大化"的假设重新思考，就无法解释许多现实经济问题。

自20世纪70年代以来，许多学者对传统商业模式提出了质疑。哈佛大学教授丹尼尔·贝尔发现，社会的经济形态正在从商品生产向公共服务演变。人们无法用市场条件来衡量公共服务的价值，这很可能成为后工业社会难以解决的一个问题。他又说："另一个严重问题是，人们需要做出的是一种社会决策，它不等于个人决策的简单总和。正如一辆辆汽车聚在一起会造成交通阻塞一样，个人决策加到一起肯定是一场噩梦。"

诺贝尔奖获得者、经济学家斯蒂格利茨认为："始自亚当·斯密，经过200多年发展的经济学的核心标准竞争模型并不能很好地反映市场经济，其中很多结论都是错误的。""凯恩斯主义和达尔文主义都难以保证市场经济的长期活力，我们正在接近一种处于两者之间的哲学，它将为未来指引方向。"

斯蒂格利茨曾任美国总统经济顾问团主席，他不认同科斯的产权理论，认为科斯的关键错误是忽略了信息成本和交易费用。根据科斯的理论，只要产权关系明晰，个人就会主动地去创造有效的经济安排。但是，科斯及其追随者"忽略了在信息不完全情况下交易费用会妨碍双方产生有效结果的可能性，即交易结果经常是非效率性的"。"缺乏明晰的私有产权关系并不一定会产生问题。大量文献资料显示地方社区通过各种各样的常规手段避免了公地悲剧的发生。"他认为："多数大型公司都不是所有者在经营，所有权姓公还是姓私只存在极少的差异，然而在承诺和激励问题上产生了非常重要的差异。"

2014年，诺贝尔经济学奖出人意料地颁给了法国规制经济学家梯诺尔。20世纪80年代，世界各地在电信、电力、铁路、煤气、自来水等行业掀起了"自由化改革"的浪潮，取消管制、完全竞争和产权私有化成为世界各地公共领域市场化改革的主导趋势。但是，近40年的实践证明，除了在公共领域引入适度竞争，旨在完全自由化、市场化的改革都是失败的，人们开始将眼光放在新管制理论上。

传统的规制方法主要有两种：基于服务成本定价的服务成本规制方法和基于拉姆齐定价规则的拉姆齐-布瓦德规制方法。由于忽略了规制中存在的信息不对称问题，它们无法提供正当的激励。一般地，被规制的企业拥有运营成本的真实信息，并且总是存在隐瞒这种信息的动力，使规制方很难获得精确的成本资料。在这种环境下，上述两种方法会带来极大的激励扭曲。

管制改革的实践，迫切需要新的管制理论的出现。梯诺尔和拉丰开始探索将信息经济学与激励理论的基本思想和方法应用于垄断行业的规制理论。在批判传统规制理论的基础上，他们创建了一个关于激励性规制的一般框架，结合公共经济学与产业组织理论的基本思想及信息经济学与机制设计理论的基本方法，成功地解决了不对称信息下的规制问题。

最近，美国社会学者里夫金直接从信息技术革命的视角批判了科斯的产权私有化理论。他在《零边际成本社会》中写道，科斯的非凡成就恰恰是关于频谱私有化的论文，他主张将全部频谱一次性出售，供商业企业专有使用或在市场上进行交易。美国联邦通信委员会采纳了科斯的主张，通过拍卖频谱为联邦财政带来数十亿美元的收入，其想法是使政府和私人企业从中受益。但事实上这个政策非常失败：其一方面反对政府补贴，另一方面却对私营企业近乎以垄断地位从事公共事业的现象视而不见，大量政府税收补贴被这些企业收入囊中（2008—2010年，天然气和电力领域获得超过 310 亿美元的政府补贴，通信领域获得 300 亿美元的政府补贴，油气管道领域获得 240 亿美元的政府补贴）。

将公共资源私有化的主张基于频谱资源是稀缺的假设，"但是这种假设在 20 世纪 90 年代就开始崩溃，因为新技术可以将频谱从稀缺资源转变为过剩资源。即便频谱资源不会成为无限资源，那也无疑是一种可再生资源，它的使用成本几乎为零。"里夫金说："许多新一代学者都不认同科斯的观点，他们认为，如果将频谱资源出售给私营领域，电信巨头将囤积大量频谱，从而形成垄断。这就增加了电信巨头对全国通信渠道的控制力度，剥夺了数百万名消费者和数十万家企业低价通信的权利。他们支持第三种方案，也就是使国家通信脱离政府和市场的控制，这种新管理模式称为协同网络（网络中立）。"

里夫金还提出了一个产权之问：土地可以是地主的，工厂可以是资本家的，那么谁是互联网的所有者？他说："网络基础设施的建设资金，来自资本家和公司股东的并不多，大部分资金来自数百万名消费者和纳税人。实际上可以说每个人都拥有互联网，也可以说互联网不属于任何人。尽管对于互联网的物理路由，一些大公司铺设了电缆、提供了有线和无线连接，但是除此之外还有大量非营利网络组织提供内容服务。在那里，访问和发送各种形式信息的边际成本都接近于零。"

里夫金还提出"社会企业"的概念，他说社会企业有三重底线，即社会责任、环境责任、企业盈利，而非营利企业更信奉"人与星球高于盈利"。但是怎么区分营利和非营利的企业呢？两者好像正以多样化方式靠近。社会化资本市场在慈善资本和逐利资本两个极端之间起着关联作用，需要思考的是，哪种资本搭配最有效。如今社会企业家精神在营利企业和非营利企业之间的地位趋向均衡。未来几十年，在协同共享模式下，社会企业家精神将更多地倾向于非营利企业。

作为社会学家，里夫金提出的"协同共享"的经济模式，与笔者一直倡导的协同互利新经济哲学有许多重合之处。里夫金指出了物联网的零边际成本规律促成协同共享的趋势，但对于协同共享经济的内部机制，以及运作方式的研究和描述还非常模糊，尤其是他的免费理论，确实有回到计划经济之嫌。他提出的第三只"互助之手"和"网络协同治理"等概念也够不具体。

笔者负责的"深化国有经济改革的重大理论问题"课题组曾建议将现代经济领域分为三类市场主体，即商业性企业、公益性事业和社会化企业；同时，把交通、通信、供水、供电等基础设施从公益性事业中分离出来，和互联网平台一起归类为社会化企业。

在漫长的农业时代，除了自给自足的小农经济，市场上只有一种经济实体，就是商业性企业。工业时代出现了两种经济实体，即商业性企业和公益性事业。一般情况下，政府对商业性领域只提供公平竞争环境，而对于教育、健康、环保和供水供电、交通通信等公益性领域，普遍采用专业政策规制，以确保社会公共利益。进入信息时代，除了商业性企业和公益性事业，互联网平台作为第三类市场主体快速发展起来，它已经不再适应政府对传统经济实体的管理模式。经验证明，仅靠政策调节很容易出现左右摇摆的现象，难以奏效，必须建立新型社会化规章制度，才能使它们进入健康发展轨道。

社会化企业同时要具备以下五个重要特征。

（1）社会化企业的外部效益远大于企业内部效益。

（2）社会化企业不以盈利为首要目的，而是采用收支平衡、低费微利的经营方式普惠大众。

（3）社会化企业既不适合丛林法则，更不适合权力支配，只适合新型社会规制。

（4）社会化企业需要经过权威机构认证，享有相应的公共资源和财税政策优惠。

（5）社会化企业要通过合作竞争，成为"由社会直接占有和管理的生产力"。

发展新时代的社会主义市场经济，不能无限扩大商业性企业，也不能继续扩展由政府直接运营的公益事业，应该大力发展以低费共享为前提的社会化企业。这种新市场经济不是贪婪利己的市场经济，更不是回归计划经济，而是协同互利的市场经济，而社会化企业才是这种新市场经济的微观基础和落地形式。

# 腾讯研究院

# 企业的原则

2021 年 4 月 19 日，腾讯宣布成立"可持续社会价值事业部"（Sustainable Social Value Organization，SSV.org），"科技向善"的使命有了具体的落地策略和执行部门。

超越短期的盈利目标，从基于商业原则的市场竞争转向基于社会原则的可持续价值创造，在企业实践中体现社会原则优先，这是互联网平台向历史必然方向迈出的一小步。企业的社会责任和担当不再是附加在商业利益上的光环或对外部期待的被动回应，而是企业竞争力的核心组分和主动追求的长期目标。

过去两个世纪，商业原则和社会原则在碰撞与融合的螺旋中成就了人类文明的现代化。在市场与社会的边界日渐模糊的当下，追求效率和利润最大化的有限责任制体系正逐渐过渡到调和市场和社会的双重身份，以更有效率的方式实现社会公平的共识型市场主体结构。SSV.org 的成立是平台型企业在这一方向上迈出的重要一步，旨在探索未来企业形态、经济形态与社会形态共同演化的可能方向。

## 一、商业原则与社会原则

### （一）现代商业原则

现代商业原则起源于工业革命早期。

18 世纪初，伴随蒸汽机的轰鸣，大规模城市化、劳动分工、有限责任公司、区域性商品交易市场相继出现。200 年间，电灯、汽车、飞机、青霉素、内燃机、高铁、核电、航天器、集成电路、基因编辑、智能手机、移动互联网、云计算等划时代的技术创新不断涌现，每项技术都发展出规模庞大的产业网络。

与这些划时代的创新相适应，一整套以市场为核心场景、环环相扣的商业法律和规则体系在过去的两个世纪也逐步建立起来。思想的源头是亚当·斯密（Adam Smith）出版于 1776 年的《国富论》（*The Wealth of Nations*），之后不断发展演化，形成具体的政策明文。例如，1855 年，英国颁布《有限责任法》（*Limited Liability Act*），正式确认股份合伙的注册模式和股东对债务的有限责任；1860 年，英法签订第一份双边贸易协定《科布登—谢瓦利埃条约》（*The Cobden-Chevalier Treaty*），开启欧陆自由贸易的黄金时代。

虽然法律与规则的明文在不同国家和地区有所差异，但本质上所彰显的市场精神是一致的。随着全球贸易的大发展，商业原则逐渐收拢归一。到 19 世纪末，世界各地的大型企业都具备完全的法人地位，可以独立做出民事行为，获得收益、承担风险；公司股东和管理层承担有限赔偿责任，将企业与个人的偿债责任区分开来；出资人根据出资额持有股份，按比例行使股东权利；代理股东权利的董事会行使决策权；股份可交换。这样的归一化也被称为"公司法历史的终结"。

20 世纪的经济发展进入以全球化为主题的现代阶段。1944 年，《布雷顿森林协议》（*Bretton Woods Agreement*）签署，国际货币基金组织（IMF）和世界银行（World Bank）成立；1947 年，关税及贸易总协定（GATT）第一轮谈判在日内瓦开启，关税及非关税贸易壁垒进入下降螺旋；1957 年，《罗马条约》签署，当时全球最大的共同市场——欧洲共同体成立；1994 年，123 国联合签署《马拉喀什宣言》（*Marrakesh Declaration*），决议在第二年 1 月 1 日将 GATT 升级成为世界贸易组织（WTO）；2001 年 12 月 11 日，中国正式成为世界贸易组织成员，中国奇迹成为主导 21 世纪世界经济发展的重大进程之一。

在现代商业法律和规则体系保驾护航之下，以大规模专业分工和区域自由贸易为特点的全球现代经济体系得到大发展。2018 年全球货物贸易总额为 19.4 万亿美元，是 1950 年的 318 倍；2019 年全球 70 磅（1 磅约 0.45 千克）以下包裹邮寄总量超过 103 亿件，其中中国包裹占 62%；全球集装箱货运总量从 1980 年的 1 亿吨增加到 2017 年的 18.3 亿吨；国际到达旅客数从 1959 年的 2500 万人增加到 2018 年的 14 亿人，增长 56 倍；2017 年跨境结算金额为 130 万亿美元。

持续半个多世纪的全球化进程将商业原则的归一化推向更高的水平。在全球各地，独立的市场主体自主签订合同进行交易；企业基于效率和创新在全球市场互相竞争；通过充分的竞争产生市场共识；在价格、品牌、质量等市场机制的调节下优胜劣汰。这些基本原则广泛体现在不同国家和地区的民商法体系中，从中可以总结出一些普遍的关键词：效率、创新、竞争、公平交易、优胜劣汰。

### （二）现代社会原则

现代社会原则与工业化、城市化相伴而生。

从 1700 年到 1850 年，农民在英国总就业中的占比从 60%降至 25%，工业就业占比从不到 20%增加至约 50%。英格兰和威尔士地区的城镇人口占比从 1801 年的 17%增加至 1891 年的 72%。快速的城市化带来一系列社会问题，其中基础设施、医疗教育等公共产品缺乏，在早期的工业城市中尤为严重。恩格斯（Friedrich Engels）在 1845 年出版的《英国工人阶级状况》（*The Condition of the Working Class in England*）一书中，对曼彻斯特的城市问题，如拥挤的居住环境、逼仄的巷道、缺乏干净饮用水、垃圾遍地、疾病流行、儿童早夭进行了集中批判。与工业化之前的乡村生活相比，城市劳工的收入和生活水平都出现下降。

恩格斯对城市的批判是 19 世纪中叶社会学界对工业化最深刻也最有影响的反思。在《英国工人阶级状况》出版 3 年后，英国议会通过《公共健康法案》（*Public Health Act*），支持在城市建设垃圾清运体系和排水管道；提供干净饮用水；设立公共健康岗位。城市的基础设施建设在全球迎来高潮。1852 年，纽约第三大道出现由马匹拉动的有轨公交；1855 年，厄热·贝尔格朗（Eugène Belgrand）设计出巴黎给排水系统，将饮用水、非饮用水和城市污水分开；1863 年，伦敦地铁通车；1870 年，纽约第一条地铁开始运行；1874 年，英国诺丁汉建成第一个垃圾焚化炉；1879 年，茹费理（Jules Ferry）就任法国教育部部长，必修、免费、世俗化的公立学校体系在他任内建立起来。随着能源和电力革命、现代公立教育体系的出现，以及公共交通大发展和卫生健康体系的确立，城市逐渐发展出现代的模样。

城市化带来的人口集中让基础设施的大规模分享成为可能。能源、交通、教育、医疗、公园、博物馆等资源的集中供给，在整体上将城市空间明确划分为共享的公共领域和家庭居住的私人领域。在个体层面,工作场所和居家生活、正式社交和休闲消费在空间与时间上明确分开。城市中产阶级的崛起、消费文化的盛行和信息/媒体革命,推动服务业大发展。现代服务业最终成为经济体中规模最大、雇佣人数最多、业态最丰富的产业板块。这些元素有机结合在一起,产生了社会学意义上的"现代化"。公共领域与私人空间在城市中的集中与切割,让匿名性、公共礼仪、社交网络、社会秩序等概念受到重视。

现代化的城市生活方式带来新的社会原则,并随着城市化发展的深入,从原本单纯的公序良俗向现代文明演进。路易斯·沃斯(Louis Wirth)在《作为生活方式的都市主义》(*Urbanism as a Way of Life*)中写道:"城市在历史上是不同种族、人群和文化的熔炉,是最适合哺育新物种和跨文化的温床。不仅容忍,更鼓励个体差异。毕竟城市把来自世界尽头的人聚在一起,是因为人们各个不同,所以对彼此有用,而不是因为他们同质化,想法也差不多。"

在这样的"熔炉"中,多样性和专业化共生,物理空间的接近与社交关系的疏远并存。前工业化时期固化的社会结构让位于更多的阶层流动和可能性,传统的熟人社交让位于对陌生人的一般性信任。邻里和社区成为基本的社会单元,公共机构需要在满足大众的一般需求的同时兼顾特殊群体的特殊需要。对社会公平的关注、对弱势群体的关怀、对私人空间和财产的尊重、社会氛围的宽松和包容、注重隐私保护和公共资源的善用、环境和社区的可持续发展等,成为现代社会原则的关键词。

1945 年,《联合国宪章》序言提出"促进大自由中之社会进步及较善之民生"。1948 年,《世界人权宣言》认为"家庭是天然的和基本的社会单元","每个人,作为社会的一员,都有权享受社会保障,并有权享受他的个人尊严和人格的自由发展所必需的经济、社会和文化方面各种权利的实现","人人都有受教育的权利,教育应当免费,至少在初级和基本阶段应如此……高等教育应根据成绩而对一切人平等开放"。2015 年,联合国 193 个成员国通过 17 个可持续发展目标(Sustainable Development Goals,SDG),包括:消除贫困,消除饥饿,良好健康与福祉,优质教育,性别平等,清洁饮水和卫生设施,廉价和清洁能源,体面工作和经济增长,工业、创新和基础设施,缩小差距,可持续城市和社区,负责任的消费和生产,气候行动，水下生物，陆地生物，和平、正义与强大机构，促进目标实现的伙伴关系。这些目标，都可以理解为对现代社会原则具体而明确的表达。

## 二、商业原则与社会原则的碰撞和融合

企业和市场当然不能脱离社会独立存在于真空中。按照罗纳德·科斯（Ronald Coase）的定义，市场是"促进交易的社会机构"（Social Institution Which Facilitates Exchange）。马克·格兰诺维特（Mark Granovetter）的分析更为直接，认为企业和市场都建立在社交网络之上，两者差异不过是网络连接疏密有别。把市场看作社会的一个子系统，把商业原则当作社会原则的一个分支，似乎是理所当然的。

但市场与社会的重叠共存并不意味着商业原则与社会原则会自动保持一致。商业原则强调效率和竞争，摒弃大锅饭和平均主义，保证优秀者能脱颖而出，追求在优胜劣汰中不断提高经济整体运行的效率，也因此会伴生失业和弱势群体掉队等问题。社会原则强调公平和包容，要照顾到社会全员，希望人人都能从发展中获益，要求建设社会保障网络来接纳失业和抚慰掉队的社会成员，实现整体的和谐可持续发展。

企业处在以效率和竞争为核心的市场体系中，似乎可以不用考虑社会原则，或者至少可以豁免部分要求，把市场竞争带来的负面后果交给社会机制来处理。这样明确划分市场和社会的观点，在很长一段历史时期占据经济学的主流。毕竟从亚当·斯密以来的古典经济学理论认为，"看不见的手"的神妙之处就在于当所有市场主体都在追求私利时，最终的整体产出却最优。

但现实世界的情况远比抽象的经济学模型复杂得多，主流观点也会随现实中产业结构和社会发展的变化而变化。对于企业是否能免于社会原则的约束、商业原则是否要体现社会原则等问题，曾有多次影响深远的讨论，每次都引发市场和社会边界的重新划分、游戏规则的重新制定。

两者的第一次碰撞是在工业革命后期。19 世纪的最后 30 年见证了大型工业企业的崛起。1869 年，第一条横贯美国的铁路建成；1870 年，约翰·洛克菲勒

（John D. Rockefeller）与合伙人在克利夫兰建立了标准石油公司；1872 年，安德鲁·卡内基（Andrew Carnegie）与合作伙伴共同设立了埃德加·汤普森铁艺（Edgar Thomson Steel Works）公司，之后通过一系列并购迅速扩大规模，并于 1892 年更名为卡内基钢铁公司（Carnegie Steel Company）。这是历史上第一次出现统一的大陆市场，跨区域的大型公司成为举足轻重的市场主体。

大型公司的崛起在带动经济快速发展的同时，也产生了市场高度集中、价格操纵，以及贫富差距迅速扩大等问题。商业原则的疏漏造成社会福利整体损失。马克·吐温（Mark Twain）不无嘲讽地称之为"镀金时代"（Gilded Age），在金光闪闪的外表下是不堪的现实。显然，单纯的商业原则无法很好地规范这些新出现的产业巨头，需要根据社会的整体利益调整政策，堵上漏洞。

讨论的结果是美国国会在 1890 年和 1914 年分别通过《谢尔曼法》（The Sherman Act）和《克莱顿法》（The Clayton Act），禁止价格卡特尔，限制以操控市场为目的的经营者集中。社会原则中的公平性延伸进入市场领域，升级了公平竞争的含义。

两者的第二次碰撞开始于第一次世界大战后。美国的城市人口第一次超过农村人口。战争期间，女性走出家庭加入就业大军，经济和社会结构出现根本性的变化。1920 年，英国经济学家亚瑟·C.庇古（Arthur C. Pigou）出版了影响深远的著作——《福利经济学》（The Economics of Welfare），对商业原则与市场原则的可能冲突进行了深入讨论。

这本书第一次系统阐述了"经济外部性"的概念及其政策含义。当市场主体在正常经营活动中附带产出社会成本时（负经济外部性），它不会有动力承担这一成本；同样地，当附带产出社会收益时（正经济外部性），也不会有消费者愿意为这些附带收益付费。前者如工业生产的排污，后者如清扫门口积雪，同时方便其他人行路。不承担社会成本会造成具有负经济外部性的产品过度供给；不能收取社会收益会造成具有正经济外部性的产品供给不足。

庇古因此提出了被后世称为"庇古税"（Pigouvian Tax）的方案，为环境法、劳工法、消费者保护、食品和药品安全等公共政策的制定提供理论依据。社会原则再次改变商业原则的思考方向。

两者的第三次碰撞发生在 20 世纪中叶。第二次世界大战结束，信息和媒体革命带来流行文化的空前繁荣，消费主义大行其道。汽车、家电等耐用消费品与牙膏、可乐、化妆品、零食等日用消费品的广告占据电视媒体的黄金时段。批发零售、仓储物流等服务性行业快速发展，替代传统的钢铁、石油、铁路运输，成为经济增长的新引擎。

一方面，品牌形象和消费者认知成为左右市场竞争的关键因素，企业有主动拥抱社会原则的市场压力；另一方面，企业的发展战略、环境、劳工政策对当地经济发展和社区福利水平有很大的影响，也引发消费者的关注。1953 年，霍华德·鲍恩（Howard Bowen）撰写的《商人的社会责任》（*Social Responsibility of Businessmen*）一书出版，提出"企业社会责任"（Corporate Social Responsibility，CSR）的概念。企业的社会角色成为媒体的热点话题，彼得·德鲁克（Peter Drucker）不无调侃地写道，"美国企业的经理人哪儿有时间去做企业。"

1970 年，"驯服通用汽车"（Tame G. M.）的主要成员在通用汽车的股东大会提出动议，要求新增三名"代表公共利益"的董事，并成立专门委员会研究产品安全、污染和员工福利等问题。动议虽然没有得到股东大会的支持，但通用汽车董事会还是采纳了第二条建议，指定五名董事成立"公共政策委员会"来专责处理企业经营中可能产生的负面影响。

这一事件也引发学术界讨论。米尔顿·弗里德曼（Milton Friedman）在《纽约时报》撰文，直白地指出企业的社会责任就是为股东创造更多的利润。此文聚焦于企业高管的角色，认为管理层为追求环境、社会福利等目标，花费公司资源或提高产品价格的行为，实际上是在向股东或用户征税，会导致资源错配和低效率。

此文将社会责任的主语从"企业"偷换为"管理层"，但承担社会责任并不一定与追求股东利益相悖。当消费者对社会问题的敏感度越来越高，在选择产品时不仅考虑价格、质量，而且考虑品牌社会形象等因素时，商业原则与社会原则在市场的逻辑中逐渐接近，承担社会责任与创造利润的需求是一致的。股东因此有动力要求管理层将 CSR 纳入企业的发展战略，让企业在追求利润的同时保证社会可持续健康发展。

在此文发表 30 年后，企业应该主动承担社会责任成为共识。据 KPMG 统计，1999 年在全球营收最高的 250 家公司中，35% 的公司会定期发布企业环境或社会可持续性报告；到 2020 年，这一数字已经达到 96%。2008 年 1 月，《经济学人》出版企业社会责任专刊，在编者按中指出"企业社会责任，曾经是'好人好事'余兴节目，现在已是主流"（Corporate social responsibility, on ceadogooding sideshow, is now seen as main stream），企业考虑的问题已经从"该不该"转为"如何做"。社会原则再次影响商业进程。

三次碰撞，每次都让社会原则更深地融入商业原则中，确立前者相对于后者的优先地位——规范企业和市场行为的商业原则必须与社会原则保持一致。到今天，一系列基于社会原则的标准，如企业公民（Corporate Citizenship）、环境社会和企业治理（Environment，Socialand Corporate Governance，ESG）：碳中和（Carbon Neutral）等已经被越来越多的企业纳入长期发展战略中。韩国三星集团的五条"商业原则"（Business Principles）：遵守法律和道德准则；坚持洁净的组织文化；尊重客户、股东和雇员；关心环境、安全和健康；对社会负责的企业公民，其实都是社会原则。

### 三、数字革命的挑战

20 世纪 80 年代末，互联网走出大学和实验室，开始商业化尝试。1994 年网景浏览器（Netscape）发布，1995 年美国在线（AOL）的活跃用户数达到 300 万人，互联网商业化完成从 0 到 1 的跨越。进入新千年，数字革命成为主导全球经济和社会发展的核心进程之一。2000 年到 2018 年，全球互联网渗透率从约 7% 升至 51.4%；2008 年到 2018 年，全球移动宽带活跃账户从每百人 6.3 个增加至每百人 70.1 个。互联网通量迅速扩大，全球数据产量高速增长，据 IDC 预测，2020—2025 年，全球产生的数据总量以每年 27% 的速度增长，2025 年将达到

175ZB。

移动互联网、云计算、大数据等技术得到广泛应用，"软件正吃掉世界""云计算正吃掉世界""人工智能正吃掉世界"等标题占据媒体头条，数字经济和数字社会浮出水面。

### （一）数字经济与数字社会

在数字化浪潮席卷下，从新闻媒体开始，批发零售、文化娱乐、餐饮旅游等第三产业率先进入数字时代。紧随其后，制造业、建筑业、农业等壁垒较高的传统产业在核心场景中也开展数字技术的应用和商业模式的探索。

社会生活也进入数字时代。消费、社交网络、文化娱乐、公共服务都在经历快速数字化的过程。无论是远程会议、工作协同，还是出行规划、旅游度假，甚至是最平常的一日三餐、市内交通，都在虚拟世界和现实世界不停切换——开发在本地，交付在线上；挑选在本地，支付在线上；出行在本地，预订在线上。线上虚拟世界与线下实际生活逐渐融合。

匿名性、公共空间、个人隐私、社交互动、资源共享都有了新的含义。乍一看，这些元素与百年前的城市化进程带动的人群聚集、空间分割、匿名化、共享设施等非常相似。但细究起来，数字经济和社会的匿名性、虚拟空间分割、线上线下的资源共享与百年前的城市化浪潮有本质不同。

首先是空间的重新排列组合。数字空间按照不同功能划分为工作的空间、社交的空间、娱乐的空间、购物的空间等，空间互相独立，往往对应不同的应用。用户的日常生活也就变成在不同的平台或应用中穿梭闪现。线上线下联通，线上空间分离，前互联网时代以城市为基础的人群聚集和空间距离在数字时代被重新定义。网络深度侵入日常生活，虽然作为私人领域的家庭和作为公共领域的办公室在物理空间上是隔开的，但因为在线工作平台联通起来。休息时间处理工作消息，身处家中连线在线会议，工作和家庭的边界日渐模糊。

其次是个人身份的多重裂变。虚拟空间与现实生活完全重合，用户可以放下现实生活中的身份，选择在虚拟空间中匿名。加之虚拟空间往往互相割裂，用户在不同空间中可以使用不同的身份符号，甚至在同一个平台的不同账户都可以注册不同的身份，呈现完全不同的样子。这提高了用户在虚拟空间活动的自由度，也为强化群体身份认同、激化观点分歧埋下了伏笔。

最后是资源共享的方式和渠道出现全新变化。线上平台发挥信息沟通作用，盘活冗余资产，用资源共享的方式创造新的商业机会。2008 年 Airbnb 上线后不久，创始人在自家招待了第一单共享短租客户；2009 年 Uber 成立，2010 年其在美国旧金山完成第一单共享出行服务。其实对于支持互联网快速扩容的云计算平台，其底层逻辑是海量用户平摊基础设施和运维服务的高额费用，这也是一种以线上平台为媒介的资源共享。

数字世界与现实世界的互相融合，部分重构形成于 20 世纪的商业原则和社会原则。在商业领域，数字化创造出新模式和新业态，平台既是企业又是双边市场，价格调节机制部分失灵；在社会领域，数字世界中的分散空间、多重身份影响现实世界的公共礼仪、社会气氛和社会共识的达成。

### （二）数字商业原则

1995 年，唐·泰普史考特（Don Tapscott）在《数字经济》（*Digital Economy*）一书中描述了未来的情景：只需要一台联网计算机，加上新点子和创造力，每个人都能参与到（数字）经济中来；数字经济通过连接组织和个人，让各类社会主体结构都转到网上。时间拨到 26 年后，数字经济从纸面变为现实，其范畴也已远超当初的设想。

平台经济与双（多）边市场是数字经济的主要特征。供给端与需求端在平台上聚合，如商家与消费者在电商平台、流量主与广告主在社交媒体、开发者与用户在软件商店、司机与乘客在叫车软件，等等。这样的双（多）边市场结构中存在正的网络外部性（Positive Network Externality），聚集的市场主体和消费者的数量越多，平台的吸引力越大、价值越高。供求双边互相牵引：平台聚合的商家越多，越能吸引消费者；反之亦然。平台方因此需要仔细考虑这一"鸡生蛋、蛋生鸡的问题"，好让"供求双方都上船"。

市场竞争的逻辑也出现变化。因为网络外部性的普遍存在，商户和用户在平台间的迁移成本较高，角色更为被动。网络时空不再有地理意义上的距离，新产品或服务对市场的渗透通常是在较短的时间内完成的。在这种情况下，进入赛道的时机和推进的速度对最终的市场结构有非常显著的影响，因此平台型企业必须在较短时间内占据主要的市场份额。

投资人和股东也敏锐感觉到竞争成败因素的变化，在市场发育早期支持团队加大投入力度、容忍亏损来培养用户习惯，从而争夺市场份额。这造成具体赛道的竞争由长跑变短跑，由缠斗变速推。即便企业在激烈的竞争中脱颖而出，获得主要份额，成为行业领导者或领导者之一，也有可能还会持续亏损。

平台之间的分工并不稳定，各垂直领域之间的分隔是动态的。2014 年，Uber 推出 UberEats，跨界进入外卖领域，在 2020 年第二季度疫情严重期间，其外卖业务的毛收入超过网约车业务的两倍；2015 年，苹果推出 AppleMusic，进入流媒体领域，截至 2019 年，已有 6000 万个付费用户；包括亚马逊、谷歌等在内的几乎所有平台型企业都推出各自的云计算服务。平台之间虽然商业模式不同、表层的业务不同，但支撑业务的技术能力和工具同质性很高，如云计算的能力、支付的能力、算法的能力等，因此在发展与竞争中难免互串赛道。

如上的特性，为数字时代的商业原则制定带来挑战。平台之间的关系虽然仍遵循"在基于效率和创新的竞争中优胜劣汰"这一基本市场逻辑，但价格机制的调节作用至少部分失灵，竞争的元素也从品牌认知、质量提升、库存管理等工业时代的制成品逻辑，转变为把握用户偏好、选择进场时机、产品迭代速度、数据分析能力等平台经济的逻辑。竞争中的偶然性因素增加，传统商业原则中股东主义、持续盈利、对失败的低容忍等，逐渐让位于用户价值第一、持续快速增长、风险偏好较高等新思路。

过去 20 年，对平台经济的研究也从如何催生正网络外部性，转向评估对竞争和创新的长期影响、对初创企业和中小商家的影响。共识仍在凝聚的过程中，整体的结论还是偏向正面的。虽然平台经济的特性部分扭曲了价格机制，激烈的竞争也造成部分企业的动作变形，连带影响到平台上的商家、消费者和部分外部合作伙伴。但总体上平台在推动新技术应用、支撑科技创新、带动经济发展等方面起到积极作用，代表未来经济社会发展的方向。

历史地看，由科技驱动的经济发展往往伴生各种投机和市场扭曲，导致金融市场波动。当新技术对经济社会的渗透基本完成，市场会逐渐回归到正常的轨道。目前，数字经济正在与实体经济快速融合。在数字平台逐渐深入到传统行业的核心领域后，底层能力必然会分化。传统行业的知识壁垒取代平台的同质性，出现更深层次的数字技术专业化和平台分工。串赛道、轻利润、重增长等现象可能会逐渐减少，盲目的竞争行为被纠偏，以平台经济和双边市场为特征的数字经济逻辑会逐渐向传统实体经济的市场逻辑靠拢。

### （三）数字社会原则

随着数字经济的发展，每个头部平台最终都将发展成为活跃的产业生态圈。数以百万计的中小企业、个体工商户，和以骑手、司机、写手、主播为代表的斜杠青年及自由职业者，在这一生态圈中找到自己的位置，借助平台的流量获得发展或维持生计。平台方通常也会鼓励生态中处于不同位置的市场主体之间进行多边合作，一方面加强平台的黏性，另一方面也增加平台的商业价值。

以多边合作为特征的生态型公司不独为数字平台所特有。大型现代企业往往都伴生着这样一个广泛的经济性网络，如汽车厂家的供应链网络和销售网络；再如银行、信用卡公司的商户网络和用户网络等，都是以多边合作为特征的产业生态。但与数字平台生态不同，这些产业生态是中心化的。大型汽车生产商或大型银行在网络中居于核心地位，生态中的其他主体是核心企业直接或间接的交易对象。生态的边界清晰，加入其中可能需要申请，甚至还要经过前置的资格审核。

而互联网平台生态往往是多中心或没有明确中心的，平台与生态中的企业或个人相对独立，它们倾向于同时参与多个平台生态，而不是与某个平台绑定。平台开放，边界模糊，使用大部分平台提供的服务仅需要简单的注册，通常也没有前置的资格审核。也因为没有会员身份的羁绊，去留随意，所以生态中往往有很多休眠账户。平台上的企业与个人的角色不固定，某些交易中的供给方在其他交易中是消费者，甚至变身为交易中介。这些因素让互联网平台呈现比传统生态型公司更为复杂的结构，它们已经不再是单纯的经济性和市场型平台，更像是"现实世界"（Reality）在数字维度的展开，可称之为"数字世界"（Digitality）。

"数字世界"是平台的平台，接近"无人非用户"。头部平台通常是聚合多个双边市场的超级应用，活跃用户数接近于现实世界中的人口数。最明显地，全球几乎所有的移动互联宽带用户都在通过 iOS 或安卓系统联网，2020 年，全球活跃 iOS 设备数量达到 16.5 亿个，而活跃安卓设备数量在 2019 年已经超过 25 亿个。2020 年第四季度，平均每天有 26 亿用户使用 Facebook 的产品。对这样的头部平台来说，以用户价值为依归，大致等同于以社会价值为依归。这些平台也就成为实际意义上的"数字世界"。

"数字世界"是虚拟空间与现实生活的（部分）重合。传统的大企业通过承担就业、劳保、可再生能源等企业责任间接影响社会。而"数字世界"可以直接参与到日常生活中去，成为生活的一部分。这带来两个变化：一是当越来越多的公共设施和社会功能转移到平台上时，非平台用户在日常生活中会遭遇诸多不便；二是网络世界的影响越来越多地在现实生活中展现，在虚拟空间中的言论和行为可能在现实世界中产生涟漪，给企业的经营和个人的生活带来影响。20 年前，用户或可断网而居，乐得清静；如今，脱离"数字世界"相当于离群索居，窒碍难行。

"数字世界"中的痕迹留存逐渐逼近真实场景。用户全覆盖且触网的场景越来越多、频率越来越高。IDC 估算，2020 年用户与数据互动次数为每天 1426 次，到 2025 年将达到每天 4909 次，相当于不到 17 秒触网一次。"数字世界"因此载满各种各样、密密麻麻的数字行为痕迹，从这些数字留存当中，可以描摹出现实世界中消费者和商家的模样，推断其行为偏好。这无疑具有巨大的商业价值，但也暗含隐私和安全风险。在价值和风险的冲突中如何取舍，如何在"数字世界"建立恰当的规则、流程和秩序，是这个时代必须要回答的核心问题。

## 四、当社会的原则就是企业的原则

互联网从诞生在实验室的第一天起，就弥漫着一种技术理想主义。技术是人的技术，人是技术的主宰。乔布斯（Steve Jobs）在 1994 年接受《滚石》（*Rolling Stone*）采访时说："技术不重要，重要的是你对人有信心，相信他们基本上是好的、聪明的，假如你给他们工具，他们会用这些工具创造出非凡的东西来。"

互联网从非商业化的科研计划中走出，通过商业和市场走进大众、走向社会生活，最后实现对商业和市场的超越。自工业革命以来，商业原则与社会原则基本逻辑互斥、不断碰撞的二元对立结构，在数字技术的极致发展中走向融合。市场和社会边界的最后一次划分是不再划分，最后一次碰撞是难分彼此。

### （一）数字世界的守夜人

20 世纪 90 年代中期，与"数字经济"一词几乎同时出现但较少被关注的另一个重要趋势是"数字融合"（Digital Convergence）。从技术本身的融合开始，文档、编辑工具、社交网络等数字产品可以在多个平台、多个终端保持一致的使用体验，软件和硬件互通。之后是不同内容形式和渠道的融合，电影、电视、音乐、网游等原本不同的媒介内容在数字技术中混为一体，出现新的创作和发行方式。再者，地域市场在数字世界中融合，如欧盟 2015 年推出的"单一数字市场"战略，旨在清除数字世界中的虚拟国境线，扩大连接，共享市场。散在的数字技术创新点渐渐扩大，互相融合成包裹着现实世界的数字世界。泛在计算（Ubiquitous Computing）这一在马克·威瑟（Mark Weiser）口中"将自己编写入每个人的日常生活中直到无法分辨出来"的"最复杂的技术"，融入无处不在的电磁波里，成为数字世界的阳光和空气。数字技术的发展最终回归创造者当初美好的设想。

在理想性的背面，数字世界也时常成为现实世界冲击和风险的来源。与泛在计算同在的，是现实世界中的规则执行算法化有可能被别有用心地利用，从数字世界向现实世界发动攻击。最新的例子如黑客组织"暗面"（Dark Side）对美国西海岸输油网络发动勒索攻击，造成真实的困难和损失。

数字世界与现实世界之间，需要强有力的守夜人。头部科技企业作为数字世界在现实世界中的载体，用户与社会成员重合、场景与日常生活重合、留存与真实世界重合、规则与计算过程重合，是数字社会原则天然的守护者。平台型企业站在调和数字世界与现实世界关系、应对来自数字世界的各类冲击的一号位，必须要成为两个世界之间适格的协调者和解决方案的提供者。平台之上，商业效率就是社会效率，社会公平即商业公平。商业原则和社会原则从工业革命以来相互分治、不断碰撞的历史走向终结。而两者达成最终妥协之后，社会的原则就是平台型企业的原则。

### （二）在数字世界中寻找解决现实世界问题的对策与答案

面对数字革命的冲击，应站在商业原则与社会原则融合的历史奇点，重新检视企业与社会的关系。

传统的生态型企业对某个地区或某座城市的发展发挥重要作用。例如，底特律因福特、克莱斯勒和通用等汽车大厂的崛起而繁荣，也因大厂的陆续迁出而衰退，不得已在 2013 年宣布破产。传统的生态型企业也因与本地经济的绑定，社会容忍度较高，只需要遵守社会原则的一般性要求——适应以市场竞争为基础的商业原则，尊重追求包容公平的社会原则，在日常运营中关注社会问题、管理社会影响即可。从这个意义上说，传统的企业社会责任，无论是企业捐赠、雇员关怀，还是环境保护，都是以自愿为基础的自我规范和限制。

近年来涌现的一些新尝试值得关注。如 21 世纪初兴起的共益企业（BCorp），其致力于用商业可持续的模式来实现社会目标，其中传达的商业原则与社会原则统一的思想与解决数字平台挑战的思路是一致的。但这些尝试苦于资源瓶颈，较为分散，仍以自愿为主，发展速度较慢。

当社会原则就是企业原则时，作为站在两个世界融合点的守夜人，谨守自我约束性质的一般性要求是远远不够的，要走出舒适区，调动体系内的资源和能力，主动探索解决现实世界的问题。SSV.org 的成立，是一场企业主导的大型社会实践，针对社会原则就是企业原则这一判断，以更为积极主动的方式追求有效率地实现社会目标落地。如何推动可持续社会价值创新？大概可以从以下四个角度考虑。

第一个角度是向内看，处理好与自己的关系。主动拥抱企业原则与社会原则的统一，在企业内部是否已经达成共识？投资者与股东是否已准备好以服务社会整体利益为目标，而不是单纯追求企业盈利？部门之间如何分工协作，是否需要中心化的沟通机制？社会原则是否已融入企业文化，获得员工的普遍支持，可以在日常工作中自觉遵守？对于企业碳中和等相对成熟的标准，能否做到率先达标？社会目标与商业目标相比较为分散，乡村振兴、教育公平、可持续发展、弱势群体照顾等，是均匀施力还是重点突破？如何充分发挥平台的能力，是下场自己做还是从旁协助其他单位做？这些都是需要考虑的问题。处理好与自己的关系，就是做好组织准备，接受社会原则创新的挑战。

第二个角度是左右看，处理好数字世界中的多边关系。平台的商业价值创造和社会价值创新，离不开合作伙伴的支持和平台上数以亿计的活跃用户的配合。如何细化平台规则，建设各类调节机制，解决伙伴间、用户间的矛盾，推动平台生态和谐发展？如何更好地支撑平台上的伙伴和用户，带动其一起参与社会价值创新，共同努力并分享成果？这些是让社会原则在数字社会率先落地的重要步骤。腾讯公益平台就是一个很值得研究的样板，其利用在线平台的连接能力、展示能力和支付能力支撑正规公益项目的募款工作，及时跟进项目进展，形成透明的长效机制，让优秀项目脱颖而出，实现社会价值的最大化。将公益领域的成功经验复制到乡村振兴、教育公平、助老适老等其他场景中，可能是未来重要的社会价值创新点。

第三个角度是向外看，处理好数字世界与现实世界的关系。数字世界仅仅是现实世界的一个局部，是现实世界在数字空间的投射和缩影。数字世界的规则可能在一定时期超前于现实世界的规则，但最终还是要回到现实世界、服从现实世界的社会原则。平台是开放体系，人员、信息、物资在数字世界与现实世界之间频繁流动，对后者影响力越来越大。数字世界必须管理好这些外溢的影响力。一方面，要求平台型企业主动配合监管，积极与社会大众沟通，架设跨越数字世界与现实世界的官方桥梁；另一方面，互联网带来的信息碎片化、族群割裂、网络暴力等问题，也需要两个世界紧密配合，正确引导、弥合分歧，促进社会共识的达成。此外，数字世界作为平台的平台，各个子模块不能各自为政，要做到跨模块的商业与社会决策统一，做好"数字世界原则"的顶层设计。设置超越单纯商业决策机制的顶层公共事务架构，作为协调两个世界关系的枢纽，对社会价值创新过程中的风险点和潜在问题看得见、改得了、推得动，追求社会目标的达成率。

第四个角度是向前看，处理好与科技和未来的关系。随着算法、算力、数据、带宽等基础能力不断提升，以数字技术为基础的创新积极涌现。纵向创新酝酿新突破，如区块链、星链等新的组网模式，虚拟现实、脑机接口、全真互联等新的互动体系，已经开始商用探索。横向跨学科的联合创新也持续推进，生物芯片、计算生物学、数字育种等取得长足进步，数据与算法为新药和疫苗研发助力。这些技术突破可能潜藏着破解当前社会难题的密码，需要科技企业持续关注、加大投入。特别是某些需要长期大量投资的基础性研究工作，或者是受制于现有产业规模小、结构分散、无法大规模推广的新技术，可能在科技企业的助力下跨过盈亏平衡线。

此外，技术突破往往会冲击现行的规则体系。数字平台的规则大部分已经代码化，代理给各类算法自动执行。如何调整规则形成机制，以应对技术带来的挑战，需要科技企业积极研究、想在前面。

最后，科技企业要致力于弥合社会分歧，探讨建设数字共同体。数字世界往往先在本地市场展开，同样的技术和规则在不同国家和地区会演化为各自的版本。可持续的社会价值创新，首先是在地化的社会价值创新，要遵守在地的法律法规和公序良俗，无差别对待各地的用户。构成平台型企业的股东和员工仍有自己需要坚守的族群意识，这也构成组织的身份认同。但这不应成为探索数字共同体建设的障碍。虽然各地的历史和国情不同，发展速度和阶段也不相同，但坚守本土价值，参与全球竞争，以更有效率的方式推动社会原则更广泛地落地，应该是全球共识。

经过多年的高速发展，中国企业逐渐拉近与全球先进水平的距离。进入数字时代，面对发展范式的改变，发达国家固化的分工体系在某些方面增加了数字化转型的机会成本，也为新兴市场在理论和实践方面引领全球创新提供了空间。在数字社会的发展中，来自中国的本土平台在某些领域取得了实践上的领先，这是我们进一步推进社会原则创新、社会价值创造的基础，也是推动数字共同体发展、体现中国经验和思想的契机。

科技是一种能力，向善是一种选择。对科技向善的"善"的期待，是可持续社会价值创新战略要去努力的方向。要把创造更大的社会福祉作为所有业务的目标，落实到具体的业务规划中。要把创造社会价值的根基，扎得更深、更稳。

这是数字世界主动迈出的一小步，前方不是坦途，但肯定足够精彩。

变轨

# 姜奇平|
# 论数字经济的价值本体

姜奇平，信息社会 50 人论坛理事，中国社会科学院信息化研究中心主任、信息化与网络经济室主任，《互联网周刊》主编；2009 年当选中国互联网 10 位启蒙人物之一，被《硅谷时代》评为"带领我们走向数字时代的 20 位中国人"之一。

提出"数字经济的价值本体"这个问题，针对的是，将定义数字经济的角度，从先前的"数字"视角（如"基于数字技术的"经济），转换为"经济"视角（如在价值上有什么不同）。本文认为，经济的本体在价值，而不在技术手段。我们在定义工业经济时，不宜说它是"基于工业技术的"经济，而应从价值本体上，把它定义为社会化的机器大生产，以区别于小农经济。同样，"基于数字技术的经济"这样的定义，仅从技术上概括说明数字经济，难以触及本质。可否不用技术字眼定义数字经济，只说经济本身在价值上发生了什么变化呢？本文认为是可以的。从价值角度而非技术角度解析数字经济的内涵，有助于澄清误解——认为数字经济只在技术（"数字"）上是新的，而在"经济"上依然同以往一样，进而避免人们穿新鞋走老路。

这样研究问题的范例，就是亚当·斯密解析工业经济时，没有使用任何技术字眼（诸如"蒸汽机技术"之类），而仅从经济本体——价值（包括价值创造方式）——上，开门见山地指出工业经济比此前的农业经济多出了一个新的价值，即交换价值。将交换价值这一新经济本体，同农业经济的旧本体——使用价值——区分开来，并明确交换价值之于使用价值的主导地位。反过来想，如果亚当·斯密也用我们今天常用的"洋务运动"式的定义方式，只谈技术（"用"变），不谈本体（"体"变），把工业经济定义为基于工业技术的经济，就无法区别地主利用工业技术从事小生产（如用电进行农业家庭经营）与资本家利用农业技术从事大生产（如农业产业化）之间的本质区别，抓不住时代变化的根本所在。

本文认为，数字经济的价值本体在于以附加价值形式存在的差异化、多样化、异质性价值。它是从工业经济无差异化、非多样化、同质性的价值中，经矛盾运动自然发展出来的。这种价值体现着质量、创新和体验的本质。因此，数字经济本质上必然是高质量发展、创新驱动的经济。下面分别从价值本体的形容与内容两方面来分析。

## 一、数字经济的价值"容器"：附加值

我们先从计量维度理解数字经济。

本文认为，就价值的主导方面（或主导价值）而言，农业经济的价值本体在于使用价值，工业经济的价值本体在于交换价值，数字经济的价值本体在于特殊定义的附加值。我们将附加值从增加值中区分出来，赋予质量、创新、体验的内涵，作为数字经济的"经济"新质所在。我们认为数字经济是创造高附加值的经济，并以均衡水平的高附加值区别于工业经济的价值本体。

### （一）设立新的价值维度

经济本体的价值维度是个历史概念。每种新的经济，总是通过扬弃，把旧的经济中的价值包容于自身；同时彰显新的价值。例如，农业经济是通过使用价值这个维度来概括自身的经济本体与主导价值；工业经济采用使用价值与交换价值两个维度把握价值，其中，使用价值是继承，交换价值是发展，后者是主导价值，前者是基础价值。数字经济通过使用价值、交换价值、附加值三个维度把握价值，其中，使用价值、交换价值是对工业经济价值的继承，是基础价值；附加值是数字经济的新发展，是主导价值。

在"索洛"悖论中，看不到数字经济的产出，并不是因为它不存在，而是在增加值与附加值不分的条件下，没有适合它的价值维度让它显示出来。本文认为，数字经济的价值本体与高质量发展的价值本体，是同一个本体，都是将质加

以内生的经济①。在工业经济的计量体系中，先验假设所有的量都是同质之量，因此，高质量发展与低质量发展在质上的不同是无法量化观测的。统计学称之为未被观测经济（Nonobserved Economy，NOE）。

研究数字经济，需要设立新的价值维度，使它特有的价值从未被观测状态转化为可被观测状态。基于数据的特性（数据可以非结构化，用来表征质的不同），本文认为应在"把质加以量化"这个大方向上寻找这个新的维度。本文先验设定，工业经济的价值容器是增加值（抽象价值容器），数字经济的价值容器是附加值（抽象价值+具体价值容器）。附加值就是可以把质——从创新、体验到质量——的价值加以量化的新维度。

研究新价值本体，突破口在于发现价值本体的"容器"不同。这个"容器"比喻的是容纳（计量）价值的新维度。它决定了一种价值是看得见（显现），还是看不见（隐藏）。例如，重农学派眼中的使用价值是以物理单位（长、宽、高与质量等物理量的值）为"容器"的，而工业学派（如亚当·斯密）眼中交换价值的"容器"是符号单位（货币，现价值）。按前一种容器，将木材加工为桌子，是"减少"价值，加工制造的价值"看不见"；按后一种容器，将木材加工为桌子，是"增加"价值（增加值），加工制造带来的价值从看不见变为看得见。同样，识别工业经济与数字经济的价值本体，也要区分"容器"。只不过，两个"容器"同为符号单位（货币为一般等价符号，数据为"一般等价符号+非一般等价符号"），要进一步区分两个符号"容器"的不同。

如果不区分"容器"的话，会出现什么样的情况呢？典型如知识价值论，一说信息、知识、数据创造了什么价值，先想到的就是创造了何种使用价值与交换价值。这首先就把"容器"弄错了。这等于在说创造了什么样的工业经济价值，而把知识独特的价值——比制造具有更高附加值这一点忽略掉了。

深入研究后会发现，数字经济创造的价值除了上述两种价值（使用价值与交换价值），还有其他未被观测的经济价值。与典型工业经济（以零经济利润为标

---

① 从供给角度内生质的差异性，称为创新；从需求角度内生质的差异性，称为体验。当供需平衡时，二者合称质量。这里的质量，不是产品质量，而是生活质量，分为高质量发展与低质量发展。

准态）不同，它创造出某种不同于一般交换价值的附加值。

这种价值与亚当·斯密所说的交换价值的最大区别在于，它除了抽象价值，还附加了具体价值，且不是使用价值意义上的具体价值，也不同于一般所说的具体交换价值，而是特指异质性价值，即体现为创新、体验中的差异化、多样化所特有的具体价值，在经验中对应个性化、定制、内容、情感等来源附加的溢价。对比之下才发现，原来工业经济中说的交换价值，全是无差异化、非多样化的抽象价值。与这种抽象价值对应的具体价值，都是同质化的使用价值。

因此，我们可以形成一个新的知识点，即用同质、异质这对范畴来区分两种不同的"创造新价值"。当创造的新价值是同质价值时，称为增加值（熊彼特称为物质的"循环流转"）；当创造的价值是异质价值时，用附加值加以标示。

### （二）有别于增加值的附加值

数字经济创造的新价值，是从它的旧价值母体中产生的。对于数字经济创造的不同于抽象交换价值的新价值，我们可以从附加值这个概念基础上概括。

在以往的研究中，增加值（Value Added）与附加值（Added Value）一般被视为同一个概念，是同一个"容器"，都是指经济主体新创造出来的价值。本文在保留"创造新价值"这个共同含义的基础上，将附加值从增加值中区分出来，赋予特定含义，作为数字经济的价值"容器"，从而形成工业经济价值、数字经济价值两个不同的计量"容器"。

数字经济本质上是令质的差异更富有效率的经济。信息、数据本身就是专门显示质的差异的中介，并以此区别于货币中介。信息技术、大数据技术，都是提高多样性效率的技术（"多样性"在技术上对应"非结构化数据"）。当这种生产力传导到经济本体时，就会使差异化、多样化与异质性价值从不经济变得更加经济。

本文假定，数字经济创造的是一种不同于增加值的附加值。在经验中，这种附加值等价于质量、创新与体验的价值。质量、创新、体验三者之间的共同点在于它们的价值都来自质的差异。差异的程度，可以由均衡时的溢价之差 AC-MC

衡量。AC-MC 这个溢价之差越大，表明质的区别（如高质量与低质量）在定价中的作用越大，创新在定价中的作用越大，体验在定价中的作用越大；反之，这个价差越小，说明质量、创新、体验作为价格变量的影响因素的作用越小。附加值与增加值的计量转化，代表数字经济价值与工业经济价值的"换算"关系。差异化定价因素在工业经济中也存在，如品牌、专利影响，但与无差异定价（完全竞争均衡价格）相比，因为没有主导生产力的支持，不是一种常态与主导现象。这种差异表现在理论上，就是认为在所谓的"长期"，其一定会被完全竞争磨平，如创新终将被模仿，进而变得普通。一直到信息技术、数据技术成为主导生产力后，潜伏于工业经济中的次要定价因素才转而成为主导定价方式。在理论上，内生质量、创新的均衡，不仅可以符合均衡条件，而且可以变为广义的最优，成为新常态。

重新定义后的附加值，可以按标准方法转化为增加值，从而将数据中介上的特有价值转化、还原为工业经济通用的货币中介上的一般价值。我们把附加值从工业经济中的附属性价值，"扶正"为数字经济中的主导价值，将数字经济的独特价值定位为提供增加值基础上的附加值。

## 二、数字经济创造的新价值

从数字经济价值本体的实质方面看，向附加值这个形式"容器"中灌注的新内容，就是数字经济价值本体的价值内涵。

下面分别从技术关系与社会关系两方面分析数字经济价值本体的实质。首先，数字经济创造的新价值与创新的价值具有相同的实质，是同一种价值，即创造性价值；其次，数字经济创造的新价值，正是马克思当年预言会在工业资本主义之后出现，但由于当时信息生产力没有出现，而无法被观察到的那种扬弃交换价值的自主劳动价值。

数字经济创造的价值中不同于工业经济的那一部分，实际是一般价值中的最终价值这个子集（以人为本的"本"，对应这里说的"最终"）。它以附加值的形式加入交换价值中，形成抽象交换价值与具体交换价格（附加值）混合定价（垄断竞争均衡定价）。在数字经济中，最终价值第一次找到了属于自己的中介形式，即信息、知识、数据。

信息、知识、数据本身作为符号，只是价值中介，而对应的价值实体有两种：一种是它的工业经济价值实体，即信息、知识、数据本身以符号形式作为商品而具有的交换价值（中间价值）；另一种是它的数字经济价值实体，即信息、知识、数据这些能指符号的所指，即内容具有的主体价值[①]（意义）。二者有一个明显的分界，即前者可以用知识产权（一种产品规则）封闭保护；后者却适用于服务规则（如 SaaS、DaaS）的开放保护。

数字经济创造的新价值是一种差异化、多样化和异质性的价值，而且它的具体价值部分必须与最终的主体（用户）结合（相当于对文本的再阐释）才能最终确定其语境化的一对一的价值。

### （一）创新价值：新质使用价值与高附加值

创新与数字经济的经济本体是同一个，而不是两个。不指出这一点，人们一般会认为，创新带来一种价值，数字经济又带来另一种价值，而没有发现二者之间的内在联系。

创新的价值，也就是通过创新活动创造出的不同于同质性交换价值，但可以在交换价值之上带来增值（AC-MC）的那种新价值，是异质性价值广泛存在的第一种现实的形式。创新理论经常误读熊彼特理论，以为创新价值是创造活动带来的交换价值，这仍然是从亚当·斯密的工业经济视角理解价值的。这样理解创新价值，会与马歇尔的均衡条件（在完全竞争达到 MR=MC 时利润归零）自相矛盾。它不是熊彼特的原意。熊彼特谈的新价值，是在均衡点具有正利润的价值。

### （二）服务价值：实证形态的差异化、多样化价值

如果说，交换价值是亚当·斯密针对制造活动的价值提炼，那么服务价值是另一种价值，需要用不同于交换价值的尺度来衡量与把握。服务的生产性应从服务创造的附加值方面加以理解。例如，在制造业服务化中，服务对于制造附加上

---

[①] 内容的客体价值仍是交换价值（内容可以卖钱），它的主体价值是意义（好内容可以增值）。

的一个价值增量，就是高于边际成本定价的增量。

服务价值的概念在理论经济学中的前身，是张伯伦所说的销售成本。张伯伦把成本分为无差异成本与差异化成本两种，前者由生产成本代表，对应制造活动的成本；后者由销售成本代表，对应服务活动的成本。晚期在与罗宾逊夫人的争论中，张伯伦明确了差异化价值的实质是异质性价值。

如今，在服务经济学中，人们已经普遍形成共识："服务具有异质性。"[①]各种实证研究表明，服务相对于制造，存在一个附加值，这个附加值（本质上是AC-MC）的存在，导致出现了服务业增长之谜。似乎服务相对于制造具有一个偏离生产率的溢价。张伯伦较早从理论经济学上将问题归结为生产成本与销售成本的差别。生产成本就是制造的成本，销售成本就是服务的成本。二者的差值等于 AC-MC。这是垄断竞争理论产生的动因之一。在这里，服务价值带来的这个均衡水平上的溢价，张伯伦晚期将其归因于差异化、多样化与异质性。

与此相对的是，制造业的同质性色彩更重。经济中的无差异化、非多样化、同质化趋向，与均衡点趋向零经济利润点完全是一个原理。因此，制造业要产生附加值（正经济利润），就一定要推动制造业服务化。这里的服务化，实际就是（像服务业那样）差异化、多样化、异质化（以便从中增值）的意思。

### 三、结语：历史演进中的数字经济价值本体

本文论述了数字经济的价值本体在于以差异化、多样化和异质化价值为内涵的附加值，并将其与以非差异化、非多样化和同质化价值为内涵的增加值区分开来，认为创造这种新价值的经济是创新驱动与体验牵引的高质量发展经济。本文将数字经济与高质量发展、创新驱动（包括服务经济发展），视为经济学上的同一件事。

不以技术定义经济，不等于认为信息技术与数字经济没有关系。生产力决定生产关系，技术在生产力中是决定性的因素。我们按效率取向，将技术分为两类，其中，非多样化技术为结构化技术，多为专用性技术，以专业化效率见长；

---

① 何德旭，夏杰长. 服务经济学[M]. 北京：中国社会科学出版社，2009：17.

多样化技术为非结构化技术，以大数据技术为代表，多为通用性技术（又称通用目的技术），以多样化效率见长。

由本文的研究可派生出一个政策上的新问题：同样是推动信息或数据技术与经济相结合，在目标远景中，到底是以增加值为主导取向，还是以附加值为主导取向？这变成一个决定高质量发展性质的重要问题。处理好二者的关系，才能保障数字经济可持续健康发展。如果选择"以数字化为主导，以工业化为基础"的原则，建议采取"以附加值为主导，以增加值为基础"的政策取向。预期的收效是在同样的 GDP 条件下，在信息技术革命的助力下，高附加值部分（如服务化所创造的价值）在结构占比上超过增加值占比（如产业化创造的价值），以此作为经济高质量发展的定量标志。

# 安筱鹏 |
## 数字化的 8 个关键问题 |

安筱鹏，信息社会 50 人论坛成员，阿里研究院副院长。

## 一、转型的逻辑起点

今天人们谈智能制造、工业 4.0、工业互联网等一系列概念，谈数字化转型，首先需要思考的问题是：转型的逻辑起点是什么？

智能是一个主体对外部环境的变化做出反应的能力，这个主体可以是人、机器、设备、组织、企业等。工业 4.0、智能制造等要解决的核心问题，是面对竞争环境和客户需求的变化，企业如何适应、如何跟上，以及如何更好地满足客户需求。这就是数字化转型的逻辑起点。

过去，消费者追求的更多是性价比、产品功能、耐用性等功能诉求；今天，年轻的消费者不仅关注功能诉求，而且关注内容、服务、参与度、社交体验、分享与交流等体验诉求。消费者的需求已变，我们的供给能否跟上消费者需求的变化？

应对需求的快速变化，是新冠肺炎疫情带给我们的挑战，也是数字化转型必须解决的基本问题。未来十年，企业面临的重大挑战是如何面对消费者主权的崛起。100 多年前，福特说："不管消费者需要什么，我生产的汽车都是黑色的。"2019 年，在"双 11 看中国"活动过程中，欧莱雅中国总裁说："22 年前进入中国时，美妆行业是千人一面，现在是一人千面。"这就是我们今天面对的市场客户的需求：个性化、场景化、实时化、互动化、内容化。

对于一家企业来说，数字化转型及其所要解决的核心问题就是，如何去满足海量的、碎片化的、实时的、多场景的客户需求。

## 二、数字化转型的本质

业界关于企业数字化转型有很多新的概念。有时候新概念太多，会造成"新概念雾霾"。我们需要一个"雾霾净化器"。我们需要一个望远镜，以便看到数字化转型的全局；我们也需要一个显微镜，以便看清数字化转型的细节；我们还需要一个CT机，以便看到数字化转型的本质。

对于企业家而言，面对新冠肺炎疫情需要解决的问题和数字化转型需要解决的问题，本质是一个问题，即企业如何面对不确定性。

只有深刻认识不确定性，才能深刻理解数字化转型的本质。不确定性源于信息约束条件下人们有限的认知能力，应对不确定性，是人类永恒的挑战。数字化转型的本质是，在数据+算法定义的世界中，以数据的自动流动化解复杂系统的不确定性，优化资源配置效率，构建企业新型竞争优势。

关于企业数字化转型，美国和德国都有"新技术"与"实体经济融合"的新概念。美国国家标准与技术研究院（NIST）提出智能制造，认为智能制造解决三个基本问题：差异性更大的定制化服务，更小的生产批量，不可预知的供应链变更和中断。这三个问题归结为一个问题，即一家企业如何面对不确定性，并做出实时响应。

德国弗劳恩霍夫研究所提出了工业4.0的概念，认为工业4.0的逻辑起点是适应竞争环境的快速变化。数字化转型的初心就是如何应对变化，市场变了、用户变了、产品变了、技术变了，企业如何适应市场+用户+产品+技术的快速变化。

新冠肺炎疫情是对企业数字化转型进程的一次检阅，应对疫情和数字化转型本质上是解决同一个问题：企业如何在不确定性的世界中进行决策。疫情期间，良品铺子、红蜻蜓、林清轩等企业在逆境中找到突破口，体现了数字化转型的核心要素，即意识+平台+工具+组织。

企业要有数字化转型的意识，要树立以消费者运营为核心的理念，树立全渠道营销、线上线下融合、数字驱动等新理念。企业之所以能够有效应对疫情带来的挑战，在于业务云化，在于搭建了数据中台、业务中台。企业还要有钉钉这样的数字化工具；需要实现组织在线、协同在线，需要营造自组织涌现的机制。

## 三、所有组织都要思考的一个问题

面对不确定性，面对数字化转型，所有组织都要思考一个问题：如何从工业时代的组织向数字时代的组织切换？

很多时候面对一个不断变化的市场，企业按照原有的工作方式、思维方式操作，可能没什么错，但在一个高度不确定性的环境中，失误将不可避免。基于确定性的组织行为惯性，是造成突发事件应对失误的元凶。互联网竞争策略中有一个关键：高频打低频。一个组织的常态与突发应对的区别在于：常态化的低频决策机制适应不了突发事件中的高频决策需求。

如何构建一个组织的高频、多中心、短链路决策机制，是一个组织从工业时代向数字时代切换的必由之路。

数字经济时代如何重建新的组织细胞？新组织涌现的背后是价值观导向和利益导向，正如张勇（阿里巴巴董事局主席、首席执行官）所说，绝大多数协同问题都不是态度问题，而是生产关系没设计到位；要在一个扭曲生产环境下希望大家一起合作，本身就违反人性。

## 四、重新思考数字化转型的动力

2003 年，《哈佛商业评论》前主编尼格拉斯·卡尔在美国掀起一场大争论。这场争论的核心问题是 IT 技术对提升企业竞争力到底有没有用？这个问题每隔几年就会冒出来。面对全球数字化基础设施的重构，我们需要重新思考数字化转型的动力。

我们看到数据中台、业务中台、微服务组件、工业 App 等的背后，是我们认识数字化转型的起点——首先是认知转型。我们讲"科学技术是第一生产力""制度重于技术"，但最重要的是认知和理念。我们今天对数字化转型认知的区别不是愿不愿意拥抱变化，而是以多快的速度、以何种方式拥抱变化。我们是不是有长期思维，是不是相信年轻人，是不是有推动文化变革的决心？另外，数字化转型是一场边缘革命，对于一家企业来说，不在于做了什么，重要的是比竞争对手多做了什么、客户真正感受到了什么、构筑了什么样的新型能力。

过去，在涉及数字化转型的动力时，企业家们的思考角度是：数字化转型的投入产出比有多高，有没有风险，有多少风险？如果数字化项目的风险太高或产业不确定，就放缓投资的步伐。

我们今天从另一个角度思考问题：如果不转型，损失是什么？缺失数字化战略时，风险是确定的，可以概括成以下五个方面：市场失焦、营销失语、管理失衡、系统失灵、增长失速。

## 五、数字化转型的基本矛盾

企业家们在推动数字化转型的过程中面临各种困惑和挑战。

美国哈佛大学组织的调研认为数字化的挑战包括遗留系统（52%）、信息/数据孤岛（51%）、IT 与业务线之间的合作不足（49%）、风险厌恶文化（47%）、变更管理能力（46%）、缺乏数字化的企业愿景（39%）、缺乏人才/技能（38%）、预算不足（37%）、网络安全（34%）等。德国提出工业 4.0，核心问题是三个集成（横向集成、纵向集成、端到端集成）。而中国提出两化（信息化和工业化）深度融合，核心挑战是如何从单向应用向综合集成演变。问题是，这些挑战背后的原因是什么？

我们认为，企业全局优化的需求和碎片化供给之间的矛盾是数字化转型的基本矛盾。企业数字化投入和收益之间不是平行线，数字化投入只有超越集成的某个临界点之后，收入才会呈现指数化增长。

《第五项修炼》中有一句话："今天问题的产生，源自昨天的解决方案。"回顾 IT 的发展史，可以看到它就是一个碎片化的供给史，其解决方案都是为了解决一个点的问题。但是，今天我们不仅需要点、线、面，还需要一个生态，这是今天我们在数字化转型中所面临的一个问题。

## 六、企业从数字化转型到数智化转型

数字化转型不是一个新课题。从技术长周期的视角来看企业转型，其可以分为两个阶段，即数字化转型阶段和数智化转型阶段。数字化是一个业务数据化的过程，中国企业从 20 世纪 90 年代就开始了，经历了传统软件安装期和消费者在线化两个阶段。当前，企业正进入数智化转型新阶段，基础设施云化、中台化、移动化，推动企业从业务数据化向数据业务化转型，从单轮驱动向双轮驱动转型，并最终实现全链路数智化。

阶段一：IT 化阶段的关键词——安装。

企业通过安装办公自动化（OA）、企业资源管理（ERP）、供应链管理（SCM）、客户关系管理（CRM）等各类信息化软件，构建单点业务环节信息系统，全面优化企业的研发、生产、经营流程，提高管理效率，为进一步深入开展数字化转型打下坚实基础。

阶段二：在线化阶段的关键词——在线。

互联网普及给商业世界带来了革命性变化，意味着商业系统进入了新时代——在线时代，商业世界实现了大尺度、多场景的业务闭环优化。伴随着 3G、4G、5G 等移动互联网及物联网技术的迭代，电子商务、社交网络、移动支付、网络约车等新业务涌现，推动消费者在线，以及店铺、商品、组织、管理、服务的在线化。

阶段三：云端化阶段的关键词——重构。

以云计算、物联网、人工智能、5G、数字孪生等为代表的智能技术群落正在构建新商业基础设施，未来 5～10 年将是新型数字基础设施的"安装"和服务交付期。IT 基础设施及企业应用软件加速云化，一批云原生技术持续涌现。数据中台、业务中台、AIoT 中台建设步伐加快，消除数据孤岛并促进数据业务化，推动企业内部资源与能力共享。

阶段四：双轮驱动阶段的关键词——运营。

伴随着企业传统 IT 基础设施云端化、AIoT 化、中台化、移动化，企业不断打通线上与线下、内部与外部、消费端与供给端的数据，基于消费端数据运营，以消费端数据智能重构供给端的品牌、营销、研发、渠道、制造等供给体系和价值链体系，构建人、货、场全要素运营体系。

阶段五：全链路数字化阶段的关键词——创新。

以消费者运营为核心，实现消费端与供给端全要素、全场景、全生命周期的数据智能，建立企业智能运营和决策体系，持续推动企业产品创新、业务创新、组织创新，构建强大的新竞争优势。简言之，如果说企业数字化转型是基于 IT 技术、架构和 PC 端的，那么企业数智化转型则是基于 DT 技术、架构和移动端的。数字化的核心是业务数据化，数智化的核心则是数据业务化。从数字化到数智化是一次新型数字商业基础设施的重构、迁移和切换，是以消费者运营为核心的数字商业生态的重构。

## 七、数字化的终极版图

可以设想一下，十年、二十年、三十年之后，信息通信技术的发展趋势是什么。或者我们思考一个问题：数字化的终极版图是什么？从未来看现在，我们今天所看到的物联网、大数据、云计算、人工智能、工业软件等技术，都是未来数字化终极版图的一个碎片，ICT 技术发展及应用的过程，就是我们不断把这些碎片化的模块拼成一幅完整版图的过程，我们都是拼图人。

十年前，马斯克发表了一篇文章：*Why the US Can Beat China: The Facts about SpaceX Costs*。今天，马斯克的 SpaceX 将火箭每千克的发射成本降到了二十年前的 1/7。今天，飞机、高铁、汽车、坦克等复杂装备的研制周期相当于二十年前的一半，这是因为人类社会认识客观世界的方法论已从"观察+抽象+数学"的理论推理、"假设+实验+归纳"的实验验证，走向基于数字孪生的"模拟择优"。

未来的世界是数字孪生世界，就是在比特的汪洋中重构原子的运行轨道，这将驱动赛博空间的数字孪生无限逼近真实物理空间，基于"物理实体+数字孪生"的资源优化配置将成为数字经济的基本形态。

数字孪生世界的意义在于，在比特的世界中构建物质世界的运行框架和体系，构建人类社会大规模协作新体系。这一进程将从原子、器件、整机、建筑、城市到地球，从基因、细胞、器官、人体到生物世界，从数字孪生的心脏、数字孪生的飞机、数字孪生的建筑到数字孪生的城市。我们都走在构造数字孪生世界的大道上，数字孪生将把企业带上向零成本试错之路。

## 八、企业思维的三个转变

面对数字化转型大变革，企业如何转型？企业思维需要实现以下三个转变。

（1）以不变应万变，以持续优化的策略应对各种不确定性。企业需要以数据+算法的策略应对不确定性，需要摒弃冗余思维、静态思维，走向精准思维、动态思维。

（2）以增量革命构建新型能力，企业数字化转型就是要把软件、设备、流程优化、管理变革最终都转化为企业的新型能力。这是数字化的出发点，也是落脚点。

（3）从产品制造商到客户运营商，制造企业应成为一个工业产品提供者，通过产品与客户建立一种"强关系"，成为 24 小时在线了解、预测、满足客户需求的"客户运营商"。

今天，对于大多数企业而言，数字化转型是其不得不做的一场转型。在数字经济时代，企业家们要做的是对于新事物不排斥、不盲从，主动拥抱数字化新大陆。

# 司 晓|
# 产业互联网在新发展格局中的战略价值

司晓，信息社会 50 人论坛成员、法学博士、斯坦福大学访问学者；现任腾讯研究院院长、腾讯公司副总裁、法律政策研究部总经理，兼任国家网络版权产业研究基地副主任、深圳市版权协会会长、北京大学法学院法律硕士研究生兼职导师。

伴随着人工智能、大数据和云计算等通用数字技术在经济社会中广泛且深入渗透，数字经济正从消费互联网的初级阶段发展到产业互联网的高级阶段。尤其是自 2020 年以来，面对新冠肺炎疫情对经济社会的剧烈冲击，产业互联网及时补位，在疫情防控、复工复产、社会治理和增加经济韧性方面均发挥了巨大效能。

《中华人民共和国国民经济和社会发展第十四个五年规划和 2035 年远景目标纲要》明确提出，要打造数字经济新优势，以数字化转型整体驱动生产方式、生活方式和治理方式变革。2021 年，政府工作报告将经济增速目标定在 6% 以上，同时指出要以创新驱动、高质量供给引领和创造新需求。作为通用数字技术赋能的主战场，产业互联网可以通过数字流串联贯通起生产、流通和消费的全部环节，有效提高供给侧与需求侧之间的适配性，加速促进城乡与区域之间的连通性，对推动我国经济提质增效、高质量发展和构筑新发展格局具有重要的战略价值。

## 一、产业互联网充分拓展生产、流通与消费的可能性边界

生产、流通和消费等多个重要环节共同构成国内大循环的完整链路。其中，生产环节不仅是国民经济循环的起点，而且居于支配性和决定性的地位。经济学家用生产可能性边界来描述经济社会在既定资源和技术条件下所能生产的各种商

品最大数量的组合，在经典的国民经济坐标系中则可用生产可能性曲线来刻画。在生产层面，产业互联网不仅通过智能制造、共享制造和工业互联网等新型生产方式促进了产品产量的增加，而且通过技术创新与技术进步加强了产品种类的创新及质量的提升，推动生产可能性边界向外移动，深度助力产业基础高级化、产业链现代化和供给侧结构性改革。

实际上，除了生产可能性边界，流通和消费理论上也存在可能性边界，产业互联网在推动其外移方面同样可以发挥巨大作用。在流通层面，产业互联网可以充分发挥其智慧赋能与精准触达的能力，推动传统交通运输与物流配送行业的数字化转型，发展出智慧物流、无接触配送、社区电商等新型流通方式，解决运输行业的"最后一公里"难题，进一步扩大社会商品与服务的触达范围及流通可能性边界。在这一方面，腾讯推出的智慧物流解决方案针对物流行业仓储与运输等场景，提供物联网、大数据、人工智能等能力，助力物流行业快速发展。

在消费层面，产业互联网不仅通过线上与线下的融合创新了食品、服装、家电等有形消费品的新型消费模式，而且通过数字技术创造了数字内容、数字文创等新的无形消费品的种类，并使传统的需要面对面交易的无形服务变得可以远程交易，如远程医疗、数字政务、智慧文旅等，从而推动消费可能性边界的快速外移。

## 二、产业互联网有效提高供给侧与需求侧之间的适配性

2021 年政府工作报告提出，2021 年工作的重点之一是要紧紧围绕改善民生拓展需求，促进消费与投资有效结合，实现供需更高水平的动态平衡。当前，我国国民经济循环的主要矛盾是供给与需求不匹配，产业互联网则通过数字技术助力我国门类齐全的工业生产能力与超大规模的国内市场优势相连接，成为促进国内大循环的重要力量。

在微观层面，产业互联网通过推动企业组织持续的数字化转型，降低供需双方之间的信息不对称程度，有助于实现供给与需求之间的精准匹配。在新冠肺炎疫情期间，深圳天虹商场借助腾讯智慧零售的数字化能力，在"线上购物节"开展一周后，实现销售额环比增长 92%、单日线上销售超过 3000 万元的成绩。

在中观层面，产业园区内部及园区之间的供需适配也是产业互联网助力构筑双循环发展格局的重要场景。例如，腾讯通过推出"星·园计划"，从云资源补贴、生态资源助力、技术护航等维度为园区数字化转型提供技术与资源支持。

在宏观层面，产业互联网通过将分散在微观组织和个体中的信息进行整合与共享，提高产业链、供应链的现代化水平，促进产业集群之间相互适配，在更大规模和更大范围上以高质量供给满足多样化需求。例如，腾讯云通过服务汽车整车制造、零部件及汽车电子、大数据及高端装备制造等主导产业，助力长三角制造业集群转型升级。

## 三、产业互联网加速促进城乡与区域之间的连通性

全面推进乡村振兴和加快推进数字乡村建设是"十四五"时期经济社会发展的重中之重。区域之间与城乡之间的发展不平衡，也是造成国内经济循环堵点的重要原因。产业互联网通过数字技术推动区域之间与城乡之间的有效连通，不仅通过智慧零售、直播电商等新型消费模式推动了有形商品在区域与城乡间的循环流动，而且通过智慧教育、远程医疗、智慧养老、数字文化等方式推动了传统公共服务从发达地区向欠发达地区、从城市向乡村的循环流动和"涓流效应"，从而促进区域和城乡间的均等、普惠与包容性发展。

2021 年全国"两会"期间，基于过去一年的调研和实践，全国人大代表马化腾提出利用数字科技促进乡村振兴和推动共享发展的建议案，建议引导互联网科技与智慧农业"同频共振"，加快推动农业生产数字化。此外，微信支付作为首选支付方式在县、乡用户中的使用比例已高于城市用户，正在政府与民生事务、人与公共服务之间搭建新的桥梁。《2020 微信县域乡村数字经济报告》显示，"三区三州"等国家深度贫困地区的微信支付小商家数量累计增长 91%。这也进一步表明，在数字技术的推动下，我国区域和城乡间的内循环动能正在被持续激发。

## 四、加快发展产业互联网，助力构建新发展格局

"十四五"时期，国家要促进数字技术与实体经济深度融合，赋能传统产业转型升级，催生新产业新业态新模式，壮大经济发展新引擎。在新发展格局下，

我们更加需要掌握未来发展的主动权，建议制定系统推进产业互联网发展的国家战略，加强数字化转型升级的政策体系顶层设计，综合施策，统筹推动数字经济与传统经济深度融合，提升国家数字竞争力和全球市场竞争力。

一是提升数字引领能力。强化前沿技术布局，加速核心技术攻关，推进集成应用创新，做大做强软件产业，提升数字技术竞争力。加快云计算等新型基础设施建设，筑牢产业互联网发展的战略基石。推动政府数据开放共享，打造数字供应链闭环，以数据流驱动生产要素合理配置。加快构建统一的产业互联网标准化体系，推动两化融合、智能制造、新一代信息技术等领域的统一标准化体系建设，着力解决产业互联网标准缺失的难题。加强数字技术高端人才培养，提升全民数字素养，以及数字研发能力和使用能力，消解数字鸿沟。

二是加快融合创新步伐。系统构建区域性、行业性、企业级产业互联网平台，加快数字技术与第一、二、三产业的全面融合，推动产业基础的高级化和产业链的现代化。结合国家乡村振兴、制造强国战略，促进乡村产业与数字经济深度融合，加快研发、设计等生产性服务业的发展，包容审慎推动新模式新业态健康发展，全面提升供给体系质量。

三是推动平台载体建设。以产业互联网国家战略为突破口和着力点，打造具有国际水准的产业互联网平台，推进国民经济各行各业的互联网化和数字化进程。加强智慧城市、智慧乡村、智慧园区、智慧社区、智慧校园、智慧医院的规划建设，通过数字投资带动经济发展，助力政府治理能力提升和优质基础医疗教育资源普惠。培育数字化转型公共服务平台，运用数字化手段，通过开源、设计及服务共享等方式为行业和企业赋能，拓展生产空间，提高流通效率，优化分配结构。

四是实施数字消费促进行动。通过政府采购、云量贷、用云券等方式，拓展数字消费市场。扩大消费券在数字产品、数字服务等领域的应用范围，激发消费市场活力。加强制度创新，进一步为网络直播、在线医疗、在线教育和新就业形态等松绑，推动居民消费结构升级，更好地发挥消费在新格局中的基础性作用。

　　五是提高"数字丝路"建设水平。以 RCEP（《区域全面经济伙伴关系协定》）的签署为契机，在智慧城市、跨境电商、数字服务贸易、数据跨境流动等领域加强国际合作，探索跨国产业互联网平台建设，畅通数字经济国际循环。以国际市场为牵引，带动我国关键技术、生产、产品及标准的全面升级，推动我国加快形成新发展格局。

# 余晓晖|

# 工业是数字化转型的主战场

余晓晖，信息社会 50 人论坛理事，中国信息通信研究院院长、教授级高工，中国信息化百人会成员，工业互联网产业联盟理事长，国家战略性新兴产业发展咨询委员会委员，工业和信息化部通信科技委常委，智能制造专家咨询委员会委员。

## 一、数字经济在推动高质量发展、增强经济发展韧性和提升国家竞争力方面的重要价值和深远影响

当前，新一轮科技革命和产业变革加速推进，驱使经济社会产业形态、核心要素和竞争范式发生深刻变化，数字化发展成为世界经济的重要议题和社会演进的基本趋势。数字经济作为数字化发展的主要内容和具体呈现，是以数字化的知识和信息为关键要素、以新一代信息技术为核心驱动力量、以现代信息网络为重要载体、以新一代信息技术与实体经济深度融合应用为主要特征的经济形态。大力发展数字经济是推动国民经济高质量发展、增强经济发展韧性和提升国家竞争力的关键举措，也是积极应对国际气候变化、实现碳达峰碳中和目标的现实路径，战略意义重大。

一是发展数字经济能够加速推动经济发展方式转变，打造高质量发展的新动能。在发展方式转变方面，数字经济加速实现以信息流带动技术流、资金流、人才流、物资流，提升全要素生产率，优化资源配置，降低资源能源消耗，帮助我国经济社会向低碳绿色高效的集约发展模式迈进。在产业结构优化方面，数字经济全面助力供给侧结构性改革和需求侧管理，以数据为驱动、技术为牵引，不断推动生产要素从低效益领域向高效益领域转移，促进供求关系的动态平衡、产业结构的持续优化，推动产业加速迈向高端化、智能化、绿色化。在推动发展动力

转换方面，数字经济作为发展最迅速、创新最活跃、辐射带动作用最强的领域，将成为驱动国民经济增长的关键动力。据中国信息通信研究院测算，"十三五"时期，我国数字经济年均增长 16.6%，对 GDP 增长的贡献率超 67%。2020 年上半年，数字经济规模达到 17.5 万亿元，占 GDP 比重为 38.3%，同比名义增长 6.7%，显著高于同期 GDP 的名义增速，增长带动效应越发凸显。

二是数字产业化作为数字经济的基础部分，持续夯实数字化发展基础。一方面，5G、云计算、大数据、人工智能等新一代信息技术进入应用爆发阶段，其创新红利将持续释放。特别是作为新一代信息技术与产业融合创新主要承载的工业互联网发展提速，目前已覆盖 41 个国民经济大类，随着其在经济社会各行业、各领域的全面渗透应用，将引发生产组织模式、价值创造模式等的全方位重构，不断催生数字化新模式、新业态，为工业及其他行业数字化向更高水平发展提供坚实支撑和现实路径。预计"十四五"期间，云计算、大数据、工业互联网等数字产业将带动超过 60 万亿元的经济产出，成为拉动经济增长的新引擎。另一方面，我国是数据资源大国，未来随着算力、算法等水平的不断提升，数据价值挖掘能力将不断增强，而且通过推动海量数据与传统生产要素的深度交融，将促进既有要素资源的放大、叠加、倍增效应，为数字经济发展提供源源不断的动力。

三是产业数字化作为技术与产业的融合发展部分，持续拓展经济社会发展新空间。当前，以工业互联网为关键依托的第四次工业革命蓬勃发展，推动全球产业数字化进程加速，将有助于打造形成具有国际竞争力的产业集群，增加经济增长的后劲、韧劲。一方面，工业数字化将持续释放红利。工业是数字化转型的主战场，相比于服务业有着更长的产业链条和更丰富的应用场景，通过工业互联网加速数字化、网络化、智能化发展，可释放更大的外溢效应、乘数效应，为数字经济带来更广阔的成长空间。另一方面，服务业数字化升级将拓展广阔的新兴市场。数字技术与服务业的融合创新，已催生平台经济、共享经济等新产业新业态新模式，还将引领、扩大和创造新消费需求。自 2020 年以来，远程办公、直播带货、云娱乐、在线教育、无接触配送等线上服务快速发展，显示出蓬勃生命力。此外，农业数字化蕴含巨大的发展潜力。2019 年，我国农业数字经济渗透率仅为 8.2%，未来依托工业互联网构建数字化农业生产体系，推动农牧渔生产从"粗放型"向"精准型"转变，以定制化生产不断满足和扩展多样化、个性化的农产品市场需求，将形成庞大的增量市场。

当前，大力发展数字经济已成为社会基本共识。中央层面持续开展数字化转型战略部署，各地政府工作报告均强调大力发展数字经济，例如，北京要建成全球数字经济标杆城市，广东要把粤港澳大湾区打造成为全球数字经济发展高地，上海要加快打造具有世界影响力的国际数字之都，浙江要全面推进数字化改革，福建要打造数字应用第一省，等等。随着各省市数字经济的深化发展，相信其在加速国民经济发展质量变革、效率变革、动力变革方面的关键作用也将更加凸显。

## 二、我国应如何加速推进数字社会、数字政府建设，如何提升公共服务、社会治理等数字化智能化水平

数字政府是运用信息技术和大数据，创新行政管理、服务监管方式，实现政府效能优化提升的新型治理模式。数字社会是新一代信息技术同社会转型深度融合的产物，也是推动精细化社会管理的手段和方法创新。在新发展阶段，我国应秉持创新引领、数据赋能和服务高效的理念，多方统筹谋划数字社会、数字政府建设。

一是构建智慧高效的服务型数字政府。第一，不断完善基础支撑体系建设，深化政务信息系统的建设和整合共享，加速政务数据有序流通和开发利用。第二，推动条块政务业务的数字化协同，持续深化"放管服"改革，积极开展"跨省协同办理"，"让数据多流动，让群众少跑路"。第三，建设完善全国一体化的在线监管平台，推动"进一次门、查多件事"，切实提升事件追溯、部门协同效能。第四，深化党政机关信息化建设，推动党建业务系统一体化整合，加快人大、政协信息化建设，全面推进智慧检务、智慧法院建设。

二是打造层级分明且整体协同的智慧城市与数字乡村。第一，根据城市群、中心城市、县级城市的不同功能定位与实际情况，分级分类推进智慧城市建设。第二，探索构建基于统一数字底座的数字孪生城市建设模式，不断提高城市整体运行效率。第三，积极构建符合各地农村实际情况的数字乡村发展模式，聚焦基

础设施、农业生产与社会服务等数字化水平的提升，以数字乡村建设带动乡村振兴。第四，建立健全应急、市场监管等领域的网格化、智慧化管理服务模式，推动社会治理重心向基层下沉，全面提升社区与村庄的数字化治理能力。

三是持续支持远程医疗、在线教育、普惠金融等数字化社会服务的发展。第一，深化新一代信息技术在教育、医疗卫生、就业、文化旅游等领域的应用，推动社会资源的放大利用、低成本共享复用。第二，通过数字化方式提升城乡、区域公共服务的均等化水平，重点支持远程医疗、在线教育、金融科技等的普惠下沉，加速补齐基础公共服务缺口。第三，以技术创新驱动社会服务模式创新、产品创新，不断拓展智能化、个性化、时尚化服务消费新空间。

## 三、数字基础设施的属性与重要意义及如何进一步统筹推进数字基础设施建设

数字基础设施是以技术创新为驱动，以信息网络为基础，面向高质量发展需要，提供数字化转型、智能升级、融合创新等服务的基础设施体系。"十四五"时期积极推进数字基础设施的建设部署，有助于加快我国经济社会各领域的数字化发展水平，对于提升我国经济社会的发展质量、增强国际竞争实力具有重要作用。

第一，数字基础设施是新一轮科技革命加速推进与数字化发展的战略基石。工业时代，经济活动建筑于以铁路、公路等为代表的传统基础设施之上；数字时代，经济社会需要运行在能够支撑数据采集传输、存储处理的数字基础设施之上。积极推进数字基础设施建设，不仅能够加速我国经济社会的数字化进程，全面提高劳动生产率和投资回报率，而且能够有效提高社会服务供给效率与可获得性，推动数字红利为全社会共享。

第二，数字基础设施是增强我国综合国力、谋取国际竞争优势的战略选择。全球主要经济体均高度重视数字基础设施的研发部署，纷纷发布国家战略、行动计划，加紧布局未来科技和产业发展制高点。我国必须牢牢紧抓这一发展机遇，积极塑造新时期全球竞争新优势。

第三，数字基础设施是当前阶段稳投资、增就业的有力抓手。一方面，数字基础设施的部署能够带来大规模、长期性的新增投资；另一方面，数字基础设施建设将催生大量就业岗位，如仅 2020 年一年，工业互联网就带动超过 255 万个新增就业岗位，为稳就业、保民生做出积极贡献。

第四，数字基建是促进实现碳达峰、碳中和目标的重要手段。数字基建通过全面引领和支撑能源、建筑、制造、物流等多个行业、上中下游等多个环节的要素重组和能效优化，将行业系统集成突破和绿色低碳转型升级需求相结合，推动实现生产效率提高、单位产值能耗降低，进而降低碳排放强度。

数字基础设施的建设与部署是一项长期工程，既要坚持全面统筹，又要把握要点。

第一，加强统筹设计。需要强化对数字基础设施内涵、方向、标准等的研究，不断深化理解和认知。同时，要加强各领域规划衔接和资源协同，形成上下一条心、全国一盘棋的良好建设格局。

第二，聚焦重点领域。需要集中力量、优先发展起步基础好、应用范围广、经济社会效益大且通用性强的基础设施。当前阶段，尤其要重视 5G、工业互联网等重点领域，加快 5G 网络建设速度，不断丰富"5G+"应用场景，连接和赋能万物，同时要加大工业互联网投资力度，以实施"5G+工业互联网"512 工程为抓手，完善工业互联网设施建设，并持续拓宽工业互联网的应用范围，为交通、电力、水利等传统基础设施的数字化、智能化转型赋能，构筑千行百业数字化发展的基石。

第三，重视需求牵引。需要结合各行业差异化的需求痛点，探索特色化应用模式，推动数字化转型在更大范围、更深程度、更高水平推进。例如，可以引导相关行业企业与工业互联网解决方案提供商、工业互联网平台企业等密切合作，积极打造一批优秀示范应用或样板工程，以点带面，激发应用需求，加速整体数字化进程。

第四，强化支撑能力。需要综合利用多种融资渠道、人力资本支持渠道，夯实数字基础设施研发部署的要素支撑基础。

## 四、在数字化发展方面我国面临的新挑战，以及如何通过补齐发展短板来不断优化我国数字化发展大环境

近年来，我国数字化发展进程不断提速，数字经济在越发成为生产力发展新方向、国民经济增长新动能的同时，也面临着一系列新挑战，需要通过完善机制建设、多方创新协同予以应对。

一是关键核心技术发展相对滞后问题依然存在，需要以长板带动短板来加速突破。核心技术受制于人是我国数字化发展最明显的短板，不少数字产业的关键环节也面临被"卡脖子"的风险。当前，要充分利用大国大市场优势，加强关键技术的多方协同攻关，努力锻造长板，通过引导其规模化应用，带动传统产业短板补齐提升，全面提升掌控力。以工业互联网为例，可以通过 5G、边缘计算和云计算、人工智能等带动工业装备、自动化系统、工业软件、工业机理模型等的突破，增强工业互联网产业链的韧性，确保供应链稳定运行。

二是新模式新业态飞速发展引发新型监管问题与治理挑战，需要构建包容审慎的新型数字治理体系。第一，数字平台垄断、排他等问题凸显，妨碍市场公平竞争，损害消费者的合法权益。第二，智能算法相关的"信息茧房""算法困人"等现象逐渐显现，急需攻克算法监管与治理难题。第三，需要积极探索新的规则、机制，以更好地应对数字治理的新形势、新要求，如强化平台的信息披露义务，深化对平台算法的监测监管，引导算法向善发展，打造权责清晰、激励相容的网络内容协同治理新模式等。

三是数据安全面临新问题、新挑战，需要加快法规制度建设。数字时代，数据成为重要的战略资源和新生产要素，为了兼顾应用效率与数据安全，需要全方位推进体制机制建设。第一，加快完善数据领域的顶层机制设计，统筹兼顾价值释放与数据安全。第二，纵深推进执法活动，拓宽执法活动的覆盖范围，提高执法震慑力度。第三，引导头部企业发挥模范带头作用、做好表率，要求行业组织坚持自律，持续增强网络生态安全意识。

四是"数字鸿沟"由物理上的"接入鸿沟"转向人力资本上的"技能鸿沟"，需要加快构建覆盖全民的数字技能培育体系。当前，在我国城乡绝大多数个体均可负担并实现基本数字接入的背景下，城乡、区域居民个体之间的"数字技能鸿沟"愈加明显。需要建设覆盖全民的数字技能培育体系，在深入评估城乡居民数字技能实际水平与产业发展需求的基础上，研发符合我国具体需求的数字技能政策，全面提升国民数字技能水平，加快弥合城乡、区域、群体之间的"技能鸿沟"。

# 汪向东 | 理解"数商兴农"

汪向东，信息社会 50 人论坛理事、中国社会科学院研究生院教授、半汤乡学院学术委员会主任；著名信息化专家，电商扶贫的倡导者、推进者，涉农电商、县域电商领域的知名学者，因提出"沙集模式"入选"2010 中国农村信息化十大年度人物"。

2021 年 1 月，商务部下发了《商务部办公厅关于加快数字商务建设 服务构建新发展格局的通知》（以下简称《通知》），专门部署了数字商务建设工作。数字商务再次引起人们的关注。《通知》特别把"数商兴农"列为数字商务建设的五大任务之一。那么，什么是数字商务，它与电子商务是何关系？何为"数商兴农"，它与农村电商升级是何关系？

数字商务其实算不上一个特别新的提法，它在国内外的理论和实践中起码已经存在了一二十年。举例来说，在国内，北京市商务部门在部署 2009 年工作时，就曾明确提出"围绕建设'人文北京、科技北京、绿色北京'的目标，全力服务企业，着力发展'特色商务、数字商务、生态商务'"。北京市商务局把"数字商务"视为"科技北京"在商务领域的重要体现，作为"改造和提升传统商务的重要手段"和"全市商务科技发展上水平的重要支撑"，并要求："今后，要在电子政务、运行监测、政府储备、安全监督、行政执法、电子口岸等方面继续扩大信息技术的应用，提高政府商务部门管理效率和服务能力；继续促进电子商务、电子结算方式的发展，推动商务企业提高经营效率，提升标准化、组织化水平。"在国外，数字商务提出得更早。我们以"数字商务"（Digital Business）为关键词在网上检索，可以找到许多关于数字商务的专著、论文、报告等文献。并且，在商务实践中，它在业内也早已有市场，比如，业内影响很大的汉诺威工业展，多年前就已以"数字商务"为主题，设立专门展区办展，等等。然而，在中国，数字商务被列入全国商务工作的重要日程，的确是近年的事。随着数字中国战略的提出和推进，大力发展数字经济在各地各部门工作部署中的位置日益提升。如同农业农村部门加强研究和部署数字农业农村工作一样，商务部门也不断强化了数字商务工作。2017 年，商务部提出五大板块工作，要求深刻研究我国数字经济发展的特点和规律，加强调研，以形成发展数字商务的新思路，使数字商务成为商务改革发展的新动能。2018 年，全国电子商务工作会议提出八个方面的工作，其中第二项就是发展数字商务，推动商务活动全链条的数字化、网络化、智能化。近两年，商务部还与京东、阿里巴巴等电商平台企业签署了关于促进数字商务发展的合作协议。2019 年，国家在推进自由贸易综合试验区建设时，把数字商务建设列为新的重要内容。商务部专门出台《数字商务企业发展指引（试行）》，开始启动数字商务企业的遴选工作。到 2020 年，商务部已先后两批公示了共 108 家企业为数字商务企业。同时，商务部不断完善数字商务政策体系，联合多部门共同发力，从促进大数据应用、数字化转型共性解决方案研发、互联网平台赋能、新模式推广应用、政策激励与优惠扶持等多方面推动数字商务的发展。

那么，到底什么是数字商务，它有什么主要特征？或者说，我们应从哪些方面来理解数字商务？根据国内外相关研究，我们可以用下面五个关键词来把握数字商务的主要特征：一是"数据"（Data）；二是"互联"（Interconnection）；三是"集成"（Integration）；四是"转型"（Transition）；五是"创新"（Innovation）。把这五个关键词结合起来，我们可以得到如下概念：数字商务指的是以数字技术特别是大数据应用为驱动，以网络互联特别是互联网、物联网为支撑，以产业集成特别是产商融合为主线，以商务转型即传统商务的数字化为本质，以高质量、高效益为目标的创新实现的商务变革。结合数字经济"三化"（数字化、网络化、智能化）稍加展开，那么，很显然，"数据"是数字化的基础，"互联"是网络化的保证，"集成"是智能化的前提，"转型"是"三化"的关键，而"创新"是"三化"得以实现的根本。

能否将数字商务与电子商务画等号，或把数字商务当作电子商务的另一种说法？答案当然是否定的。

我们可以从以下几个方面理解二者之间的关系。

（1）数字商务比电子商务范围更宽广。商务部《通知》开头的一段话，就将电子商务理解为数字商务的组成部分，而且是数字商务最前沿、最活跃、最重要的组成部分。如同前面提到的北京市商务局对数字商务包含电子商务的理解，数字商务除了电子商务，还包括"在电子政务、运行监测、政府储备、安全监督、行政执法、电子口岸等方面"与商务相关的更广泛的内容。

（2）数字商务比电子商务模式更新颖。电子商务是数字商务的先导；数字商务是电子商务的拓展，连同商务其他方面的数字应用一起，带来更新颖的商务模式。国外有专家指出："数字商务是由数字世界与实体世界的边界模糊化而创生的新的商务设计。它有望引领人、商务与物之间实现前所未有的融合，以突破现有的各种商务模式——甚至包括产生于互联网和电子商务时代的那些商务模式。"

（3）数字商务更强调新技术，特别是大数据赋能。上述更新颖的商务模式是由更新颖的技术，如 5G、物联网、大数据、人工智能、区块链等技术及其应用，特别是大数据的应用催生而来的。数据驱动的更前沿的数字技术，被广泛应用于实体经济中商务活动的各环节、各方面，可进一步突破先前电子商务的边界，包括打破数字世界与实体世界的边界，使数字技术深度融入实体经济发展中。

（4）数字商务更强调数字技术跨领域集成、跨产业融合的商务应用。相比于电子商务，数字商务不仅包括基于互联网开展的商务活动，而且进一步将数字化、网络化的技术应用延展和深入到商务活动所联系的生产与消费两端；不仅包括开展电子商务活动的直接关联主体，而且延展和深入到支撑其开展这种活动或与之相关的所有主体。如果没有这种跨界打通产销、连接从生产到消费、关联服务与管理的应用，商务智能化便无从实现。

（5）数字商务为商务变革提供新动能。通过大力发展数字商务，不断将更前沿的数字技术更广泛、更深入地应用于各种商务活动，一方面，必将进一步激发电子商务应用的活力和功效，不断推动电子商务的创新和升级；另一方面，更重要的是，范围更广、模式更新的数字商务应用，必将为自电子商务应用以来的商务流程再造带来新的可能性，提高商务活动效率，从而为商务变革注入新的发展动能。

"数商兴农"是商务部围绕数字商务建设部署开展的"五大行动"之一。这"五大行动"依次为：一是消费数字化升级行动；二是"数商兴农"行动；三是"丝路电商"行动；四是数字化转型赋能行动；五是数字商务服务创新行动。

那么，什么是"数商兴农"？"数商兴农"与农村电商升级是什么关系？首先，"数商兴农"是一个以商促农的概念。它强调以"数商"为手段，以"兴农"为目的。我们知道，商务活动，尤其是其中最为典型的商品流通，是经济得以运转的中介和社会再生产的必要条件。它一头联系生产，一头联系消费。"数商兴农"根据"商"与"农"互联互促的经济规律，着眼于通过商务流通环节的改善升级来支持和促进农业农村的生产发展和乡村产业的振兴。其次，"数商兴农"是一个以商务的数字化升级促农振兴的概念。这里所强调的商务升级的内涵，不是别的，而是商务的数字化及以此形成的数字化的商务。由此，"数商兴农"实际包含了两个层面的升级：一是商务本身的升级，即从传统商务升级到数字商务；二是以商务升级促农业农村领域的升级和振兴。再次，"数商兴农"是一个创新驱动转型升级的概念。上面所说两个层面的升级，都不是从天上掉下来的。它需要从事涉农商务活动的各类参与者积极应用数字技术，创新涉农商务活动的内容和形式，变革涉农商务活动组织和资源配置方式，优化涉农商务活动的监管与服务，提高涉农商务活动的运营效率，即以创新去实现"数商兴农"两个层面升级的要求。最后，回到农村电子商务发展的实践，"数商兴农"又是一个农村电商升级的概念。结合前面讨论的数字商务与电子商务的关系，商务的数字化升级离不开电子商务发挥引领创新的作用，因此，农村电商升级，必然包含在"数商兴农"之中，是"数商兴农"的题中应有之义和重要的组成部分。我们重点关注的以电子商务升级促进农业数字化便包含其中。理解数字商务和"数商兴农"，不是做文字游戏，而是为了在实践中摆正农村电商与"数商兴农"工作的关系，把农村电商升级纳入"数商兴农"，更好地以农村电商升级促进"数商兴农"高质量发展。农村电商经过多年发展，尤其是经过"十三五"时期的快速发展、全面覆盖，已经为下一步开展"数商兴农"行动初步打下数字化、网络化、规模化、体系化的基础。同时，农村电商也遇到一些深层次的挑战。吸取农村电商多年发展的经验，通过升级解决农村电商前期发展中的问题，是下一步开展"数商兴农"的需要。而鉴于农村电商已有的基础和先导作用，面对从脱贫攻坚向乡村振兴衔接过渡的新形势、新任务，面对数字农业、数字农村和数字商务的新机遇，以农村电商升级为重要抓手，引领和促进"数商兴农"高质量发展，理应成为必要的策略选择。

# 吴秀媛 |

# 数字化促进农业高质量发展的思考与实践

吴秀媛，信息社会 50 人论坛成员、农业农村部信息中心原副主任；现为农业农村部信息进村入户工作推进组专家委、中央网信办数字乡村专家组专家、国家发改委电商专家委成员、国家标准委电商质量管理标委会委员、农业农村部信标委委员；研究员，享受国务院政府特殊津贴。

农业高质量发展与农业农村数字化转型是一体两面，二者相互促进、相互支撑，有利于加快数字中国发展进程，也对乡村振兴战略的实施具有举足轻重的作用。

## 一、农业高质量发展是当前和今后一个时期的主题

党的十九届五中全会提出，"十四五"时期经济社会发展要以推动高质量发展为主题。全会发布的《中共中央关于制定国民经济和社会发展第十四个五年规划和二〇三五年远景目标的建议》明确要求，"提高农业质量效益和竞争力"，所部署的七方面任务都与质量提升有关。2021 年 4 月 29 日出台的《中华人民共和国乡村振兴促进法》对农业高质量发展也做出新概括，要"推动品种培优、品质提升、品牌打造和标准化生产"。

从这些新概括、新任务、新要求我们不难看出：我国推进由数量农业向质量农业转型的政策信号已经非常清晰，政策力度也将不断加大。按照这一总体部署坚持不懈地努力，在可预见的时间内，我国的高质量农业一定会呈现一个新的面貌。

农业高质量发展离不开农业农村数字化转型。突如其来的新冠肺炎疫情对我国城乡经济社会的影响巨大，呈现了全方位态势，有挑战也有机遇。可以说此次疫情是一次信息化、数字化、智能化的公众教育，也是非常态下对信息社会、数字社会的强制体验和测试。由于有"12316服务""信息进村入户""农产品出村进城""电商进农村""数字乡村建设"等工程的支撑，抗疫助农和农产品线上经济亮点频现，一定程度上起到了缓解危机的作用。特别是在多个省份的农产品主产区出现不同程度的产品滞销、产品难卖现象时，信息服务、电子商务、大数据应用等较好地帮助农民特别是贫困地区的农民化解了农产品滞销风险，在保供稳价方面效果显著。

2020年7月，中央网信办等七部门联合印发《关于开展国家数字乡村试点工作的通知》，数字乡村成为乡村振兴的"新基建"。以"新基建"强高质量发展之基，高质量发展必将得到强有力的支撑和保障。将数字化与农业高质量发展统筹谋划、整体布局，是实施乡村振兴战略题中应有之义。

## 二、我国高质量农产品生产、运营方面存在的问题

单纯从生产端看，我国高质量农业发展可圈可点；但观察我国农业，需要从生产、市场两端看，我们也必须关注高质量农产品生产、运营方面存在的诸多问题。

问题之一：质量因子欠"证"。对与农产品质量高度相关的标准化、机械化、工厂化等生产因子，土壤、水质、大气、灾害等环境因子，种（雏）苗、肥料、药剂等投入品因子，机构的质检结果等专业信息，消费者往往十分关心，却难以得到实证，导致消费者对农产品的质量判断只能靠品牌、靠"味蕾"。农产品质量好不好，最终体现在消费者的选择上，要接受消费者"投票"。高质量农产品要想得"高票"、少差评，就必须充分尊重消费者的知情权、选择权，必须实时发布质量因子信息，拿出实证给消费者看、供消费者检验。

问题之二：品控过程少"痕"。农产品生产过程中宝贵的品质管理控制信息，包括关键技术应用、重要节点作业、精细过程管理等，并不需要更多专业判

断的场景信息，长期以来很少被采集和发布，消费者很难通过感知这些品控要点来推断农产品质量。培育多年的农产品溯源，在消费者这一端总体上产生的影响不大，主因就是溯源信息没有很好地反映农产品品控过程，没有说服力，不能产生正向的触发机制，消费者无法根据品控过程信息对农产品质量做出合理的推断，无法产生质量认同感。

问题之三：质价适配失"准"。长期以来，物美价廉的消费取向导致农产品的质量、价格很难相互适配。目前有一个比较突出的问题，即优质农产品不太容易找到好渠道、卖上好价格，而有消费能力、对农产品质量安全敏感的消费者也难以找到质量满意、性价比高的好产品。显而易见，如果只在生产端解决了农产品高质量的问题，却不能与城市高品质消费者精准对应，产品质量信息与市场价格信号无法适配，解决不了谁、为什么、凭什么为高质量农产品埋单的问题，农产品优质优价只会是一个美好愿景。

问题之四：品质供需缺"信"。我国以"三品一标"为代表的农产品质量认证经过近二十年的不懈努力，取得了较丰硕的成果。但由于种种原因，这个领域"劣币驱逐良币"的问题也比较突出，导致生产者与消费者之间信任缺失，相关产品即便通过质量认证也常常叫好不叫座。如何让越来越多有消费能力的群体建立起对我国品质农产品的信心，已经成为亟待解决的问题。

问题之五：质控链条不"润"。优质农产品对生产经营者的运营能力、供应链控制能力、资金保障能力都有较高要求，但大多数优质农产品生产经营者的综合能力，特别是资金保障能力还需要加强。资金保障能力不强，往往使整个供应链缺乏润滑度和柔韧性，从而影响农业产业化企业做优、做大、做强。

## 三、生产、运营高质量农产品需要把握的关键点

生产、运营高质量农产品需要把握的关键点（称为"3M"）如下。

质量在线（Mass Online）：综合采集、分析农产品的地理环境信息、质量因子、品控管理过程等农产品生命历史数据，建立一个简单明了的在线账本，使农产品下游厂商及广大消费者实时了解农产品的质量安全，让数据为优质农产品发声。

市场在线（Market Online）：建立优质农产品线上线下一体化营销的"大网销"体系，无数据不营销，无营销不数据，让市场主动选择优质农产品；实现优质农产品产业链、供应链在线化，促进产业链协同和供应链优化；汇聚、分析各类平台的消费者评价数据，逆向促进高质量生产。

资金在线（Money Online）：重点解决三个层面的问题，即在"信"的层面，为优质合作社、农业企业、优质农产品建立第三方信用评级体系；在"扶"的层面，为具有良好信用的优质农产品建立资金支持通道；在"投"的层面，引导资本投向优质农产品产业。

近年来，在"3M"应用方面，有几个很有特点的方式。

### （一）安徽省的质量在线方式——"按图索麦"

2020 年 4 月，新华网以较大篇幅报道了安徽省"按图索麦"模式。为解决小麦品种不一、收储杂乱、效益不高等问题，安徽省突出抓了 307 个品种和管理统一的"片"，总面积达 43 万公顷，占全省小麦面积的 15%。在 307 个"片"的带动下，当年全省优质专用小麦面积达到 153 万公顷，占全部播种面积的53.4%，实现了优质小麦面积过半的跨越式发展。

"按图索麦"全部属于订单小麦，按要求统一品种、统一管理，收割后统一销售给订购企业，地块、品种、规模、联系人和联系方式等信息全部上网。用麦企业通过网络跟踪各地优质专用小麦的生产，根据加工需求"按图索麦"，洽谈订购单一品种的小麦原粮。商家和消费者根据企业选用优质小麦原料的情况，购买相应的品牌产品，形成了一个从"按图索面"到"按图索麦"的完整链条。

### （二）苏宁拼购的市场在线方式——农产品 OEM

苏宁易购旗下的苏宁拼购板块对实施乡村振兴战略反应迅速，其针对一些地区有特色产品但缺乏电商人才和运营能力的问题，推出了农产品 OEM 项目，主要做法如下。

一是秉承质量安全第一的宗旨，专注自主选品、基地直采模式，发挥线上线下融合力强及分销服务、导购服务、内容服务和社交营销精细等优势，为各地高质量农产品定向开发和基地建设提供支撑。

二是与各地联合打造苏宁农产品（食品）OEM 馆，采集在苏宁平台交易的各地农产品（食品）的全过程数据，并共享各地农产品（食品）在苏宁平台的用户行为、订单分析、支付结算、用户评价、售后服务等数据，形成完整的数据链。

三是与各地政府机构合作，开展高质量农产品定向开发和基地建设，共同制定产品生产、加工、分拣、包装、仓储、物流配送等体系标准，组织供应企业签订标准化合约，联合开展过程监督、质量管理和成本控制。

四是通过苏宁线上线下全渠道，对基地生产及定向开发的高质量农产品予以统合营销，由苏宁拼购统一整合渠道资源，制定推广策略，统一开展营销策划，统一匹配流量资源，确保产品销量。

### （三）四川省的资金在线方式——信用创新

四川省从农民获取信用贷款难的实际出发，创新信用担保方式，探索将生物资产作为反担保物，降低担保准入门槛。按照这种担保方式，四川省开发了线上"春茶快贷"产品，第一时间缓解了茶农的资金周转压力，避免了延误农时等问题。四川省还创新出"$T+N$"的贷款和还款期限模式。其中，$T$ 为投入期，按农产品投入时间计算，最长可达 4 年，农户在整个投入期都不用还本续贷；$N$ 为回报期，按农产品达产时间计算，最长可达 5 年，农户可以根据收益情况在回报期内逐年偿还。贷款和还款周期的延长，解决了农户的"过桥资金"压力，降低了农户的融资成本与潜在风险，有效避免了农户的短期行为，对农业产业的健康可持续发展意义很大。

## 四、农产品供应链"3M"大数据服务的知与行

开展"3M"服务，促进"3M"走生产端—平台—市场端有机统一的体系化发展之路，是非常值得研究和探讨的方向。应利用 5G、云计算、大数据、人工智能、物联网、区块链等现代信息技术，打造农产品供应链"3M"服务平台，

深入开展大数据建设与服务。从当前和今后一个时期的需求看，平台应重点打造"一图五通"。

## （一）资源"一张图"

一是全国优质农产品基础数字地图。其包括"三区"（粮食生产功能区、重要农产品生产保护区和特色农产品优势区）图；高标准农田分布图、"三品一标"产品分布图；农产品区域公共品牌分布图；农产品出村进城试点县、进村入户益农信息社、优质合作社及优质企业、名优产品分布图等。

二是农产品质量因子数字地图。按照标准化、机械化、工厂化等生产因子数据，土壤、水质、大气、灾害等环境因子数据，种（雏）苗、肥料（饲料）、药剂等投入品因子数据，相关机构的质检结果等维度，发布质量因子数字地图。

三是农产品品控过程数字地图。分析关键技术、重要节点管理等精细品控作业过程对农产品质量的影响，通过反映场景的短视频、动图等数据，绘制农产品品控地图。

## （二）采集"一站通"

农产品供应链总体上可分为在地、在厂、在仓、在途、在配、在店等多个形态，以及短链、中链、长链三种情况：电商、社区团购平台或实体店赴产地直采直配的，一般属于短链；合作社或企业在电商、社区平台、短视频平台开店的，一般属于中链；合作社或企业为线下商超直接供货的，一般属于长链。

应积极引导合作社、农业企业在"一张图"的支撑下，登录电商、社区平台、短视频平台开店，并通过"一站通"完善在地、在厂、在途、在仓等信息，确保优质农产品在后处理和产地物流方面的数据不断链；对于生鲜类农产品，应鼓励和支持益农信息社与农户联合，建立生鲜直供社区团购平台或线下店新渠道，通过"一张图""一站通"建立完整的供应链数据；同时，通过"一张图""一站通"的开放式服务，引导优秀的直采平台和直供供应商把数据建设完整，使其主动将优质农产品和普通农产品区别开。

### （三）链管"一网通"

一是线上运营。积极支持优质农产品企业到电商、短视频平台开店，通过"一张图"为其提供数据支持，使其在线呈现优质农产品的落位数据、质量因子数据、品控过程数据、质量影响指数数据等，从而给消费者一笔"明白账"，给供应企业和产品一张用数据展示的名片，给电商和短视频平台提供品质背书。逐步引导电商和短视频平台开设"3M"优质农产品专属频道，打造线上精品街。

二是 O2O 运营。引导社区团购摒弃低价者得和先补贴后垄断的思维，走线上线下融合的农产品 O2O 品质营销之路，为其中的优秀平台提供"一张图"数据资源，并综合分析产品品类属性、用户网购习惯、合理经济半径、终端物流配送等因素，向社区团购类的 O2O 服务商推荐高质量的农产品，促进品质农产品特别是更加适宜社区团购的优质生鲜产品顺畅进入社区。

三是线下运营。农产品的特点决定了即使线上渗透率再高，连锁超市、生鲜门店、社区市场等城市商超仍然会有一席之地，为此，在做好线上营销支撑和O2O 支持的同时，调动好"一张图"资源，支持城市商超开辟优质农产品专区来运营优质农产品，采取品质农产品数字视频远程发布、扫码看质量、品质地图册等方式，广泛地向消费者开展质量宣传。

### （四）服务"一号通"

推动 12316 综合信息服务平台面向城乡各类用户开展优质农产品服务，依托大数据为各类用户"画像"，面向合作社和企业，以及产、加、供、销、运、服等各类用户，开展以智能推荐为主要方式、以农产品质量安全为主要内容的主动式、预警式、参与式、融入式、专家型、培训型、"保姆"型服务。通过 12316空中课堂，面向农民开展农产品质量安全知识、品控技术、产品后处理初加工、产品品牌营销等相关培训，培育高素质农民队伍。

同时，把城市消费者，特别是社区用户定位为重要的服务对象。利用 12316 服务权威、便捷、可信度高等特点，引导城市用户通过 12316 进行质量信息查询、信用程度咨询、产品和服务定制、产品动态追踪、产品及服务评价，以及查证打假、投诉举报，通过提供优质服务，推动优质农产品生产和供应链水平不断提高。

根据优质农产品运营实际，适时建设 12316 与"一张图""一站通"，以及电商、短视频、社交等平台的接口集，通过语音、图片、影像等方式受理咨询、提供服务并采集相关信息，使各类平台不仅是 12316 服务的载体，而且能成为12316 数据采集的入口。

### （五）信用"一证通"

利用大数据分析技术，对各类与质量相关的数据进行验证，同时对各类主体及所生产经营的产品信用、风险等做出综合评价。主要评价指标包括信息达标率、数据匹配率、合同履约率、风险保障率、客户满意率。

根据这些评价指标，系统计算目标主体的信用分值和信用指数，并予以评级；结合目标农产品的质量指数，计算目标农产品的信用分值和信用指数，并予以评级。信用评级结果主要用于产品和主体的信用塑造、消费者对产品和主体的信用认知、品牌树立与推广、优质产品交易撮合、金融机构信贷支持、政府部门质量安全监管等各个方面。

### （六）资金"一卡通"

以系统数据及分析成果为基础，开展"一卡通"资金服务。"一卡通"可以由各大金融机构、线上金融平台、电商平台共同建设，绑定农民直补卡、市民银行卡后形成联名卡，并开通线上支付功能。引导社会资本根据"一证通""一卡通"数据，面向优质目标主体进行投资，为优质特色农产品产业发展注入更大的活力。

中国社会科学院信息化研究中心 |

# 双循环背景下的数字经济与经济增长

近年来，面对世界经济数字化转型的大趋势、大命题，习近平总书记在不同场合多次强调要"做大做强数字经济"。作为中国国民经济的核心增长极之一，数字经济呈现蓬勃发展态势，规模不断扩张、深度不断拓展，在国民经济中的地位持续上升。从数字经济发展现状来看，大数据、人工智能、区块链等数字化技术不断从研发走向应用，技术创新步伐与迭代更新速度持续加快；共享经济、直播经济、平台经济等新业态逐步从探索走向正轨，经济社会发展的动态循环系统不断被重塑和优化；网络化协同研发制造、大规模个性化定制、云办公、无人零售等新模式逐渐从萌芽走向成熟，社会生产方式、生活方式，以及人们的沟通交流方式正在发生翻天覆地的变化。在中国数字经济发展如火如荼、取得重大实践成效的形势下，关于数字经济的前沿理论问题日渐增多，如数字经济与中国构建的以国内大循环为主体、国内国际双循环相互促进的新发展格局（以下简称"双循环新发展格局"）是什么关系？数字经济与经济增长存在什么内在联系？数字经济的快速发展对经济增长产生什么样的冲击？经济增长给数字经济发展带来何种影响？本文将在经济发展质量视角下对这些问题进行一一论述和分析。

## 一、数字经济与双循环新发展格局

新冠肺炎疫情的暴发，对世界经济运行产生了剧烈冲击，扰乱了全球产业链、供应链体系的正常运转，导致国内生产经营活动受阻、短期社会总需求受到抑制；加上逆全球化浪潮和新兴贸易保护主义凶猛来袭，经济全球化和贸易自由化进程遭受重创，外部出口需求大幅锐减，中国外贸发展面临更加严峻复杂的环境形势，由此，双循环新发展格局这一破局方案应运而生。双循环新发展格局的工作要求从 2020 年全国两会企业家座谈会上的"逐步形成"，变成 2020 年 7 月30 日中央政治局会议上的"加快形成"，这一动态变化表明中央已经认识到推动双循环新发展格局建设的必要性、紧迫性和长期性。

数字经济将成为双循环新发展格局的重要力量。数据显示，2019 年，中国数字经济增加值达到 35.8 万亿元，占 GDP 比重达 36.2%，对 GDP 增长的贡献率高达 67.7%。毫无疑问，数字经济已经逐步成为中国经济增长的关键力量，并且从其所表现出的技术优势和应用能效来看，数字经济将会成为构建双循环新发展格局的有力助推器。

### （一）数字经济具有发挥中国超大规模市场优势和内需潜力的天然技术优势

发挥超大规模市场优势和内需潜力是推动中国形成双循环新发展格局的必由之路，数字经济在充分发挥超大规模市场优势和内需潜力方面具有天然的技术优势。数字经济是建立在人工智能、区块链、大数据、数字孪生等新一代数字技术基础上的新经济形态，突破了固有的时空限制和传统的产业边界，大幅度减少了中间环节，降低了交易成本，实现了各类市场主体的广泛连接与密切协作，构建了以数据为关键生产要素的数字经济生态，既能助推超大规模市场优势的发挥，又能促进内需潜力的释放。具体来说，数字经济在助推中国发挥超大规模市场优势和内需潜力方面的天然技术优势主要体现在以下四方面。

第一，助推国内强大市场建设。超大规模市场是中国近些年在规模体量、产业类型、经济韧性等方面新形成的比较优势，是一种与其他资源要素同等重要的稀缺资源。但是，现阶段超大规模市场优势尚未得到有效挖掘，主要原因在于地区间、城乡间、产业间的发展水平存在结构性不平衡，如部分产业的产能过剩。此外，市场分割、市场扭曲和市场壁垒等问题长期存在。数字经济的发展能够有力地打破地区间、城乡间、产业间的物理壁垒，促进数据、信息、技术、资金、人才等资源要素的循环流转，推动各类生产要素高效集聚和精准对接，强化区域协同联动和产业跨界融合，引导市场主体广泛参与市场竞争，推动统一开放、竞争有序的现代市场体系建设，进一步培育和提升超大规模市场优势的整体效应。

第二，助推制造业高质量发展。当前，中国总体上已进入工业化后期阶段，拥有世界上规模最大、门类最全、配套最完备的制造业体系，成为全球产业链和供应链的关键节点。然而，中国制造业"大而不强"的问题始终未得到有效解决，资源消耗较大但科技含量不高、产业利润增加主要来自规模性扩张而非创新性升值等一系列问题导致中国在全球价值链上陷入"高端薄弱、低端禁锢"的不利局面。2018 年，中国制造业增加值约占全球总额的 30%，但利润率占比仅为 2.59%。数字技术的发展将推动中国传统产业数字化、智能化、高端化的改造步伐不断加速，促进形成更加专业化、纵深化、多元化的分工与协作，推动潜在生产可能性边界持续拓展，以新的技术经济范式变迁为中国制造业转型升级开辟新路径，从研发端和服务端提升中国制造业的核心竞争力。

第三，助推内需潜力释放。2019 年，中国人均 GDP 正式突破 1 万美元，这不仅标志着中国宏观经济发展进入了新阶段，而且意味着中国消费水平迈上了新台阶。然而长期以来，中国最终消费率尤其是居民消费率一直处于较低水平，成为制约中国经济增长的主要瓶颈之一。世界银行发布的数据显示，2018 年，中国居民消费率约为 39%，比美国（69%）、英国（63%）、南非（60%）、日本（56%）、欧元区（54%）等国家和地区都低。数字技术的发展促进传统消费领域从渠道到场景的深刻变革，并将消费者纳入消费创新体系，引发一系列高效率、高品质和高频率的商业模式创新，不断形成以数字化技术为驱动、以解决消费痛点为导向的新消费业态，促进商品和服务在更大的空间范围实现循环，推动形成更大范围的市场竞争效应，实现超大规模市场消费潜力的多层次、多渠道释放。

第四，助推数字基础设施建设。数字基础设施是畅通中国双循环新发展格局的重要抓手。世界经济的发展历程表明，新兴产业革命必然伴随着基础设施的迭代升级。数字基础设施是数字经济发展的技术底座，呈现数字技术和运营技术高度融合的特征，是数字经济时代商业生态的基本架构。近年来，全球各主要国家都加大了对数字基础设施的投入，中国更是在数字基础设施建设方面投入巨大。当前中国已建成全球最大的固定宽带网络和移动宽带网络，更是在 5G 网络建设方面取得了世界范围内的领先地位。加强数字基础设施建设，可以直接拉动双循环新发展格局相关建设的需求，有效推进数据生产要素全面融入经济社会各领域，成为巩固和拓展内外循环的多元纽带。

### （二）数字经济有助于重塑中国国际合作和竞争新优势

需要强调的是，加快构建双循环新发展格局不是以消极态度参与国际分工和协作，更不是"闭关锁国"，而是通过积极参与重构全球产业链、供应链，使国内循环与国际循环紧密嵌套，实现两个循环的互相促进、互相成就。通过构建双循环新发展格局，重塑中国国际合作和竞争新优势，在拓宽中国产业发展空间的同时，为世界提供巨大的中国发展机遇。伴随数字技术的创新突破和融合应用，数字经济逐步成为拉动世界经济增长的重要引擎，在全球贸易体系和科技创新方面发挥日益重要的作用，对重构全球产业链体系产生深刻影响。从全球发展现状来看，数字经济已经成为全球各主要国家竞争的战略高地，而中国目前在数字经济领域已经拥有显著的大国优势、政策优势、先发优势。基于既有优势，在新技术、新业态、新模式的助力下，中国应加速推动全球产业链、供应链深度重构，以实现重塑中国国际合作和竞争新优势的战略目标。具体来说，数字经济对重塑中国国际合作和竞争新优势的路径主要体现在以下两方面。

一方面，推动全球数字贸易体系建设。数字贸易是传统贸易在数字经济时代的拓展升级，是中国形成双循环新发展格局的"加速器"。随着数字技术广泛渗透到各行各业，以数字技术为驱动、数字化平台为支撑的数字贸易逐渐成为全球贸易的主要形式。数字贸易通过信息通信技术的广泛应用实现服务、实体商品、数字产品的高效交换，使得贸易活动更加自由化、便利化，帮助全球范围内的中小微企业深入参与国际贸易，使其有机会融入全球价值链体系。数字贸易的快速发展促进了供给能力、需求潜力和数字化红利在全球范围内的进一步释放，推动了全球化产业分工格局的深刻变革，给全球生产链、供应链、贸易链带来了全新的发展契机。得益于在数字贸易上的率先实践，当前中国数字贸易呈现良好的发展态势且潜在空间巨大。以跨界电商为例，据估计，2019 年，中国跨境电商产业规模已经超过 5.5 万亿元。加快推动全球数字贸易体系建设，依托数字贸易连接和畅通内外循环，将有助于提升中国在全球贸易体系中的引领作用，加快实现中国从贸易大国向贸易强国的转变。

另一方面，推动全球科技创新版图重构。科技创新能力日益成为决定世界各国在全球政治经济舞台上的地位和尊严的关键性因素，也是支撑和引领中国双循环新发展格局的关键着力点。伴随全球数字经济的蓬勃发展，网络化连接、可视化呈现、数据化运营在各领域不断发生、复杂互动，在数字化平台媒介下，不同技术的应用潜能和融合效应得到极大释放，给全球的创新环境、创新动力、创新要素及创新模式带来深刻变革。面对全球新一轮科技革命的重大机遇，中国把科技创新摆在国家发展全局的核心位置，尤其重视数字技术领域的技术创新，把数字技术视为不同产业技术融合发展的基础条件；不断强化企业在科技创新中的主体地位和主导作用，鼓励和支持华为、阿里巴巴、腾讯、字节跳动等国内数字科技企业增强创新能力，依托科技创新赋能双循环发展，推动解决中国经济循环中的"卡脖子"难题，推动中国成为全球科技创新引领者，加快实现中国从科技大国向科技强国的转变。

## 二、数字经济的理论实质与基本内涵

### （一）数字经济的理论实质

"数字经济"这一概念自 1995 年由学者塔普斯科特提出以来，一直受到各国政府部门和学术界的广泛关注。1998 年，美国商务部在全球发布首份数字经济报告——《浮现中的数字经济》，之后世界各主要国家纷纷出台与数字经济相关的政策文件，尤其是在 2008 年国际金融危机之后，这一趋势得到进一步强化。中国是全球最重视数字经济发展的国家之一，在《浮现中的数字经济》发布的当年，国内学者姜奇平就翻译了这一报告 [1]，引起了政府部门、学术界和产业界对数字经济领域的广泛关注。党的十八大以来，党中央、国务院高度重视发展数字经济：2015 年，政府工作报告首次提出"互联网+"；2016 年，习近平总书记在中共中央政治局第三十六次集体学习时强调，加快传统产业数字化、智能化，做大做强数字经济，拓展经济发展新空间；2017 年，"数字经济"首次出现在党的十九大报告中；2020 年，在抗击新冠肺炎疫情的过程中，数字经济更是逆势发挥了宏观经济稳定器的作用。这些都充分体现了中国将推动数字经济发展摆在了一个突出的重要位置，数字经济也为中国经济的高质量发展做出了贡献。

为了深入分析数字经济与经济增长之间的关系，首先需要廓清数字经济的定义。伴随大数据、人工智能、区块链等信息技术的不断进步，数字经济与传统经济日益加速渗透融合，试图对数字经济做出一个公认、统一的定义已经变得较为困难。本文基于对已有文献的梳理和比较，归纳了关于数字经济定义的如下五种观点。一是从经济活动本身出发，将数字经济作为与"数字"相关的一系列经济活动的总称。2016 年，G20 杭州峰会提出一个目前被广泛接受的定义，即"以使用数字化的知识和信息作为关键生产要素、以现代信息网络作为重要载体、以信息通信技术的有效使用作为效率提升和经济结构优化的重要推动力的一系列经济活动"。该定义强调了数字经济的要素、载体及重要作用，但并未涵盖数字经济与经济增长之间的作用机制，实操性相对有限。二是从技术维度出发，突出数字经济是建立在信息技术之上的经济活动。2009 年，澳大利亚宽带通信和数字经济部发布的《澳大利亚的数字经济：未来发展方向》对数字经济的定义为，"通过互联网、传感器网络、蜂窝网络等信息通信技术，实现经济的全球性和网络化。"该定义强调了数字经济发展的技术属性，但缺乏经济学含义。三是从投入产出视角出发，认为数字经济是数字化要素投入所带来的全部经济产出过程[2]。其中，数字化要素投入包括数字技术、数字设备，以及其他数字化中间品和服务。这种观点很好地概括了数字经济运行的中间过程，但未能反映数字经济蕴含的显著融合效应。四是从产品和服务视角出发，认为数字经济主要是基于数字技术的产品或服务所引起的产出部分[3]。也有观点认为，数字经济是将商品和服务通过数字化方式进行交易的一种特殊经济形态[4]。这类观点有助于抓住数字经济的产品和服务的特点，实操性较强，但界定范围较为狭窄。五是从平台视角出发，认为信息技术发展过程中不断涌现出交易平台、数据平台及智能平台，数字经济是平台在资源优化配置过程中重构形成的经济系统[5]。这一观点强调了数字经济发展过程中平台载体的重要性，但未能深入挖掘数字经济的本质属性。

定义是对事物认知的高度概括和科学总结，也是拓展和提升对新生事物认知的一种方法。上述分析视角虽各有侧重，但都强调了数字经济是基于数字科技的经济活动，对本文提出数字经济的定义具有一定的启发性。

笔者认为，数字经济是一种以数据为核心生产要素的新经济形态[6]，与农业经济、工业经济不同，在新一代信息技术的支撑下，数字经济的数据要素与传统生产要素之间实现联通互动、高度协同和虚实交融，以创新提质替代规模扩张，促进工业、农业、服务业及其他传统产业实现数字化、信息化、智能化的转型升级，从总体上推动经济实现从量变转向质变。数字经济并非外在于传统经济社会系统的独立体系，而是深嵌于传统经济社会发展系统的新动能，并在与农业经济、工业经济渗透融合中实现价值跃升。因此，数字经济发展的过程实质上是传统经济的数字化扩张和演化的过程。

### （二）数字经济的基本内涵

#### 1. 通用技术性

当前，越来越多的学者认为通用目的技术（GPT）是推动经济增长的长期动力。互联网、大数据、云计算、人工智能等信息技术都是通用目的技术，这些信息技术是数字科技的有机组成部分，是推动数字经济发展的根本所在，也决定了数字经济的通用技术性，主要体现在以下三方面。一是数字科技能够被广泛应用到传统产业各领域，并不断加速拓展应用的深度和广度，具有显著的通用性、适用性及亲和性。二是经济是技术的一种表达，并随技术的进化而进化[7]。数字科技具有显著的技术演化特征，各项技术更新迭代速度非常快，应用成本持续降低、操作的便捷性不断提升，数字科技在进化过程中推动经济进化。三是数字科技具有显著的创新诱导性。在与不同产业融合的过程中，一方面，数字科技自身与其他技术充分协同配合，发挥技术溢出效应；另一方面，在推动不同领域的技术、业务、模式实现重组与融合的过程中，数字科技能够催生各个领域的技术创新和业务创新。

#### 2. 范围经济性

"多样化和专业化的发展是分工发展的两个方面。"[8]根据亚当·斯密的分工理论，专业化导致市场规模扩大，多样化导致市场范围增大，即规模经济和范围经济。规模经济是工业时代最主要的特征之一，伴随工业生产规模的不断扩大，工业产品的平均成本呈现递减趋势，因此，工业时代以规模报酬递增的经济模式为典型。当前，世界全面步入数字经济时代，范围经济取代规模经济成为产业组织的主导逻辑[9]。在数字科技的支撑下，多品种协调和企业之间的分工协作会提高多样化效率，降低差异化成本，推动经济效益的提升。范围经济将成为数字经济时代最显著的特征之一，究其根本，范围经济的增长是信息的增长[10]，数字经济可以通过信息的获取和处理实现"多样化"，因此呈现典型的范围报酬递增模式。从发展趋势来看，工业经济的规模报酬递增和数字经济的范围报酬递增将是两种相互独立且长期并存的模式。

### 3. 平台生态性

在数字经济条件下，基于数字科技的平台型组织已经显著区别于传统工业组织，其不仅突破了物理时空限制，实现了大规模供需活动的实时开展，而且通过营造交互渠道，实现了网络空间和实体空间的联通。平台型组织还代表了一种突出匹配和连接的新型资源配置方式。具体来说，数字经济的平台生态性主要体现在以下两方面。一是平台性。平台型组织是由信息技术驱动、由开放平台支撑、网络协同、集成运作的新型产业组织形态，在移动互联网显著的辐射效应、连接效应和集聚效应的助推下，形成具有柔性化、共享化、精准化的平台型生态体系，成为促进数字经济发展中资源整合和价值创造的重要载体[11]，颠覆并重塑了原有的产业体系，实现了经济社会资源更高效的配置。二是生态性。作为新型的产业生态系统，平台型组织是一种由企业、社会组织、个人等不同主体在价值网络上组成的经济联合体，主体之间兼容共生关系和竞争关系，各种生产要素在围绕平台形成的价值网络上实现有序流动和循环，使得各主体间互为主体、互为共生，不仅在提高生产要素配置效率和降低生产运作成本方面具有显著优势，而且更有利于实现价值共创共享，促进数字经济价值增值效应的发生。

### 4. 融合创新性

工业革命推动了科学技术的巨大发展，也促进了现代学科分类体系的建立，但长期以来，学科和相关技术的细分也导致各学科交流并不十分通畅。数字科技在各行各业的应用程度不断加深，促进了不同学科领域间的相互启发，以及产生了跨学科、跨领域的交叉研究成果，有力推动了经济社会各领域的信息共享、学科联系和成果桥接，推动了融合创新的发生。融合创新是一种通过系统集成化策略实现的非线性创新[12]，创新活动的范围覆盖经济社会的各领域。数字经济在与实体经济融合的过程中，产生显著的融合创新效应，主要体现在以下两方面。一是技术融合创新。数字化的核心是将与传统经济相关的组织运行、产业链条、制度管理等过程中的一系列数据数码化并加以分析[13]，这一过程随着数字科技连通性和渗透性的提升，将打破数字科技与不同产业技术之间的壁垒，推动数字化与产业应用走向深度融合，发生开放式技术变革与创新。二是产业融合创新。在数字经济与实体经济各领域渗透融合的过程中，会形成连接各领域的数据流，这将令原有产业边界越来越模糊，在市场化竞争中催生一系列新业态、新平台、新生态。

## 三、数字经济发展对经济增长的影响

### （一）数字经济推动经济运行系统重构

当今世界正处在传统经济与数字经济交叉重叠的阶段[14]，数字经济的快速发展引发了一场生产函数的范式革命。伴随数字科技的发展，数字经济将不断改变社会经济生活的沟通方式、组织方式、生产方式、生活方式，成为推动经济发展质量变革、效率变革和动力变革的加速器。数字经济推动经济运行系统重构主要体现在以下四方面。

第一，重构生产要素。传统生产要素以资本、劳动力、土地等为主，而当前经济社会的生产要素和要素结构已经发生了深刻变革，数字经济是以数据为关键生产要素的新型经济形态。数据具有可共享、可扩充、可组合、可海量供给等特点，突破了传统生产要素对经济增长推动作用的某些制约，具有显著的倍增效应。在信息技术的支撑下，万物互联逐步实现，各领域发生的活动和行为都将数据化，数据以生产要素的形式实现价值创造和价值呈现，产业"含数量"的提升带来新一轮的价值增值。

第二，重构供需模式。新一代信息技术同步赋能供需两侧，促进畅通供给侧和需求侧的信息流通渠道，拓展传统供应链模式，逐步打破传统的供需模式和供需公式，推动形成更具交互性、开放性、共享性的经济生态系统。例如，2019年全面流行的直播电商模式是数字经济与传统经济深度融合的典型产物，这种以即视化方式直接连接供需两侧的新业态，对于助推中国乡村振兴、倒逼制造业转型和加速现代服务业升级具有重要意义。

第三，重构产业价值。近年来，中国数字经济在步入快车道的同时，也成为推动传统产业提质增效的重要引擎。在数字经济时代，平台型企业主要通过创造连接来实现价值提升，而非依托企业内部资源来创造价值[15]。数字经济在与各行各业的融合碰撞过程中，连接和协调生产网络中的生产者与消费者，逐步推动不同产业构建新的经济范式，促进产业价值重构，提高生产效率，带动价值蜕变，有力推动产业向价值链中高端跃升。

第四，重构经济体系。伴随 5G 网络建设的加速推进，数字经济正从普通消费领域向工业领域加速加深渗透，为推动传统经济体系和产业格局优化注入了强劲动力。传统经济体系强调经济个体之间的相互联系，而数字经济体系则主要是一种基于网络化平台的社群协作关系，强调黏性和共同价值，数字经济的发展为传统经济体系带来新内容、新活力，推动传统经济体系发生变革。

### （二）数字经济推动经济效率提高

从世界范围来看，新一代信息技术正在步入成熟期与产业化发展阶段，以信息技术为引领的数字经济也进入发展的关键时期，日益成为引领科技革命和产业变革、驱动新旧动能转换、推动质量变革的重要引擎。近几年，中国数字经济的发展速度不断提高、规模不断扩大，具有显著的乘数效应、倍增效应和叠加效应，对 GDP 增长的带动作用明显。数字经济为经济增长注入新动能、推动经济效率提高的路径具体体现在以下三方面。

第一，提高经济运行效率。基于数字科技的应用场景不断拓展和丰富，从微观生产经营管理活动到宏观经济运行动态，都可以实现数据的实时采集传输和处理分析，从而推动信息流与管理流有机融合、产业链各环节紧密配合、物流全链条运行，增强经济形势预测与研判的科学性和前瞻性，提升经济决策能力和水平，从整体上提高经济的运行效率。

第二，提高市场资源配置效率。作为新一代信息技术与现代经济深度融合的新近产物，数字经济以其高连通性、高融合性、高带动性等显著特征，深刻且持续改变着传统经济的生产方式、组织结构和经营行为，推动减少政府对市场资源的直接配置，并有效克服市场配置存在的盲目性，助推实体经济降低成本，引导促进要素自主有序流动，从而极大地提高了市场资源配置效率。

第三，提高全要素生产率。当前，在劳动力供给对中国经济增长的贡献率逐年降低的背景下，只有提高全要素生产率才能推动经济持续健康发展，而数字经济则成为提高全要素生产率的重要途径。数字经济的发展实现了新兴技术拓展与扩散并重，促进了技术创新和制度创新，有效解决了一些产业的准入门槛高、要素流动不畅、创新激励不足等问题，推动了高生产率企业的进入和低生产率企业的退出，促进了全要素生产率的提高。

### （三）数字经济提升经济创新力

科技创新是经济增长的根本推动力，也是经济创新力的内核。当前，全球经济正处在大调整、大变局之中，各国对创新发展的重视与日俱增。创新驱动已经替代要素驱动成为中国经济发展的主引擎，提升经济创新力成为中国发展的必然选择和应有之义。数字经济是一种全新的经济形态和资源配置方式，深刻反映了创新的内在要求，为提升经济创新力提供了重要动能，推动形成了有质量的经济增长。具体来说，数字经济提升经济创新力体现在以下四个方面。

第一，原创性技术创新多。数字科技是当今世界科技竞争的制高点，日益成为决定综合国力和国际竞争力的关键因素，这一领域也成为当前研发投入最集中、创新最活跃、应用最广泛、辐射带动作用最大的技术创新领域。相较于传统的工业技术，数字科技在连贯性、承接性上已经呈现体系化的发展差异，技术的迭代和更新具有颠覆性，存在较多"从 0 到 1"型原创性技术，并有望成为加速中国经济社会变革的技术奇点。

第二，应用性创新强。目前广泛应用的数字科技底层技术多为开源共享和开发模式，允许其他产业从业者进行再开发和传播等活动，加上数字科技的快速普及和持续改进，将不断有新技术成熟并运用到数字经济领域，多产业、多场景的新技术应用进一步推动技术完善，并在"干中学"的过程中，倒逼产业实现新的技术和应用创新。目前数字科技已经广泛应用于医疗、教育、政务、消费等领域，在实践中释放出巨大的创新红利。

第三，跨界融合催生创新。跨界融合已经成为不同产业拓展市场空间、共创共享发展机遇、协同抵御风险的一种常见经济现象，在数字经济领域尤为明显。由于信息技术的催化效应和中介效应，在数字经济发展中，容易发生多产业的协同发展、多技术的交织集成、多学科的密集交叉现象，形成一种相互启发、相互提高的创新局面，因此更容易在不同领域的跨界融合中发生更多创新。

第四，可创新点密集。数字经济快速崛起的背后，不仅凸显出技术上的变革创新，更折射出发展理念、运营管理、商业模式方面的创新。当前，5G、人工智能、无人驾驶、超高清视频、虚拟现实、区块链等新兴数字科技领域的创新活动持续升温，且在不同领域、不同环节广泛应用，形成技术创新和产业创新的叠加效应，导致产生新模式新业态，呈现一种多点突破、亮点频现的创新密集发展态势。

## 四、经济增长对数字经济发展的影响

作为新兴技术和先进生产力的代表，数字经济不仅实现了自身的加速提档，而且成为推动中国经济高质量发展的重要引擎。与此同时，数字经济的快速崛起并非偶然，中国经济持续快速增长的发展速度和稳中向好、长期向好的发展态势为数字经济的发展提供了重要支撑和壮大机遇。

### （一）超大规模经济体为数字经济成长提供优质培育土壤

当前，中国经济总量超过 100 万亿元，已经成为一个产业规模庞大、产业体系完整、内需市场巨大、政策空间充足、制度优势显著和贸易基础厚实的超大规模经济体，在要素供给、市场容量、生产制造等方面有着突出的规模优势。在营商环境总体持续向好的趋势下，中国经济的规模优势将得到进一步巩固和升级。尤为重要的是，中国超大规模经济体对创新极具开放性、包容性和接纳性，充分满足了数字经济新技术新业态的各类场景需求，为数字经济从萌芽到苗壮成长提供了适宜的土壤环境。同时，数字经济也是把中国超大规模经济体优势转化为竞争优势的重要路径。

### （二）供给侧结构性改革推动数字经济与实体经济融合

当前，深化供给侧结构性改革既是中国经济高质量发展的主线和抓手，又是实现中国现代经济体系的前提和条件。推动供给侧结构性改革，有利于进一步激发微观经济主体活力和创造力，从生产端催生更多新的市场机遇，促进生产要素快速有序流向新兴产业，推动制造业向数字化、智能化、定制化方向演进，从总体上提高中国供给体系的质量和效率。数字经济的发展与中国落实供给侧结构性改革具有紧密联系，在供给侧结构性改革的有力助推下，数字经济与实体经济走向有机、高效融合，促进数字经济生产要素在实体经济各领域应用，这样既为数字经济打造了真正落地的实体支撑，提升了数字产业规模，延伸了数字产业链，又为实体经济开辟了新空间，有助于推动传统产业转型升级，实现数字经济和实体经济的互补双赢。

### （三）消费升级为数字经济壮大提供新动能

近年来，内需驱动在中国经济中发挥的作用日渐强劲。中国人口超 14 亿人，中等收入群体有 4 亿多人，总消费市场规模居世界前列，2019 年全年最终消费支出对经济增长的贡献率接近 60%。伴随"放管服"改革、减税降费、提振消费等政策措施的不断推进，中国消费升级的步伐将不断加速，消费规模将逐步扩大，消费结构也将持续优化。与此同时，在消费环境加速变革、新商业模式不断涌现、消费理念持续提升的背景下，中国消费领域正在发生着全局性、结构性、体系性的深刻变革，消费形态正在由实物消费向服务消费加速转变，信息消费规模逐年提高，线上线下消费融合态势明显，为发展壮大数字经济提供了新动能。

### （四）新基建为数字经济发展创造新机遇

当前，新基建战略成为中国逆周期调节的重要抓手，各地纷纷加码推进新基建战略。未来几年，中国将重点加强 5G、数据中心、人工智能、充电桩等经济社会新型基础设施建设，为新一轮产业变革提供高可用性、高可靠性、高创新性的技术底座，也为中国数字经济的发展创造重大机遇。相较于传统基建，新基建统筹兼顾刺激短期有效需求和培育长期升级需求，不仅从功能层更从基础层实现对数字经济相关基础设施的整合与优化，促进完善数字经济产业生态，更好地支撑和服务传统产业向网络化、数字化、智能化的方向延伸和拓展。

## 五、研究结论及政策建议

### （一）研究结论

第一，数字经济是推动中国构建双循环新发展格局的重要支撑。从全球来看，中国正面临逆全球化浪潮带来的复杂严峻挑战；从国内来看，中国经济正面临转方式、优结构、换动力的艰巨繁重任务。面对当前国内外形势，数字经济既是现阶段中国经济发展的突出亮点，又是驱动中国经济增长的核心关键力量。在此背景下，巩固提升数字经济的战略地位，进一步明确发展数字经济的战略意义、强化对数字经济重要性的认识，将是加速构建双循环新发展格局的必然选择。

第二，数字经济对中国经济增长的质量提升效应将更加显著。"十四五"时期，数字经济将从全面渗透阶段走向深化应用阶段，数字经济对高质量发展的新动能作用将更加强劲，其对中国经济增长的贡献度将进一步提高。伴随 5G、人工智能、区块链等一系列数字科技的成熟，技术创新和应用将呈现超常规、非线性、跨越式的进步，数字经济将加速在传统产业领域开辟新赛道，总量规模和覆盖范围将持续扩大，为不同产业带来巨大的发展机遇和空间，促进形成更高质量、更高效率的新实体经济形态。

第三，中国经济的深层优势对数字经济发展的支撑作用将更加强化。中国经济的深层优势主要体现为具有全局发展的战略定力和超大规模经济体。保持全局发展的战略定力、不受短期波动的冲击和干扰，能够为数字经济的崛起与成长营造一个良好的、稳定的发展环境；发挥超大规模经济体的突出优势，能够为数字经济的创新与发展提供所需的市场需求、制造能力、智力支撑、产业基础等有利条件。伴随数字经济在中国现代化经济体系中扮演日益重要的角色，中国经济的深层优势对其支撑和推动的作用将更加显著。

第四，数字经济将实现从模式创新加速向技术创新转变。从全球技术周期来看，以人工智能、量子信息、物联网、区块链等为代表的新一代信息技术正在加速引发系统性、革命性、群体性的技术突破和产业变革，中国也把加强数字科技领域的自主创新摆在了前所未有的突出位置。未来，伴随互联网人口红利的消退和底层技术创新红利的兴起，中国数字经济必将从商业模式创新走向深度技术创新。

**（二）政策建议**

第一，全面把握数字经济发展机遇期，抢占国际技术和产业竞争新高地。一方面，要发挥中国经济的深层优势，以弥补短板、弱项为导向，进行数字前沿科技研发攻关，提高数字科技的研发能力和产业创新能力，继续扎实推进以创新为内核的数字经济发展；另一方面，要主动参与、引领全球数字经济交流合作，以更加开放、自信和主动的姿态融入全球数字经济创新和治理体系，为推动全球经济复苏注入信心和动力，加速形成中国数字经济引领全球新趋势的局面。

第二，全速推动新型基础设施建设，厚植数字经济发展根基。要高标准、高起点、高质量地推动新一代信息基础设施建设，加快 5G 网络部署进程，稳步推进大数据、人工智能、区块链等新技术对传统信息基础设施的改造和替代，加快构建服务数字化转型、智能化升级、融合化创新的新型基础设施体系，推动新基建与塑造新型产业组织相结合，充分发挥新基建在数字产业化、产业数字化过程中的赋能效应、协同效应和乘数效应，筑牢筑实中国数字经济的发展基础。

第三，全力培育多层次融合产业体系，打造数字经济发展生态系统。要加快推进大数据、云计算、物联网、区块链等基础性平台建设，促进形成以数据流带动技术流、资金流、人才流、物资流的新型要素流转机制，强化创新要素的高效配置和综合集成；推动高校、科研院所、企业、政府部门等多主体共同参与，形成不同创新主体间密切联系、资源互补、合力攻关的数字经济创新生态，鼓励和引导各类龙头型企业积极建设应用服务平台，加速开发数字经济应用场景，以新技术新业态新模式激发传统产业变革，培育构建多产业、多层次的融合产业体系，推动形成泛在互联、要素融通、高度赋能的数字经济生态系统。

# 参 考 文 献

[1] 姜奇平. 浮现中的数字经济: 美国商务部报告[M]. 北京: 中国人民大学出版社，1998.

[2] KNICKREHM M, BERTHON B, DAUGHERTY P. Digital Disruption: The Growth Multiplier, Accenture, Dublin[DB/OL]. (2016-04-22). https://www.accenture.com/_acnmedia/PDF-4/Accenture-

Strategy-Digital-Disruption- Growth-Multiplier.pdf.

[3] BUKHT R, HEEKS R. Defining, Conceptualizing and Measuring the Digital Economy [J]. International Organizations Research Journal, 2017, 13(2):143-172.

[4] BEOMSOO K, ANITESH B, ANDREW B.Virtual Field Experiments for a Digital Economy: A New Research Methodology for Exploring an Information Economy[J]. Decision Support Systems, 2002, 32(3):215-231.

[5] 张鹏. 数字经济的本质及其发展逻辑[J]. 经济学家，2019(2)：25-33.

[6] 易宪容，陈颖颖，位玉双. 数字经济中的几个重大理论问题研究——基于现代经济学的一般性分析[J]. 经济学家，2019 (7)：23-31.

[7] [美]布莱恩·阿瑟. 技术的本质：技术是什么，它是如何进化的[M]. 曹东溟，王健，译. 杭州：浙江人民出版社，2014.

[8] 杨小凯. 经济学原理[M]. 北京：中国社会科学出版社，1998.

[9] 谢伏瞻. 论新工业革命加速拓展与全球治理变革方向[J]. 经济研究，2019 (7)：4-13.

[10] 李国杰. 数字经济引领创新发展[N]. 人民日报，2016-12-16.

[11] [美]杰奥夫雷 G. 帕克，马歇尔 W. 范·埃尔斯泰恩，桑基特·保罗·邱达利. 平台革命：改变世界的商业模式[M]. 志鹏，译. 北京：机械工业出版社，2017.

[12] DUBÉ L, PINGALI P, WEBB P. Pathsof Convergence for Agriculture,Health and Wealth[J]. Proceedings of the National Academy of Sciences of the United States of America, 2012, 109(31):12294-12301.

[13] BERENTE N, YOO Y. Institutional Contradictions and Loose Coupling:Post-Implementation of NASA's Enterprise Information System[J]. Information Systems Research, 2012, 23(2): 376-396.

[14] 郑磊. 通证数字经济实现路径：产业数字化与数据资产化[J]. 财经问题研究，2020 (5): 48-55.

[15] 裴长洪，倪江飞，李越. 数字经济的政治经济学分析[J]. 财贸经济，2018(9)：5-22.

# 数据生产力：新生产力的崛起

## 一、技术革命驱动的生产力跃升

生产力是人类征服和改造自然的客观物质力量，是一个时代发展水平的集中体现。从"刀耕火种"到"铁犁牛耕"，再到"机器代人"，生产力的变革带来生产方式、管理方式、资源获取方式的巨大改变。人类社会由此得以不断获取并支配密度更高的能量，从而促进人口数量激增，进而重塑组织结构和社会结构。

### （一）产业技术革命的范式迁移

每一次产业技术的兴起，均产生一组协同作用、相互依赖的产业及一个或更多的基础设施网络，带来传统产业体系、制度文化、利益格局的重构。英国学者佩蕾斯对工业时代技术–经济范式的迁移进行了系统论述。

第一次产业技术革命在英国打开了机械化大门，提高了棉纺织产品产量，贸易交流需求日益旺盛，进而导致了河运、水道及收费公路等基础设施的快速建设。世界正在逐渐变"大"。

第二次产业技术革命中，铁路和蒸汽动力的广泛应用从英国逐渐扩展到欧洲和美洲。这个阶段诞生了新的经济范式——聚合的经济、工业城市、全国范围的市场。世界正在逐渐变"快"。

第三次产业技术革命萌发于 1875 年，安德鲁·卡内基的酸性转炉钢厂在匹兹堡开工，大量廉价钢铁涌入市场，用于制造轮船的蒸汽动力全面发展，重工业、民用工程及电力设备工业、电缆、罐装食品、纸业和包装业等蓬勃发展。世界范围的铁路逐渐铺开，大型桥梁和隧道，世界范围的电话、电报、电力网络成了新的基础设施。新的经济范式——工厂的规模化经济、垂直一体化等也随之出现，工厂的标准化管理、成本会计成了主流，科学成了一种生产力，世界范围的网络开始出现。世界正在逐渐变"小"。

第四次产业技术革命肇始于 1908 年，福特产出 T 型车，使汽车开始走入寻常百姓家。世界进入石油、汽车和大规模生产的时代。新的经济范式——大规模生产、大众化市场也随之出现，产品实现标准化，基于石油的能源密集型组织占据核心。世界正在逐渐变"重"。

第五次产业技术革命开始于 1971 年，英特尔微处理器的问世推动人类进入信息时代。信息密集型组织成为赢家，知识成为资本。经济全球化趋势和世界与局部的互动更加频繁。世界正在逐渐变"轻"。

### （二）数字经济时代的到来

人类社会生产力总是伴随科技进步跃迁的，今天，一个全新的数字经济时代正加速到来。

信息技术革命经历了以下三个阶段。

（1）IT 时代。从 1971 年英特尔发明微处理器开始，到后来的 Wintel，再到 2000 年，这 30 年主要是一个信息化记录的时代，大型机、小型机、数据库、操作系统等主要解决应用的信息化问题。企业信息化建设以硬件系统集成为单位，这种"小平台、自平台"的模式形成了大量的信息孤岛。

（2）消费互联网时代。伴随移动互联网技术的快速发展与智能手机的普及，尤其是 3G、4G、5G 等移动互联网技术的快速迭代，消费互联网业务呈现高速发展的态势。2007 年苹果第一代 iPhone 问世，标志着一个新时代的开始。淘宝、天猫、支付宝、抖音等一批移动 App 引发了消费理念、消费行为、商业模式的重构。在 B 端，为了快速满足消费互联网时代广大用户快速、多样、差异化的需求，企业数字化基础设施开始探索新模式，以实现对数据资源与需求的快速响应、弹性供给、高效配置。

（3）数智化转型时代。从 2013 年 GE 的 Predix 到 2016 年西门子的 MindSphere，工业企业的百年老店开启新一轮转型。全球进入新一轮新型基础设施安装期，基于"IoT 化+云化+中台化+App 化"的新架构逐渐取代传统的 IT 架构，加速全要素、全产业链、全价值链的数字化、网络化、智能化，无论是全球的互联网、ICT 企业，还是金融、娱乐、制造企业，都将投入这场技术和产业大变革中。因数而智，化智为能，数智化转型的大幕正式开启。

### （三）巨变时代的国家、企业和个体

以互联网为代表的信息技术将人类带入一个大变局和新时代。世界从来没有像今天这样丰富多彩，并且充满了不确定性。

#### 1. 世界经济格局加速重构

农业经济时代，中国 GDP 占全球比重一度达到 60%。工业革命使英国成为"世界工厂"和世界贸易中心。19 世纪中期，英国的工业产值超过了世界工业总产值的 1/3，贸易额超过了世界贸易额的 1/5，英国垄断着世界的工业、贸易、金融和航运，成为当时世界上最强大的资本主义国家。第二次工业革命时期，美国、德国依靠强大的国家意志和国内市场优势加速本国工业的发展，19 世纪末20 世纪初，美国的 GDP 首次超越英国，美国成为世界上经济体量最大的国家并一直领跑全球。20 世纪 90 年代，以美国为首的西方发达国家步入信息时代，加速发展以互联网、集成电路等为代表的电子信息产业。同时，在经济全球化背景下，其纷纷将制造、加工和低端服务等产业外移，不断向产业链高端迈进。历史证明，谁顺应生产力的发展，谁就会主导世界经济的格局；谁能掌握新的生产力，谁就能掌握未来。

#### 2. 数字经济迅速崛起

IT 时代有美国的 IBM、微软，欧洲的爱立信、诺基亚，中国的华为等企业。这些跨国公司依靠巨大的规模效应，成为国家的经济名片和竞争力的重要来源。

随着互联网的兴起，在更短的时间内，一批新兴企业成长起来了，如美国的谷歌、脸谱、亚马逊、苹果，中国的阿里巴巴、腾讯、百度，它们改善了人们的生产、生活和学习方式，对国家竞争、市场竞争产生了深刻影响。

未来 20～30 年，全球范围内国家之间的竞争，很大程度上将表现为 ICT 企业之间的竞争。更多源于中国的、全球领先的 ICT 企业必将极大地提升中国未来的经济竞争力。而企业之间的良性竞争也将推动全球数字经济进步。

### 3. 数字化生活的普及

从"下地播种"到"上网直播"，新生产力带来技术创新、产品升级、业务拓展，重塑人们的衣食住行。技术的扩散从来没有像今天这样广泛、深入。1876—1905 年开发的产品，如电话、汽车等的市场普及率超过 25%平均用了 44 年；1925—1960 年开发的产品，如电视机、微波炉、录像机等的市场普及率超过 25%平均用了 30 年；1975—2000 年开发的产品，如手机等的市场普及率超过 25%则平均只用了 17 年。进入 21 世纪，影响数亿人生活的互联网产品以更快的速度开始普及。例如，普及率超过 50%，淘宝用了 9 年，支付宝用了 4 年，微信用了 5 年。互联网、大数据、人工智能等方面的新技术、新产品的普及速度已超过历史任何一个时期新技术、新产品的普及速度，这些新技术、新产品给人们的生活带来翻天覆地的变化。

## 二、数据生产力的兴起与本质

一部社会发展史，就是劳动者发挥聪明才智，不断创造新的劳动手段（劳动工具），去认识自然、适应自然和改造自然（作用于劳动对象）的过程。生产力三要素在各个社会形态中的表现形式各不相同，数据生产力则是数字经济时代最显著的特征。

### （一）认识生产力

"生产力"一词最先由法国重农学派创始人魁奈在 18 世纪中期提出，主要强调土地和人口对于积累财富的作用。随后，英国经济学家亚当·斯密认为，生产力相当于劳动生产率，不断细化的分工是其得以持续提升的根源。另一位英国经济学家李嘉图则认为，生产力是各种不同因素的"自然力"，资本、土地、劳动都具有生产力。德国经济学家李斯特在 1841 年首次提出生产力理论的基本框架，认为物质、精神等一切影响生产力发展的因素都应纳入其中，并认识到生产关系、上层建筑、思想意识对生产力的作用。

马克思系统阐述了生产力的理论体系，认为生产力包括社会和自然两大类别，并重点强调生产力会随科学技术进步而发展。恩格斯随之明确提出，生产力是具有劳动能力的人和生产资料相结合形成的改造自然的能力，与生产关系辩证发展。

对生产力构成三要素（劳动者、劳动资料和劳动对象）的论述来自马克思的经典著作《资本论》。其中，劳动者是指具有一定劳动技能和生产经验、用体力和脑力参与社会生产过程的人；劳动资料是指劳动者用以改变或影响劳动对象的一切物质资料或物质条件，以生产工具为主；劳动对象是指生产过程中被改造的物体，包括直接从自然界获取的资源和经过加工得到的原材料。

劳动资料和劳动对象又统称生产资料，其只有同劳动者结合才能产生作用，正是人的劳动引起、调整和控制人与自然之间的物质交换过程。生产工具的地位尤为突出，反映了人类改造自然的深度和广度，是衡量生产力发展水平和经济发展阶段的客观标志。

### （二）数据生产力的本质

数据生产力是在"数据+算力+算法"所定义的世界中，知识创造者借助智能工具，基于能源、资源及数据这一新生产要素构建的一种认识、适应和改造自然的新能力。"数据+算力+算法"定义的生产力如图1所示。

#### 1. 新技术基础：数据+算力+算法

数据生产力的本质是人类重新构建一套认识和改造世界的方法论，基于"数据+算力+算法"，通过在比特世界中构建物质世界的运行框架和体系，在比特的汪洋中重构原子的运行轨道，推动生产力的变革从局部走向全局、从初级走向高级、从单机走向系统。这一变革推动劳动者成为知识创造者，将能量转换工具升级为智能工具，将生产要素从自然资源拓展到数据要素，实现资源优化配置从单点到多点、从静态到动态、从低级到高级的跃升。

（1）数据。数据是比特化的物理世界的语义表达。伴随移动智能终端、基于MEMS（微机电系统）的传感器、智能机器、智能设备、摄像设备的广泛普及，物理世界正在被高速比特化，通过"数据+算力+算法"的逻辑，物理世界将被在数字世界中呈现、分析、预测、决策。

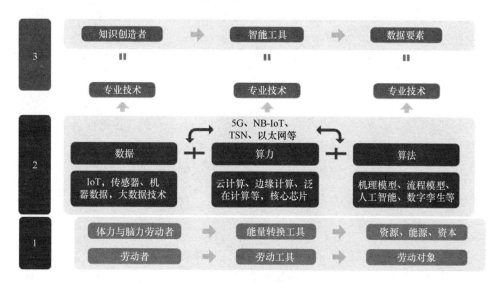

图 1　"数据+算力+算法"定义的生产力

互联网的出现为比特化的数据赋予了新内涵。在互联网没出现之前，数据就已经存在，但互联网的发展使数据沉淀和利用变得更容易、更自然，而且数据"在线"远比"大"更能反映本质。数据生产力时代的数据是在线产生的数据，是"活数据"。数据用于记录、反馈和提升互动体验，过往杂乱、无用、静态的数据因为在线而变得鲜活，数据有了生命，能够用于量化决策与预测。发掘数据价值的技术成本降低，数据可以用于全局流程及价值优化，并且实现真正的数据业务化，产生新的社会经济价值。

（2）算力。承载数字经济发展的信息通信技术的源头在 70 多年前。1946 年，世界上第一台通用计算机"ENIAC"诞生。1964 年，IBM 发明 System/360 大型计算机，计算机由此开始走向商用，但价格昂贵，使用门槛高，只有经济实力雄厚的企业或机构才能用得起。信息通信技术开始走向普惠的标志性时间点是 20 世纪 60 年代末 70 年代初。1969 年，互联网的前身阿帕网诞生在美国国防部；1971 年，Intel 处理器的出现为计算机走入寻常百姓家奠定了基础，几乎在同一时间段，今天依然还在影响世界的微软公司、苹果公司诞生了。

20 世纪 90 年代初期，万维网的出现推动着互联网开始走向商业化。1994 年，中国开启互联网进程，开始通过互联网连接世界。之后，移动互联网和智能手机诞生并发展，尤其是 2007 年推出的划时代的智能手机产品 iPhone，快速推动了移动互联网的普及和发展。同时，移动网络基础设施从 2G、3G、4G 发展到 5G，今天全球的移动互联网用户数已经超过 40 亿人，移动互联网几乎成了互联网本身的代名词。

2006 年之后，云计算技术的出现及发展使成千上万台廉价的服务器能够通过虚拟化和分布式计算等技术随需提供计算与存储能力，云计算几乎成为类似于水与电这样的公共基础设施服务，大大降低了技术创新创业的成本，提高了创新效率，使得数据流动起来。数据要素的投入和云计算的应用，提高了全要素生产率，激发了新的生产力。

（3）算法。信息通信技术牵引的新一轮工业革命推动了人类从开发自然资源向开发信息资源拓展，从解放人类体力向解放人类脑力跨越。其背后的逻辑在于构建一套赛博空间、物理空间、意识空间的闭环赋能体系：物质世界运行—运行规律化—规律模型化—模型算法化—算法代码化—代码软件化—软件不断优化和创新物质世界的运行方式。

2016 年，AlphaGo 的出现，是由算力、数据与算法三者叠加形成的人工智能技术发展的里程碑。人工智能这个以往遥不可及的技术开始走下神坛，只要有了智能终端，人们就有机会享用人工智能的普惠价值。智能音箱、工业大脑、智能客服、城市大脑、医疗大脑等各种应用场景都有人工智能技术的影子。

数据生产力的核心价值可以归结为"数据+算力+算法=服务"，服务可以分解为智能工具和智能决策，如图 2 所示。智能工具包括有形的智能装备和无形的软件工具；智能决策表现为以数据驱动的决策替代经验决策，基于"数据+算力+算法"可以对物理世界进行状态描述、原因分析、结果预测、科学决策。"数据+算法"将正确的数据（所承载知识）在正确的时间传递给正确的人和机器，以信息流带动技术流、资金流、人才流、物资流，优化资源配置效率。

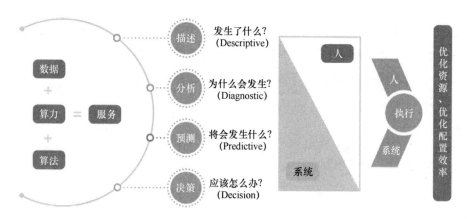

图 2　数据生产力的核心价值：数据+算力+算法=服务

"数据+算力+算法"构筑的认识和改造世界的新模式，推动着生产力核心要素升级、改造和重组。农业经济的劳动者以体力劳动为主，用手工工具在土地上进行耕作，创造社会财富。工业经济的劳动者从事体力劳动和脑力劳动，体力劳动占多数，主要是用由能量驱动的工具进行社会化大生产，能源、资源、资本成为最重要的生产资料。在数字经济时代，基于"数据+算力+算法"，工业社会的劳动者转型为知识创造者，能量转换工具升级为智能工具，数据成为除能源、资源、资本之外的新生产要素。数据生产力的本质特征如表 1 所示。

表 1　数据生产力的本质特征

| 社会形态 | 劳 动 者 | 生 产 工 具 | 生 产 要 素 |
|---|---|---|---|
| 农业经济 | 从事体力劳动的农民 | 手工工具：有限缓解人类体力劳动 | 土地：土地是人类社会生产和再生产最重要的资源 |
| 工业经济 | 产业工人：脑力劳动者大量涌现 | 能量转换工具：蒸汽机、内燃机、电动机推动着火车、轮船、机械、机床大规模投入使用 | 劳动对象被抽象为资本 |
| 数字经济 | 智力劳动者成为主体，越来越多的人成为知识创造者 | 智能工具：工业社会的能量转换工具被智能工具所驱动 | 比特化的数据：能源、资源、资本的比特化生产和社会活动围绕着数字化信息展开 |

由"数据+算力+算法"构成的新时代经济社会运行的底座，推动工业经济

时代的劳动者、生产工具和生产要素升级，以知识创造者、智能工具和数据要素为核心的数据生产力时代正在到来，如图 3 所示。

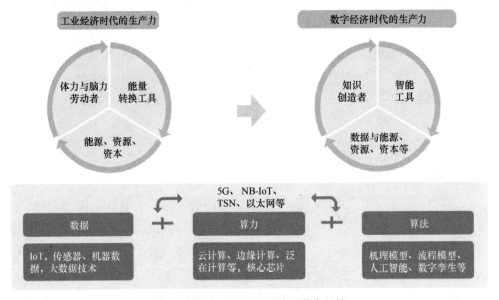

图 3　生产力：从工业经济到数字经济

### 2. 新劳动主体：从体力劳动者、脑力劳动者到知识创造者

劳动者是生产力中最活跃的组成部分，在人类社会的不同发展阶段，劳动者自身生产活动的特征、劳动者的结构及人与自然的关系等方面都发生了根本的变化。

在农业社会，人类通过繁重的体力劳动对土地资源进行有限开发，以解决温饱和生存问题。在工业社会，机器的出现把劳动者从繁重的体力劳动中解放出来，人类的体力劳动强度降低了，脑力劳动已开始较多地出现。信息技术革命带来了智能工具的大规模普及（智能硬装备和软装备），人类改造和认识世界的能力及水平达到了一个新的历史高度，不仅大量繁重的体力劳动被机器替代，而且数据生产力更替代了大量重复性的脑力劳动。

牛津大学调查了美国 702 种工作，并分析了从事这些工作的员工未来 10～20 年被机器取代的可能性，其中 47% 的员工肯定会被替代、19% 的员工有可能被替代。随着数据生产力的广泛普及，大量体力和脑力的重复性劳动正在被智能机器和人工智能替代，人类可以用更少的劳动时间创造更多的物质财富。

当电子商务、工业互联网、分享经济平台、移动 OS 开发平台大幅度降低创业创新门槛，人工智能、大数据、云计算、机器人不断替代人类的重复性劳动时，人类必须更加专注于创新性工作。弗里德曼说，我们把国家分为发达国家和发展中国家的思想已经过时了，世界上有两类国家：高想象力国家（High-Imagination-Enabling Countries，HIEs）和低想象力国家（Low-Imagination-Enabling Countries，LIEs）。数据生产力激发了每个人的企业家精神，只要你具备创新要素组合的能力并用这样的能力去实践，你就是一个具有企业家精神的人。数据生产力厚植了企业家精神的土壤，数字经济时代是一个企业家精神规模化崛起的时代。从管理者（Manager）转型为领导者（Leader），每个人不只是一个执行者，更是一个创新者。数据生产力在于激发每个个体的潜能，实现自我组织、自我管理、自我驱动，通过高效协同去应对各种不确定性。

数据生产力的本质是实现人的解放和全面发展。未来，生产力的大发展和物质的极大丰富将把人们带到一个新的社会，无人矿山、无人工厂、无人零售、无人驾驶、无人餐厅将广泛存在，人类将不再为基本的衣食住行发愁，越来越多的产业工人、脑力劳动者将成为知识创造者，人们将有更多的时间和精力满足自己的好奇心，开启一趟想走就走的旅行。

### 3. 新生产工具：从手工工具、能量转换工具到智能工具

人类社会发展的过程就是不断使用新的劳动工具来弥补自身局限的过程。在不同的历史时期，人类社会通过使用不同功能的工具来扩展和增强人类自身的功能，而这些工具本身也成为区分人类社会形态的重要标志。

农业经济：在农业社会漫长的发展过程中，人类最重要的劳动工具是用以开发土地资源的各种简单的手工工具，其只在一定程度上弥补人类自身局限，是人体局部功能的有限延伸，是对人类体力劳动的有限缓解。

工业经济：以蒸汽机的发明和使用为标志，人类发明和使用了以能量转换工具为特征的新的劳动工具。正如马克思所说："手推磨产生的是封建主的社会，

蒸汽磨产生的是工业资本家的社会。"与农业社会的手工工具相比，工业社会的机器是由能量驱动的工具。

数字经济：工业社会的以能量转换为特征的工具逐渐被智能化的工具所驱动，形成了信息社会典型的生产工具——智能工具。智能工具是指对信息具有采集、传输、处理、执行能力的工具，包括有形的智能装备和无形的软件工具。如果说工业社会的劳动工具解决了人的四肢有效延伸的问题，那么信息社会的劳动工具则解决了人脑的问题，是一次增强和扩展人类智力功能、解放人类智力劳动的革命。

### 4．新生产要素：从土地、能源、资源到数据

核心资源将是每个社会形态中各种社会资源最集中的表现形式，经济社会活动主要围绕核心资源或它的衍生物展开。一个国家或地区经济社会发展的水平、阶段、特征和趋势主要取决于一个国家或地区对核心资源获取、占有、控制、分配和使用的能力。

在农业社会，土地是主要资源，包括人类生存需要的粮食种植用地、森林用地、畜牧用地等。在工业时代，伴随各种能源和矿产资源的开发，货币在社会中的地位越来越重要，并转化为现代资本。劳动对象被抽象为资本，资本逐步成为工业社会最重要的资源。

在数字经济时代，多数劳动者通过使用智能工具进行物质和精神产品生产。数字经济时代最重要的劳动资料是用比特来衡量的数字化信息。用比特来衡量的数字化信息将无处不在，人类用以改造自然的生产工具、劳动产品及包括人类本身都将被数字化的信息所武装，能源、资源、资本等传统生产要素不断比特化，数据赋能的融合要素成为生产要素的核心，整个经济和社会的运转被数字化信息所支撑。

在数字经济时代，对数字化信息获取、占有、控制、分配和使用的能力成为一个国家经济发展水平和发展阶段的重要标志。21世纪，数据成为新的生产要素。

### 5. 数据生产力的价值创造方式

数据生产力创造价值的基本逻辑，是面向赛博空间，以算法、算力推进隐性数据和知识的显性化，将数据转变为信息，将信息转变为知识，将知识转变为决策，在数据的自动流动中化解复杂系统的不确定性。数据要素的价值不在于数据本身，而在于数据要素与其他要素融合创造的价值。数据与算法、模型结合起来创造价值的模式有以下 3 种。

（1）价值倍增。数据要素能够提高单一要素的生产效率，将数据要素融入劳动、资本、技术等每个单一要素，单一要素的价值会倍增。

（2）资源优化。数据要素不仅带来了劳动、资本、技术等单一要素的倍增效应，更重要的是提高了劳动、资本、技术、土地这些传统要素之间的资源配置效率。数据生产不了馒头，生产不了汽车，生产不了房子，但数据可以低成本、高效率、高质量地生产馒头、汽车、房子，高效率地提供公共服务。数据要素推动传统生产要素发生革命性的聚变与裂变，成为驱动经济持续增长的关键因素。这才是数据要素真正的价值。

（3）激发创新。数据不仅可以优化存量资源的配置效率，而且可以激活要素，提高产品、商业模式的创新能力，以及个体及组织的创新活力。数据要素可以用更少的物质资源创造更多的物质财富和服务，会对传统生产要素产生替代效应。电子商务减少了传统商业基础设施的大规模投入；政务"最多跑一次"的服务减少了人力和资源的消耗——数据要素用更少的投入创造了更高的价值。

数据生产力的价值创造方式如图 4 所示。

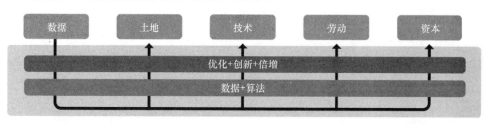

图 4　数据生产力的价值创造方式

## 三、数据生产力：增长的新动能

数据生产力是人类改造自然的新型能力，正引发人类认知新规律、发现新现象、创造新事物等方式的根本性变革，必然会对产业创新、经济发展、社会治理等产生深层次影响。

### （一）产业创新：从实验验证到模拟择优

人类社会认识客观世界的方法论已经历了 4 个阶段：从"观察+抽象+数学"的理论推理阶段，到"假设+实验+归纳"的实验验证阶段，再到"样本数据+机理模型"的模拟择优阶段，目前已进入"海量数据+科学建模分析"的大数据分析阶段，即采用"数据+算法"的模式，通过大数据去发现物理世界的新规律。人类认识世界的方法论如表 2 所示。

表 2 人类认识世界的方法论

| 对比项 | 理论推理 | 实验验证 | 模拟择优 | 大数据分析 |
|---|---|---|---|---|
| 典型案例 | 牛顿三大定律 | 爱迪生发明灯泡 | 波音 777 研发周期缩短（基于模型的企业 MBE） | GE 风电设备的发电量提高 2% |
| 发展时间 | 19 世纪末发展到极致 | 20 世纪初伴随工业化进入鼎盛时期 | 20 世纪 80 年代 | 21 世纪初 |
| 关键要素 | 观察+抽象+数学 | 假设+实验+归纳 | 样本数据+机理模型 | 海量数据+科学建模分析 |
| 主要特点 | 依赖少数天才科学家，严密的逻辑关系 | 依赖设备材料的高投入，实验过程大协作、长周期，直观地验证结果 | 依赖高质量机理模型的支撑，机理模型和实验验证的协同，投入少、周期短 | 依赖海量数据的获取，计算、存储资源的低成本和高效利用，数据驱动的价值创造 |

### （二）经济发展：从规模经济到范围经济

在传统的经济发展中，尤其是工业经济的发展中，主要强调扩大单一产品的生产规模，降低产品的平均成本，这是一种追求单一产品成本弱增性的规模经济模式。

数据生产力的发展则更加强调在资源共享的条件下，通过长尾中蕴含的多品种产品协调满足客户的个性化需求，以及通过企业间、产业间的分工协作带来经济效益，这是一种追求多品种产品成本弱增性的范围经济模式。在数据生产力带来的范围经济发展中，生产运行方式柔性化、组织管理模式灵活化、服务方式融合化等趋势都会大面积出现。

### （三）就业模式：从 8 小时制到自由连接体

越来越多的个体将成为知识工作者，个体的工作与生活也将更加柔性化，SOHO 式工作、弹性工作等新形态将更为普遍。

如果仍然沿用"就业"这一概念，那么目前数字经济 2.0 的就业模式已经呈现以下几种显著的形态。

平台式就业："平台+个人"的"平台式就业"已经成为基本就业景观。

创业式就业：数字经济 2.0 为个体提供了可能是历史上最低的创业门槛。

灵活化就业：U 盘式就业、分时就业等日益普遍。

分布式就业：跨越地理距离的分布式就业越来越成为现实。

工作生活柔性化：灵活就业将使个体可以更加柔性地安排自己的工作与生活。

### （四）企业性质：从技术密集到数据密集

企业竞争的本质是企业在不确定环境下为谋求自身生存与发展而展开的对资源的争夺。通过分析劳动、技术、数据等不同生产要素在企业构成中的比重差异可以发现，技术正逐渐向数据让渡其在企业竞争中的核心要素地位。

在工业时代，人们根据产业（企业）对劳动、资本、资源的依赖程度，把产业（企业）分为劳动密集型产业（企业）、资本密集型产业（企业）、资源密集型产业（企业）。今天，这种思考问题的逻辑需要升级。在数据生产力时代，可以定义一个新的产业（企业）：数据密集型产业（企业）。所谓数据密集型产业（企业），是指一个产业（企业）的发展和运行对"数据+算力+算法"的闭环优化体系高度依赖，拥有规模化的知识创造者、更广泛的智能工具普及、更丰裕的数据要素资源。企业竞争正从要素、市场、技术等资源竞争向数据竞争转变，数据成为企业占据产业竞争制高点的核心驱动要素。

### （五）产业形态：从公司制到数字经济生态

工业时代的公司所遵从的基本是"泰勒制"的、线性的（价值链、产业链、供应链等）组织方式和流程，而数字经济所取得的成绩则与它"云端制"的组织方式，即超级平台+数亿用户+海量商家+海量服务商直接相关。这是一种超大规模、精细灵敏、自动自发、无远弗届的大规模协作的组织方式，也是一种人类历史上从未达到过的"分工/协作"的高水准。

### （六）协作机制：基于信息能力拓展的分工与协作

进入数字经济时代，伴随着信息通信技术的推广普及，人类大规模协作的广度、深度、频率进入一个新阶段。信息在组织内部的管理、监督及外部的交易、协作中的成本不断降低，协作模式不断创新，企业边界正在被重新定义，科层组织正在被瓦解，产消者（Prosumer）不断涌现，微粒社会正在来临，平台经济体迅速崛起，人类社会已经从工业社会百万量级的协作生产发展到数千万、数亿人的合作，这也带来了产业分工的不断深化。

人类社会发展的动力在于不确定性下的分工深化与信息交互，信息交互促进分工协作，分工协作提升人类对不确定性的应对能力。从信息交互到分工协作再到消除种种不确定性，这就是人类社会发展的动力逻辑。

重建

# 狄增如|
# 通过系统科学洞察复杂世界

狄增如，信息社会 50 人论坛成员，北京师范大学系统科学学院书记、教授；《系统工程理论与实践》《系统与控制纵横》等杂志副主编，*Journal of Economic Organization and Behavior*、*Journal of Systems Science and Complexity* 等多家高水平学术期刊编委；主要研究领域为复杂系统、复杂网络及其在社会经济和生物系统中的应用。

20 世纪，科学技术飞速发展。从宏观角度来说，人类对于宇宙的认识已经取得巨大的飞跃。简单举例来说：2013 年，我们把宇宙诞生的大爆炸时间点精确到了 138.2 亿年；2020 年的诺贝尔物理学奖有两组获得者，一组用爱因斯坦的相对论场方程证明了黑洞的存在，另一组切实观察到了银河系中心存在一个巨大黑洞；2020 年 11 月，"嫦娥五号"探测器成功发射，并于同年 12 月返回地球，让我们可以真切地触摸和研究月球。

从微观角度来说，我们几乎已经知道了宇宙中所有物质最基本的结构单元。除了未知的暗物质和暗能量，宇宙中的所有物质都由 6 种轻子和 6 种夸克构成，而稳定物质都是由电子和电子中微子两种轻子，以及上夸克和下夸克两种夸克构成的。

可以说，任何物质的结构单元都是完全一样的。这是很深刻的科学认识，也提出了系统性、涌现性的科学问题。

我们对宏观的宇宙演化和微观的物质结构的科学认识已经紧密联系在一起

了。然而，对于我们所生活的、最为熟悉的世界——时间尺度以分秒计量、空间尺度在厘米到米的量级，我们还缺乏科学认识。

例如，生物学中关于生命的定义完全是描述性的，一般只关注生物的外形、繁殖和新陈代谢方式等，但很多关键问题依然悬而未解，对于生命的理解还缺乏真正的科学认识。

生命的起源、意识的来源、复杂的生态系统、群体行为、技术系统，弄清楚这一切如何运作就是未来科学的挑战所在。其中的核心科学问题是：即使我们对每个个体的性质都很清楚，但当大量个体通过某种组织形式构成一个整体时，就会涌现出完全不一样的结构、性质和功能。

物理学家 P. W. 安德森提出，More is different，即多者异也。"将万事万物还原成简单的基本规律的能力，并不蕴含着从这些规律重建宇宙的能力……当面对尺度与复杂性的双重困难时，重建论的假设就崩溃了。其结果是，包含大量基本粒子的复杂聚集体的行为并不能依据少数粒子的性质做简单外推就能理解。取而代之的是，在每种复杂性的发展层次之中呈现了全新的性质，从而，我认为要理解这些新行为所需要做的研究，就其基础性而言，与其他相比也毫不逊色。"

他的观点在美国产生了巨大的影响。20 世纪 70 年代，美国科学界内部对要不要建造一座超越欧洲水平的对撞机产生了激烈争论。安德森说，复杂性研究尚有很多非常重要的问题值得研究；更多的科学家反思说，也许不应该花费重金、一味地探索更远的宇宙，从而在一定程度上助力美国终结了对撞机计划。

今天，信息技术的发展加强了人和人、人和物之间的联系。我们的世界越来越小，联系越来越紧密，使我们所面临的社会经济挑战的系统性和复杂性也越来越突出。

简而言之，系统科学是研究系统的结构与功能关系、演化和调控规律的科学，是一门新兴的综合性、交叉性学科。

系统科学以不同领域的复杂系统为研究对象，从系统和整体的角度探讨复杂系统的性质和演化规律，目的是揭示各种系统的共性及其演化过程中所遵循的共同规律，发展优化和调控系统的方法，进而为系统科学在科学技术、社会、经济、资源、环境、军事、生物等领域的应用提供理论依据。

复杂科学研究若想有所收获，就必须超越还原论。还原论是曾在 20 世纪带给我们诸多重要科学发现的研究方法。简单来说，其核心就是，当我们想知道某个物件的结构和原理时，首选就是拆分它。

例如，拆分闹钟，看它如何工作；将人体拆分成运动系统、呼吸系统、循环系统、生殖系统等；拆分水分子，以了解水为什么到 100℃ 就会沸腾。

曾经，还原论的巨大成功使它成为科学认识和解决问题的基本路线与方法。例如，我们想解决问题，首先会想到去"分析"它，"分"就是拆，"析"就是拆得更细。由此可见，还原论的科学方法已经融入我们的血液里。

那么我们能不能超越还原论，把科学成果重新组装，从而认识这个复杂世界呢？

我们可以通过零部件的折分和组装知道闹钟是怎么工作的。我们可以重组每个心肌细胞，以解释心脏为什么会跳吗？

一只鸟的飞翔是力学问题，但一群鸟的飞翔就是复杂科学的问题，到现在我们也不知道是怎样的关联和影响让一群鸟形成这样的宏观结构。

1999 年，《科学》杂志就"复杂系统——超越还原论"这个主题出了一个专辑，提出观点：要想理解生命、发展技术、提升经济，做到可持续化发展，我们方方面面都必须超越还原论，用复杂系统的角度去研究我们身边的问题。

## 一、生命和自然界中的秩序涌现

复杂科学得以存在，基础是我们相信在纷繁复杂的系统背后，一定存在统一、普适的科学规律。这套理论可以帮助我们探索生命的起源，进而为我们理解物质和生命带来全新的理念。

有秩序、有灵性的生命是如何由 6 种轻子和 6 种夸克构成的呢？按照热力学第二定律，热力学系统总要朝着平衡态演化。平衡态意味着无序、均匀、低级和简单的发展方向。

孤立系统中的自发过程导致体系中熵的增加，意味着系统会自然走向混乱和死亡，而从无序中产生有序、从混沌中涌现生命违背热力学第二定律，超越熵增就必须从孤立系统走到开放系统。

开放系统受到外界的影响，其内部的不同要素之间也会产生非常强的关联，这是所有复杂科学强调的最重要的观念。不仅生命是有序结构的涌现，我们身边的自然界也有很多这样的例子，如卷积云、溶液、动物的心跳和皮肤……自组织令人惊叹的美妙结构和模式随处可见，而它们都只有在开放系统中才能被观察到。

## 二、自组织理论——沟通物质与生命

个体间的关联分为线性和非线性两种，当我们把关注的对象从孤立系统拓展到开放系统，把单元内部的相互作用从简单的线性推广到非线性时，世界就完全不一样了。

普里高津是布鲁塞尔学派的创始人，哈肯是德国哈肯学派的创始人，他们创立了自组织理论，其最核心的认识是，系统内部由于非平衡和非线性关联变得丰富多彩，能够产生五颜六色、纷繁复杂的结构和功能。

自组织系统的主要特征如下。

（1）系统开放，与环境有物质和能量交流。

（2）组元众多，且存在非线性的相互作用。

（3）远离平衡态。

（4）涨落是有序结构形成的触发器。

图 1 所示为自组织分支理论中最简单的一个图像：一度无序的系统开放后受外界环境推动，走向一个新的状态，涌现出有序的结构，而这样的分支过程可以连续进行下去。这样的数学模型，可以帮助我们加深对自然领域结构的认识。

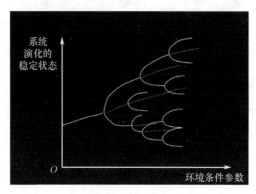

图1　分支图

自组织理论在生物、社会和经济等领域有非常多的应用，为这些领域的研究提供了一个共同的科学概念和理论。

在复杂科学里，基本的研究方法分为以下三个层次。

（1）自顶向下的宏观层次的动力学方法。这是研究复杂系统的一个基本研究路线。东方文化天然就有这样的系统观和整体观，如中医把人看作一个系统和整体来观察。

（2）自底向上的多主体方法。先关注个体，再看它们的相互关联能够产生什么宏观影响。如先了解金融市场每个投资者的行为和他们之间的关联，然后研究成千上万的投资者会造成什么样的宏观市场表现。

（3）中观层次的随机方法。

复杂系统的科学认识基本上都适用自顶向下的研究方法，如对于一箱理想气体，我们不需要知道每个分子的位置和速度，它们的整体宏观表现才是我们关心的。

## 三、混沌奇迹——随机与秩序的统一

### （一）动力学——刻画系统演化的工具

动力学方法可以用来描述系统的宏观性质和演化，从牛顿动力学发展而来，研究的基本路线是关注质点的位置、速度，以及它们的变化。这套理论起初被用来研究行星的运动，后来延伸到大气动力、气候变化、人口增长及金融市场等领域。

把动力学应用到复杂系统最典型的就是马尔萨斯模型，马尔萨斯模型求解结果是人口将呈现指数型增长。虽然模型不能完全模拟现实，但模型可以用最简单的方法准确挖掘影响系统变化最本质、最内核的因素。马尔萨斯模型也因此成为通过政策控制人口增长的理论基础。

然而，这个模型没有考虑一个重要因素：环境制约。任何一种生物都会受到环境制约，纳入这一考量因素之后，就会得到逻辑斯谛（Logistic）增长带来的"S"形增长曲线。后来，这一增长曲线被应用在城市演化、社会进步等诸多场景。

再如开普勒问题，也就是著名的二体问题，它的发现给了人类一种优越感，人类自以为已经知道了世界的所有规律。整个宇宙的演化看似都在牛顿力学的左右之下，加上万有引力和电磁相互作用，我们似乎可以确定，只要知道宇宙中每个分子和原子当前的位置与速度，它所有的过去和未来都会展现在我们眼前。

拉普拉斯决定论的观点是，"我们可以认为宇宙的现在是由它的过去来决定的；现在也是决定未来的原因。如果有一位智者在某一时刻获知了自然界一切物体的位置和相互作用力，并且他具有超常的数据分析能力，那么他就可以把从宇宙从这个最庞大的物体直至原子这个最细微的颗粒全都囊括到一个公式中。对于这位智者来说，没有什么东西是不确定的——宇宙的未来会像它的过去一样完全呈现在他的眼前。"

但是，近代复杂科学的研究使我们意识到，人类距离对现实有确定性的认识还差得很远。

### （二）蝴蝶效应——确定性的终结

我们想预测的最简单的问题就是太阳、地球和月亮之间的关系，也就是三体问题。

19 世纪，欧洲是整个科学技术的中心，瑞典国王悬赏征求对太阳系稳定性问题的解答，期望解决天体力学中的 $N$ 体问题。但当时，许多有名的大科学家——牛顿、欧拉、拉格朗日、拉普拉斯、泊松都没能解开谜题。

最后，解决这个问题的是彭加莱，他是历史上最后一位"数学通才"。数学论断可证明或证否，证否即无解，彭加莱把三体问题证否了。

在解决上述问题的过程，彭加莱也发展了从宏观角度运用动力学研究复杂系统的方法，这非常具有革命性。曾经，我们研究问题关心的都是定量，想知道每个质点的轨迹。但既然这不可能，我们就必须换一个角度研究——从定量研究转为定性研究，不再关心质点具体的轨迹，而是观察当时间趋于无穷时，质点是会停在一个地方，还是会跑到无限远。马尔萨斯的人口模型、无限增长和单摆周期运动都是长期的定性行为。

此外，还有一类系统，它既不跑到无限远，也不停下来；它时刻都在运动，而且不重复、无周期，如天气系统。

美国麻省理工学院的教授洛伦兹毕生研究"长期天气预报"。1961 年年底的某一天，洛伦兹在办公室把一个数据输入一台运行极其缓慢的 Royal McBee 计算机，企图重复验证上一次的计算结果。他知道这需要等一个多小时，便踱进了学院旁边的一间小咖啡馆……回来之后，洛伦兹意外地发现计算结果与上一次有天壤之别。

排除了计算机故障的可能性后，他终于找到了原因：在第一次计算中，他输入的初始值是 0.506127；在第二次计算中，为图省事，他输入了 0.506。按理说这两者相差甚微，结果应该只有微小差别，但由于"系统对初值的敏感依赖性"，一个微小的初始误差随着反复迭代计算，产生了差异巨大的结果。

这一意外的发现就此开启了混沌科学的大门。

洛伦兹模型后来演化成了洛伦兹吸引子系统，在该系统中，从任何的初始条件出发都无法准确地预测轨迹。洛伦兹吸引子的整个形状像一只蝴蝶，洛伦兹在论文中提道，"在巴西的一只蝴蝶拍打一下翅膀，会在得克萨斯州引起一场龙卷风吗？"复杂科学中著名的"蝴蝶效应"就来源于此。

美国开国元勋之一本杰明·富兰克林曾写过一首诗描写以下场景。在一次古代战争中，一个通信兵去传递重要的作战信息，出发的时候发现一块马蹄铁掌的一个钉子松了，他没理会。然而，跑到半路这个马蹄铁掌坏了，马跑不动了。后来，通信兵被敌人抓住，情报没送到。再后来，这场仗打输了，这个国家灭亡了。这就是蝴蝶效应的典型案例，说明小的事件能够带来大的影响。

### （三）无序中的有序——混沌中的秩序

确定性的规则完全有可能带来随机的结果，这是复杂科学研究对我们世界观的最大冲击。我们由此认识到，必须对牛顿力学建立的、确定性的世界观加以变革。

理解生命的一个核心问题在于，理解复杂系统的状态变化，以及它能产生的有序结构。

混沌理论的行为和结构中存在丰富的秩序。仍然以人口模型作为例证，种群的增长可以看作一个离散事件，如第一代有 10 只兔子，且假设 1 生 1 的话，第二年变成 20 只，第三年变成 40 只，这就是最简单的马尔萨斯指数增长模型。

另一个模型是逻辑斯谛种族增长模型与倍周期分叉，其特点是有约束。这个模型只有一个参数，就是种群增长率 $\lambda$。繁殖能力强，$\lambda$ 就大；繁殖能力弱，$\lambda$ 就小。当 $\lambda$ 小于 1 时，上面的兔子种群是维持不住的，不管开始有多少只兔子，最后都会变成 0；当 $\lambda$ 大于 1 的时候，一群兔子就会达到稳态，每年的增长数和死亡数将维持在一个固定值，是可预期的。

但是，如果繁殖率继续增加，整体状态就不再是稳定的，而是周期变化的。

例如，今年有 5 只兔子，第二年会增加到 15 只，但由于没有那么多草料，最后又会变成 5 只。于是兔子数就在 5 只、15 只、5 只、15 只之间跳动。若继续增加 $\lambda$，周期就可能变成 4 倍，四年一轮回；再继续的话，一定是 4 变 8、8 变 16。而这样的过程如果延续，兔子种群的演化数量也会进入混沌区。

从这个例子可以看出，简单的数学迭代模型在特定的参数条件下变成混沌状态，小的扰动能够带来大的偏差。

总的来说，要对身边的复杂现象获得科学认识，就必须超越还原论。因为所有的复杂现象都来自大量构成系统的单元之间的相互影响和关联。若用还原法把它们一个个分开，将无法对系统的性质有科学的认识。

混沌理论为什么如此引人注目？混沌理论揭示了简单性和复杂性、有序和无序之间存在精妙的关联性，从而沟通了科学与生活，帮助我们产生了科学认识。曾经，很多科学家认为生命现象有其独特规律，不是物理规律能够理解和认识的。但是，自组织理论沟通了物质和生命，它的发展揭示了物质和生命等复杂系统在底层有统一的、可把握的、普适的规律。这是一个非常重要的科学启示。

宏观动力学方法是我们研究系统演化最基本的科学工具。然而，虽然工具是确定性的，它所揭示出来的演化规律却是随机的、混沌的。例如，牛顿力学的运动规律是确定性的，但天气预报难有准确的预测。

从思想方法上，复杂科学研究带给我们什么呢？世界的本质是非线性的，线性的关联是对世界太简化的抽象，我们思考世界的本质、理解复杂的现象，一定要从线性走向非线性。复杂的现象背后可能具有简单的规律，简单的规律背后可能是非常复杂的现象。复杂科学研究让我们对系统的最终取向有了一个定性的了解和把握，不再期望精确地描述单位的运动轨迹，不再试图精确地给出长期预测，因为一个意想不到的小概率事件往往可以影响大局。

运用复杂科学的思想方法有助于我们在面对复杂系统时保有更理性的态度，当现实不按照我们分析的方向发展时，我们可以在混沌理论系统中找到安慰，力争可以定性地把握，成为理性的洞察者。

# 张永生 | "双碳"目标是倒逼改革和经济转型的强大动力

张永生，信息社会 50 人论坛成员，中国社会科学院生态文明研究所所长、研究员、经济学博士。

如何统筹、协调"双碳"目标和制造业稳定、经济增长的目标呢？

这是一个非常重要的问题。"双碳"目标是全球的共识与行动，可能是工业革命以来人类生产生活方式最全面且深刻的转型。它不是简单的节能减排和环境问题，给经济带来的机遇及冲击都会远远超出人们的想象，很多方面可能会推倒重来，所以我们必须清醒地认识它带来的冲击，要有足够的心理准备，要保持战略定力、从容应对。

如果想回答这一问题，我们必须要理解"双碳"目标提出的背景，并重新认识成本的概念、制造业竞争力的概念等。以下几点可能需要强调。

第一，关于成本上升的问题，这取决于成本怎样计算。过去传统的发展方式建立在"高碳"基础上，看起来很有效率，但实际上成本非常高昂。"双碳"目标的提出，本质上是由于工业革命以后建立的传统发展方式不可持续，不可持续当然就意味着极高的成本。如果从总体角度计算，绿色转型反而会带来全社会成本的下降，这也是全球范围内有 130 多个国家提出碳中和目标的原因。这里的成本包括外部成本、隐性成本、长期成本、福祉损失和机会成本等，只是这些成本过去没有体现在商品价格中。在传统发展模式下，企业看起来成本低、效率高，但一旦把这些成本考虑在内，传统发展模式将变成"高成本经济"。绿色转型很大程度上就是将所有的成本都考虑在内来"算总账"。这样一来，很多概念都要重新定义，政策的含义也会很不一样。

第二，制造业竞争力问题。中国被称作"世界工厂"，从 2010 年起就是全球第一制造业大国。中国制造业的竞争力非常强，这当然有很多原因，其中一个不可忽视的原因就是，没有充分地将生态环境成本考虑在内。我们承担了全球生产的任务，但把很多生态环境方面的代价留给了自己。如果以牺牲环境和福祉为代价维持我国制造业的竞争力，反而成本高昂。因此，传统意义上的高竞争力并不一定是好事。如果将碳排放纳入成本，会不会降低中国制造业在国际上的相对竞争力呢？总体上不用担心，因为现在不只是中国在努力实现"双碳"目标，全球有 130 多个国家都在这方面努力。这些国家的经济总量占到全球经济总量的 75%左右，碳排放量在全球碳排放总量中也占 75%左右。在这些国家中，发展中国家占到 70%左右。目前，一些国家正积极出台"碳边境调节税"，以后在全球范围内找不到可以免费排碳的地方了。有人担心，中国是制造业出口大国，发达国家如果出台碳边境调节税，中国会不会受损失？这个问题不用担心，因为这个税最终要由谁来承担并不好说，它取决于商品的供求关系，基本上相当于对消费者征税。所以，中国制造业的总体竞争力不会因为"双碳"目标而下降，但对个别行业和个别产品可能有一些影响。特别地，在一些新兴领域，如太阳能、风能设备、电动车等制造领域，全球范围的"双碳"目标反而会大大提升我国制造业的全球竞争力。

第三，如何看待一些产品价格上升。提出"双碳"目标以后，一些行业成本增加，产品价格也会上涨，尤其钢材等价格上涨比较明显。绿色转型就意味着经济结构大幅调整，高碳产品经济的比重会下降，低碳产品经济的比重会上升。这种调整，正是通过高碳产品和低碳产品相对价格的变化来实现的。我们不要一看到价格上涨就紧张，有的产品价格在涨，有的产品价格在降。这就是资源在全社会重新优化配置的过程。我们要看到，高碳产业成本以后会越来越高，产品的相对价格也会越来越高，需求会越来越少；与此同时，新能源、智能电动车等新兴绿色行业的产品价格将会大幅下降，今后新能源的成本会很低。

第四，如何同时实现"双碳"目标和"制造业占比稳定"的目标。我认为其实是三个目标："双碳"目标、制造业占比稳定、GDP 增长。现在中国制造业占 GDP 比重约 27%，2035 年中国 GDP 还要实现倍增，从现在的 100 万亿元增加到 200 万亿元。如果要保持制造业占比基本稳定，同时实现 2030 年碳达峰目标（工业碳达峰会更早），未来新增的 27 万亿元的制造业 GDP，到 2035 年时基本就是零碳排放。这是一个非常大的挑战。这些碳排放主要集中在六大高耗能行业，目前工业碳排放占全社会碳排放的 70%。如果把直接、间接和过程排放都算进来的话，六大高耗能行业占到工业碳排放的 80% 左右。要同时实现这三个目标，根本上要依靠制造业转型。制造业不能按过去那种模式发展，需要大幅度提高产品的附加值。

如果要弄清楚制造业转型的方向，首先要回答两个基本问题：制造业创造的价值是什么？我们用什么方式组织制造业的生产？在传统工业时代，制造业用大规模流水线生产同质化的产品，满足人们对物理功能的需求。如果产品只是实现其物理功能，则实现经济增长与资源消耗脱钩就非常困难。我们以汽车为例讨论制造业今后的转型方向。在燃油车时代，汽车仅是一个交通工具，商业模式也很简单，汽车厂家靠卖汽车挣钱；但是，在智能电动汽车时代，汽车不仅是一个交通工具。就像手机一样，过去手机只用来打电话，但现在用手机可以做很多事情。汽车的商业模式同样会改变，厂家不只靠卖汽车赚钱，而是更多地靠车联网平台、更个性化的衍生服务来赚钱。这意味着，以汽车为代表的制造业要实现两个转型：一是制造业创造的价值转型，以后物质资源投入在产品价值中的比重会降低，产品的物理功能的比重会更低，但创造的价值会更高；二是商业模式与服务模式的转型。

第五，一个同制造业占比相关的问题是，制造业的统计口径也要发生变化。例如，汽车成了提供衍生服务的平台后，将哪些服务统计为制造业呢？"制造业比重基本稳定"的统计标准是什么？因为很多现代服务业都是从制造业分出来的，中国目前的生产型服务占 GDP 的比重近 30%。服务业中有一半是生产型服务。如果只是简单地将制造环节全部归为制造业，可能不太合理。如果进一步按照这个标准来保持"制造业比重基本稳定"，可能会带来一些经济上的扭曲。

为了统筹兼顾、多目标协调地实现"双碳"目标，应选择什么样的政策工具？

再好的远景也要通过政策和工具落地。现在讨论"双碳"目标（碳达峰、碳中和）时，首先要区分碳达峰、碳中和这两个概念，这是两个不同性质的概念。我们现在提及"双碳"目标时，对这两个概念是未及细分的。实际上，这两个概念有本质区别，需要的政策也不一样。

碳达峰是在传统工业模式下、在经济发展中自然出现的结果。如果要实现更早、更低峰值的碳达峰，就要加大减排力度。但是，要实现 2060 年碳中和的目标，就完全不一样了。它意味着现有经济运行的基础将发生根本性的变化，需要进行生产方式和生活方式的根本性转型，是一场自我革命。例如，现在中国 100 万亿元的 GDP 建立在 100 亿吨二氧化碳排放量的基础上，实现碳中和就意味着，这 100 亿吨（达峰时可能是 105 亿吨左右）二氧化碳排放量要被全部削减，有的通过减排，有的通过碳中和。到 2060 年，只会剩下 15 亿吨左右的二氧化碳排放量，其中 10 亿吨左右通过碳汇、5 亿吨左右通过碳捕捉的方式全部消灭掉。

但是，这不是用新能源替代化石能源那么简单，也不像替换汽车零部件那么简单，它是生产生活方式的彻底变革。有些发达国家碳达峰的时间非常早，但实现碳中和用的时间非常长。如果一个国家碳达峰以后不彻底转变生产生活方式，就不会自动实现碳中和，即使碳达峰 100 年后也不会实现碳中和，反而会被锁定在一个高碳状态，之后要实现碳中和的转型成本会更高。这是两个概念的区别。

我们谈到政策工具包的时候，最重要的是要解决战略认识的问题，总体方向不能走偏。至于其他问题，更多的是技术性问题，相对容易解决。关于战略认识的问题，笔者尤其要强调以下几点。

一是信心问题。很多人担心现在工业化还没有完成，提出碳中和的目标可能会阻碍中国工业化进程。这一点不展开讨论。但是，经济学家要避免"叶公好龙"。一方面，经济学家都相信市场的力量，相信如果能源、资源出现枯竭，市场一定会自发地出现新的能源和资源。这是没有问题的。例如，化石能源枯竭了，新能源和替代能源就会出来。另一方面，一些人又担心碳中和很难实现。如果仔细分析就会发现，这两个观点在逻辑上不自恰。2060年实现碳中和，实质上相当于假定全球化石能源在2050年或2060年枯竭。这样，我们面临的问题就转变成如何在这种条件下打造一个繁荣的新世界。虽然转型非常困难，但如果这样考虑问题就没有什么可担心的。况且，我们现在已经有了太阳能、风能。太阳能、风能发电的成本，已经同燃煤发电成本几乎相当，接下来还会大幅度下降。有了电动汽车、互联网、5G、机器人以后，我们再讨论在化石能源枯竭后如何打造一个繁荣的新世界，大家就不会有太大的担心。就政策工具包而言，大的方面是政府要发挥更好的作用、市场发挥决定性作用。目前，在绿色发展条件下，需要重新定义传统工业时代形成的政府职能和市场职能。

二是碳中和的时间窗口，这也是一个比较重要的战略问题。虽然碳达峰、碳中和时间上有先后顺序，但它们之间并没有必然的逻辑关系，不是碳达峰后才开始实现碳中和，而是现在就要按照碳中和的要求彻底转变生产生活方式，实现早达峰和低峰值。2035年我国要基本实现社会主义现代化，从现在到2035年是绿色转型的一个时间窗口期。2020年我国的GDP是100万亿元，到2035年倍增到200万亿元，只需要15年的时间，虽然增长速度大幅度下降了，但时间是稍纵即逝的，如果我们现在不抓紧，就会被锁定在一个高碳状态，再转型成本会更高。

三是路线图，要按照2060年碳中和、2030年碳达峰的目标来倒逼。它不是选择题，而是应用题，全国不同的行业、不同的地区的情况不一样，应制定一个个不同的五年计划。具体的路线当然有很多学问，包括电力体制改革、成本和收益分析、曲线斜率等，这些都有非常大的讲究。

四是实现机制，从传统的发展模式跳到绿色发展的新模式，相当于从旧分工结构跳到新分工结构，从化石能源结构跳到新能源结构，从燃油车结构跳到智能电动汽车结构。要实现这种跳跃，有以下几个条件。

　　首先，政府要下决心。领导人要有远见卓识，看清楚状况，采取政策行动。这是非常重要的。一个国家如果看到绿色发展代表了未来方向，就会看到别人看不到的东西。

　　其次，要有新的市场约束条件。如碳达峰、碳中和限制，以前允许放开排放，现在就要严格限制，碳中和需要净零碳排放。

　　最后，要形成稳定的市场预期。市场看到化石能源没有前途，就不会去投资。虽然国家还没有禁止化石能源，但市场已经给出明确反应。现在化石能源企业的相关融资已经比较困难了。新能源和电动汽车代表未来的方向，相关市场就有大量投资。如果具备了这些条件，实现碳中和的目标就有了良好的社会环境，就会建立起"自我实现"的机制。

　　还有一个战略性问题是，实现碳中和有两种方式：一是"低碳、低中和"，即减排减到剩一点儿，最后用碳捕捉、碳汇等方式来解决；二是"高碳、高中和"，即还是按照目前的方式来生产，使用碳捕获技术实现目标。美国已经这样做了很多年，其希望在不改变现有生产生活方式的条件下，采用各种方式实现碳捕获，甚至在空气中捕获碳。这实际上是一种所谓的绿色工业文明的思路，认为碳中和只是碳的问题。但实际上，之所以提出"双碳"目标，碳中和要解决的是可持续发展问题，而碳只是可持续发展中的一个维度。如果仅仅把碳的问题解决了，实际上还有很多其他的问题没有解决。如果采用"高碳、高中和"的方式，最终会带来很多副作用，不可能解决根本问题。

　　具体政策应沿着两大方向发力。一是促进低碳新经济发展，如解决新能源、智能电动汽车在发展过程中遇到的问题，包括新能源不稳定问题、上网安全问题、电价问题等。二是要特别重视转型的公正，虽然长远来说转型是一个战略机遇，但首先被冲击的就是化石能源产业，煤炭、石油和一些重化工业相关的部门、行业与地区，还有特定的就业人群会受到影响。国家要采取强有力的措施去帮助其转型，包括提供职业培训、财政转移支付等，甚至对相关地区的政府也要支持，因为这些地方政府的财政来源可能依赖这些行业的税收。这些是非常重要的问题，如果不把这些问题解决了，中国的碳中和与绿色转型就很难推进下去。

这种转型就会带来经济危机甚至社会震荡。即使新能源发展得再好，智能电动汽车发展得再好，这些问题不解决，还会有隐患。其他具体的产业政策、财政与税收政策、金融政策也要和碳交易相配套。

最后要强调一点，现在我们在讨论如何实现"双碳"目标，但"双碳"目标本身不是目的，可持续发展才是根本目的。因此，"双碳"目标本身是实现可持续发展这一根本目的的政策工具，设立"双碳"目标最大的作用，就是倒逼改革和经济转型。

## 马旗戟|

# 实现"双碳"目标是人类新发展的必由之路

马旗戟，信息社会 50 人论坛成员、盘古智库老龄社会研究中心执行主任、中国国家广告研究院研究员、北京大学新媒体营销传播研究中心研究员、中国商务广告协会数字营销研究院院长；曾主持或参与多项电子商务、数字科技、市场创新和数字营销等相关研究课题和项目。

全球范围内实现碳中和，将不仅标志着世界传统工业时代发展模式的结束，标志着世界将生态文明目标与成果作为自身实践的检验之一，而且标志着中国作为世界上最大经济体实践道路开始走向成熟。这个过程为世界各国带来新的发展目标、机遇和挑战，而应对这些挑战则需要形成全球共识，并将这些共识化为实际的行动纲领、计划和措施。中国也将通过实现"双碳"目标向全球展现自己负责任大国的形象，并用自己的实践为他国提供借鉴。

## 一、"双碳"目标是一种发展启示

### （一）对和谐绿色发展的启示

在人类的发展进程中，传统工业时代的高歌猛进给人们留下了深刻印象，以至于几乎大多数人都将西方现代化进程及结果作为中国与发展中国家的标杆。但是，传统工业化带来的后果也是严重的，从生态破坏、环境恶化、气候灾变到城市拥堵，这些都显示中国现代化之路需要重新回归到与自然和谐共生的发展道路上，这既是中国传统"天人合一"辩证关系的现实影响，也是全球（包括发达国家）数字时代的新开始。

### （二）对数字时代新产业革命的启示

以工业化为代表的产业革命取得了巨大进步，近数十年的信息化和数字化变革尤其为人类社会的经济、文化和生活带来了巨大福祉，信息化和数字化成为未来的发展趋势。但是，其也具有继承性和局限性，主要表现为几乎所有产业只关注对既有资源要素的最大占有与使用效率，关注经济产出和财富增值，而忽略了产业本身极速扩张对人所处环境产生的负效应。"双碳"目标所体现的产业绿色革命要改变的正是这个方面，它通过改变产业发展约束条件，通过颠覆或重造产业使其不仅具有经济价值及提供消费效用，而且第一次具备对生态环境的"承诺与修复"功能，这是一次不啻于新的产业革命。

### （三）对人类财富观的启示

自人类社会建立以来，财富观影响着人的经济活动和社会关系选择，从人力、土地到资本、知识、技术，都被视为某种财富的实体或象征，至今仍然大致如此。不过，随着中国全面建成小康社会，人们开始深刻理解"金山银山不如绿水青山"的科学论断，这不只是人们对健康、气候的关切，也是人们对地球作为人类唯一生存地被破坏、被污染及引发严重后果的一种深度担忧，这些推动了"双碳"目标这一全球人的共同行动，这也是人类对经济增长、财富积累和生活方式的一种反思。

## 二、"双碳"目标带来的机遇和挑战

实现"双碳"目标的过程蕴含着人类经济社会发展的巨大机遇，它不单是技术、产业的变革，也是人类生产生活乃至生存方式的主动变革，它不可能一蹴而就，也非一帆风顺，存在大量挑战。

（1）国家经济发展方式面临的机遇和挑战。以往无论各国经济体制体系、发展阶段如何不同，但基本都具有"高能耗、大制造、重产出、轻生态"的特征，全球化又将这种特征扩展至各个国家，导致各国在经济发展中路径相似且负效应累计叠加，造成了严重的生态后果。以"双碳"目标为标志的绿色经济，则把经济社会发展中的生态文明作为自身发展的组成部分而不只是一个外部结果，这是从一个传统结构向一个新结构的转化、变迁和跃升。在这个过程中，各种机会、关系、价值都会涌现，为崭新的绿色经济社会注入动力。

（2）实现"双碳"目标，核心是能源结构，从现实技术和生产来看的确如此。中国的能源结构、能源技术、能源市场成形于 20 世纪 90 年代，在经济需求和节能意识双重需要下，进行了诸多优化、调整和提升，时至今日取得了巨大的进步。当然，这些对实现"双碳"目标来说还远远不够，需要有质的提升，如新能源开发与建设，储能、输能、节能技术突破创新，化石能源降污减排，低耗能产品开发等。有一点应当认识到，中国虽然是煤炭资源储备与使用大国，但在"双碳"目标的视角下必须适当地重新调整思维方式和聚焦点，将中国"高煤炭消耗量"的现实作为一个可调变量而非基础常量，以此来构建新的能源战略和新能源开发建设目标。

（3）在实现"双碳"目标的进程中，许多产业、行业、部门和地区的发展会因此而受到影响，至于是更多地受到制约还是获得激励驱动，则取决于技术、市场和政策等复杂因素的共同作用。仅以交通出行行业为例，它涉及汽车制造、数字智能技术、新能源与新材料、能源供应与市场、市政建设、资源回收再利用、出行服务化等整个产业链条，这些都迫使交通产业发生巨变，运用创新型知识、技术、产品、模式来改变其形态和价值构成，并最终决定其在未来经济体系中的位置和贡献。不过，需要认识到，这一转型是不可逆的，甚至要加快转型速度。

（4）技术与产品创新的作用。在"科技创新"成为中国经济社会新一轮发展的主动力和主路径之后，迫切需要选择关键、核心和急需的方向，"双碳"目标为其提供了极佳的抓手和落脚点。围绕这一领域的所有技术几乎都对与其相关的产业链条、运营方式和产品体系产生了变革性影响，无论是工业制造、建筑与基建，还是交通运输、居民生活。虽然与碳中和相关的技术貌似无法与芯片、生物、航天这些领域的尖端科技相比，但在提升经济质量和铸就经济基础方面，它们是极其重要的，在未来数十年，它们可能是中国最重要、最活跃的技术创新领域。

（5）城乡融合和生活与"双碳"目标密切相关。人们常常认为，实现"双

"碳"目标是城市和工业区的事情，因为截至目前，人类经济活动的确主要发生在这些地区，实现"双碳"目标的具体工作也主要在这些区域展开，但有三个简单的理由决定了实现"双碳"目标的工作不仅在城市而且在农村：其一，实现"双碳"目标的结果效应遍及全球，而不限于某一局部，青山绿水和蓝天白云同时覆盖城市和农村，但它受城市绿色发展的决定性影响；其二，农村与农业（广义的农林牧渔）在实现"双碳"目标的过程中不可或缺，其中包括农村与农业生产、运输过程，也包括庞大农村人口的生活与消费中的碳排放问题，特别是考虑到中国农村少数地区还存在非绿色经济活动（如高排放、高污染的中小企业等），这点尤为重要；其三，在中国城市化进程中，广大农村人口将成为城市居民、产业工人，他们当下及此后对"双碳"目标的认识和接受程度、学习和实践水平，会长远地影响整个中国实现"双碳"目标的进程。

（6）全球实现"双碳"目标需要更好的国际协作。虽然全球大部分领先的经济体对碳中和目标和期限等都有了基本共识和约定，但这不等于目标会轻而易举地达成，更不等于各国之间在未来不会发生基于不同认识、利益的矛盾和冲突，如果再纠缠上其他国际政治与经济矛盾，这一进程肯定不是一帆风顺的。因此，各国之间如何协调政府与产业的立场、策略，如何公平合理地利用新技术，如何有效构建碳交易市场体系等都是重大考验，做得好，各国之间有了新的信任和协作基础；做得不好，则各国可能进一步增加猜忌和冲突。

此外，经济的国际大循环包含了中国企业的海外实践，在这个过程中，走出去的企业无论是在西方发达国家还是在亚非拉较为落后的经济体中，都应当与中国"双碳"目标的战略、态度保持一致，而且在具体的海外投资、经营行为和市场活动中践行朝这一方向的努力，这也体现了中国承诺、中国责任和中国实践。

## 三、实现"双碳"目标的进程中需要更多共识

实现"双碳"目标有利于人类可持续发展，有利于人类生活得更好，也有利于为经济提供新的活力和驱动力，这些都已经在国际社会尤其是政府与专业人士间形成基本共识，但仅有这个总体共识还不够，需要更细致、更具体的共识，并将共识转化为具体行动。

（1）关于"双碳"目标的具体演化发展会是一种什么样的形态？显然，它不是靠一种简单的技术就可以完成的，如把 4G 切换成 5G；同时，也不应当在碳达峰之前使用传统模式将生产力发展至顶峰，然后再用数十年时间实现碳中和。我们应当形成共识，即实现"双碳"目标应当走一条"碳低峰，碳中和"而不是"碳高峰，碳中和"之路，这不仅是为了低风险、低成本地实现碳中和，更重要的是考虑在达到碳中和之前，中国的经济生产规模本身在持续增加，唯有从现在起将低碳与发展做一个最佳平衡，才有可能实现最终目标，如果尝试"先高达峰，再强中和"路径，将十分危险。

（2）我们还需要从经济的供给与需求、技术与市场、产品与消费方面寻求多方共识。中国现阶段还是发展中国家，存在大量需要解决的问题，如提高城市化率、消费普及和品质升级、增加基础设施建设与公共服务等，这些都决定了"双碳"目标的实现不可能走简单的收缩、降低排放之路，必须对（以能源为代表的）供给侧实施结构性改革，进行（以节能降碳为代表的）技术创新突破，开发新的低碳产品与服务，并且伴随对需求结构的调节，降低市场交易成本，引导社会机构主体和公众适应绿色消费的生活生产方式。

（3）整体经济的转型需要付出巨大成本和代价，特别是中国传统能源结构会使化石能源行业有极大困难，需要政府给予产业政策方面的引导与支持。这些产业政策应当更多地侧重于降低技术创新、市场交易中的"制度性成本"，并有利于提升消费效用和权益，而非简单地给予行业和企业补贴。此外，政府、行业组织也需要积极参与全球碳中和体系、规则与标准的设计与制定过程，为中国争取必须、必要的权利，同时需要为那些优秀企业提供良好的政策性环境，并加快与实现"双碳"目标相关的法律体系、交易规则和产品服务标准的综合建设。

（4）中国从 20 世纪 80～90 年代就开始不断地进行生产方式的进步和转型，并且成为社会公众的一种普遍认知，但那时的进步和转型更多地集中于生产本身，从粗放到节约，从同质到有特色，从廉价到有竞争力，从重规模到重品质，本质上还是关注生产效率、技术水平和产业竞争，而"双碳"目标使企业与企业、国家与国家的竞争变成了全球同一个目标，不单是产业、行业和企业置身其中，政府、社会和公众，生产、生活和消费全部融合其内，这是一个人类社会集体转型的进程。让中国公众认识和认同这点，非常重要，这样可以更好地融合促进，实现目标。此外，我们还必须对此进行更多研究。例如，实现"双碳"目标的过程中如何更好地运用产业竞争、市场竞争、消费者效用理论，如何实现更好的社会公平和代际公平等。

## 四、"双碳"目标的中国实践意义

从哥本哈根到巴黎，从西方国家到中国，碳中和成为全球的一个重要目标、一个承诺和一个责任。

碳中和是一个时限内各国在绿色发展方面的最终目标，但它并不是人类绿色发展的最终目标，良好的生态文明才是我们的长远目标。同时，"双碳"目标又是实现良好的碳生态的一个具体路径，它将是持续的、不间断的，不应当将其机械地理解成两个阶段，或者一个阶段的两个部分，事实上，我们应当从现在就开始全力以赴，碳达峰只是自然出现的一个标识。

我们可以将"双碳"目标视为全球面向人类未来美好生存与可持续发展的一次共同协作，它也是中国在新时期、新理念和新格局下的一次发展方式转变，它为中国传统产业的生产方式转型提供机遇，提升公众的生活理念，为中国经济和科技创新提供动力，也为子孙后代提供良好的生态文明环境。

中国政府与社会多元主体对"双碳"目标的承诺和实践，展现了中国作为负责任大国和积极参与全球治理的形象，同时证明了中国的高速发展不会对世界的资源、环境造成不良影响，中国发展不但可以长久持续，而且可以为其他经济体提供可借鉴参考的范本。

## 梁春晓|

# 人口老龄化下的社会转型、趋势与挑战

梁春晓，苇草智酷创始合伙人，信息社会 50 人论坛、老龄社会 30 人论坛、新服务 30 人论坛理事，盘古智库老龄社会研究中心主任，中国红十字基金会理事，中国老年保健协会康养分会会长，阿里研究院高级顾问；长期致力于研究电子商务、信息社会、老龄社会，以及推动商业创新和社会创新。

近年来，我国人口老龄化趋势引起社会广泛关注，特别是第七次人口普查（以下简称"七普"）结果公布以后，大家更加清晰地看到我国整体人口结构及老龄化的现状。

"七普"数据显示，我国人口总量为 14.11 亿人。预计人口达峰时间将提前到 2025—2030 年，人口达峰的数量也会低于 15 亿人，低于以前的预测。人口分布变化显著，北方人口持续减少，东北人口数量只占全国不到 7%，比 2010 年下降 1.2 个百分点，南方人口尤其是东南人口持续增加。人口数量下降的有东北三省、山西、内蒙古和甘肃六个省区，全在北方。大家知道从黑龙江黑河到云南腾冲有一条"胡焕庸线"（中国人口密度对比线），看来"胡焕庸线"上部有向南漂移的可能性，经济和人口重心逐渐向南方转移。同时，城市人口持续增加，乡村人口持续减少。

根据"七普"数据，我国 60 岁以上人口占比达 18.7%，这是 2020 年的数字，预计再过两三年，即在 2022—2023 年，这个数字就会达到 20%。这意味着我国进入老龄社会的时间点比以前预测的要早，人口老龄化速度超过以前预测的速度，人口变化趋势比原来认为的更加陡峭。

## 一、从年轻社会到老龄社会：人类史上最大的灰犀牛

人口老龄化是人类有史以来从未有过之大变局。与其他人口老龄化国家相比，我国的人口老龄化堪称"超级老龄化"。

一是超大规模。我国人口基数大，导致老龄人口规模也大，居世界第一。

二是超快速度。我国从老龄化社会（60 岁以上人口占比 10%）到老龄社会（60 岁以上人口占比 20%）仅用了约 24 年，用时之短在全世界名列前茅，比以"老龄化速度快"著称的日本还要快。

三是超早阶段。与较发达的老龄化国家相比，我国是在经济发展水平较低的阶段进入老龄化社会的。换言之，日本是在国家比较富裕的时候才进入老龄化社会的，而我国是在不太富裕的时候就进入老龄化社会了。前几年有研究机构对北京市养老机构做了一个研究，发现一方面有大量老人需要入住养老机构却住不进去，另一方面有接近 50%的床位没人住，为什么？主要原因是没钱，许多老人想住、需要住，但没有支付能力，而养老机构的成本已经几乎压到最低了。可见财富积累对养老的影响有多大。发达国家、财富积累比较多的国家的一些老龄服务模式，我们很难借鉴。在北京，假如老人每个月有能力支付两三万元，就基本不用担心养老服务问题，可以选择一些高端的养老服务。而在北京 60 岁以上的失能/半失能老人中，有相应支付能力的极少，甚至有每月 8000 元养老服务支付能力的，也不到这些失能/半失能老人总数的五分之一。所以无论是从社会和政府角度，还是从个人角度，迫切需求解决财富问题，这是我国在人口老龄化方面面临的一大重要挑战。

四是超稳结构。许多人以为赶紧鼓励生育，再过二三十年老龄化就缓解了。不是这样的。专家预测，一直到 21 世纪末，我国都将一直处于超级稳定的重度老龄社会，人口老龄化进程不可逆转。

所以我国今天面临的挑战是人类有史以来最大的"灰犀牛"，是在超级老龄化驱动下，从年轻社会向老龄社会的大转型。对此，我们的认知和准备远远不够。

如图 1 所示，直到 20 世纪 60 年代，我国人口结构还是典型的金字塔结构。但到 20 世纪 90 年代，人口金字塔塔基变窄。随着 20 世纪 80 年代计划生育政策的实行，以及生活水平和医疗卫生条件的持续改善，新生儿数量不断减少，预期寿命不断提高，如今人口结构变成了"倒梯形"，少儿人口、劳动年龄人口和老龄人口三个人口板块的比例关系发生了重大变化。20 世纪 60 年代，少儿人口和劳动年龄人口比例都很高，老龄人口比例不高。今天则完全不同，老龄人口比例快速提高，劳动年龄人口和少儿人口比例持续走低，老龄人口和少儿人口数量基本持平。有人说老龄化是伪命题，只要重新定义何为老年（如提高到 70 岁以上），老龄化就不存在了。这是不对的。哪怕把老年重新定义为 100 岁以上，人口结构都不会改变，这些图的形状都不会改变，而今天和未来将要面临的挑战，都是人口结构的变化带来的。以养老金为例，随着劳动年龄人口比例下降，老龄人口比例持续上升，缴养老金的人越来越少，领养老金的人越来越多，领的时间也越来越长，人口结构变化导致养老金体系在众多老龄化国家都面临压力，日本如此，美国也如此，欧洲甚至关掉了一些政府办的老龄服务机构。所以说，我们面临的是从年轻社会到老龄社会的结构性变化，今天和未来面临的诸多挑战，都来自该结构性变化。

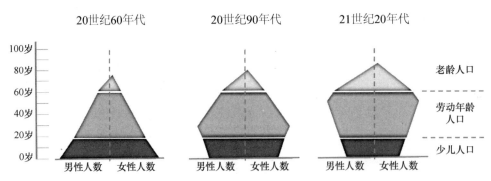

图 1　从年轻社会到老龄社会

## 二、新生命形态：新长度、新结构、新呈现

一是新的生命长度，即更长寿。

二是新的生命结构，即第三人生。从事"康养行业"的需要对此特别关注。

农耕社会基本无所谓退休，人们一直干到失能为止，失能之后的生命时间一般不会太长。进入工业社会以后，一百多年前开始有了退休制度，但很长一段时间，人们退休之后的健康时间并不长，其人生基本就是两个阶段：劳作之前的第一人生，以及开始劳作之后的第二人生。现在，越来越多的老年人退休之后依然健康，不是健康三五年，而是健康十年、二十年甚至更长时间，这就产生了人类历史上从来没有过的新的人生阶段——第三人生。这非常重要。怎么认识、面对、支持和服务好第三人生，正是康养行业需要思考的一大重点。此外，对于第三人生，人们不是被动地、消耗性地、无意义地过，而是主动地、有价值地、有意义地过。

我国 60 岁以上的老人有约六分之一为失能或半失能状态，80%以上是健康老人。养老政策要精准，要有针对性，要切合真实需求，不要将本就有限的养老资源不加区分地泛用甚至滥用。针对处于第三人生期的健康老人和失能/半失能老人，应该采取迥然不同的政策和服务模式。

三是新的生命呈现，即人机融合。有一个说法叫"后人类时代"，是说自然意义的人正在消失，我们正在步入人类以后的时代。人与机器、与人工智能的联系已经密不可分了。未来无论是服务对象还是服务主体，都会呈现越来越普遍、突出和全面的人机融合状态。事实上，我们在一定程度上已经是人机融合的人了。如果对此怀疑，那就从现在起三天不用手机，不用任何机器、网络或人工智能，看看你的生活状态会怎样。

## 三、新社群形态：小型化、离散化、多元化

人的社群形态也在变化，突出表现为"两高两低"，即离婚率高、空巢率高、结婚率低、出生率低。在我国数千年历史中，三世同堂、四世同堂乃至大家族生活是非常普遍的社群形态。以前，今天所面临的一些养老需求大多是通过这样的大家庭、大家族来应对的，一是那时老龄人口比例不高，二是那时老人失能后的生命期不长，三是大多数老人有众多子孙赡养，个别鳏寡老人可由大家族或宗教机构（如佛教安养院、悲田院等）负责。一百年前，如巴金《家》《春》《秋》所描写的，大家庭开始解体，大家族更不必说，小家庭开始成为主流。现

在呢，小家庭进一步离散，单身人口比例越来越高，家庭户均人口从 1982 年的 4.41 人减少到 2017 年的 3.03 人，2020 年则进一步减少为 2.6 人。这些都是考虑我国老龄社会服务体系的重要背景。谈到养老服务体系，经常提到的是"9073"或"9064"，即 90%的老人靠居家养老，但居家养老的前提是有家，如果家不复存在或不是原来意义上的家，居家养老如何实现呢？几千年来，家庭在养老中一直居于核心位置，是最关键的资源、环境和基础，当家庭结构出现离散、解体时，应该重新思考和规划老龄社会服务。这是很大的挑战。

与此同时，在一步步小型化、离散化的同时，人又以各种新的方式聚合起来，出现了各式各样的社群聚集，以及各种非婚姻的共同生活方式，如结伴生活及因各种因素连接的共同生活。在北欧，处于婚姻状态的人口比例已经很低了。

## 四、复杂老龄化：与数字化、城镇化同步共振

我国人口老龄化还有一个特点是"复杂老龄化"。与许多西方发达国家"城市化—老龄化—数字化"的过程不同，我国城市化、老龄化、数字化几乎同步出现，并由此产生共振，带来诸多复杂性。首先是老龄化与数字化同步共振，一方面，老龄化需求拉动了数字化供给，如智慧养老、养老信息化，以及各种与老龄相关的软件、系统和机器人等，老龄化催生了新的数字化需求空间；另一方面，数字化为老龄化提供了重要支撑，如老龄服务需求传递、提高护理质量和效率、应对老龄服务人手不足难题，等等。社区养老、居家养老和机构养老都在不同程度地引入数字化，一些大的互联网平台也在努力进入养老领域。这些都是老龄化与数字化同步共振的正面效应。

未来年轻劳动力将越来越紧缺，有人说中国这么多人不会缺劳动力，但关键不在于总数而在于比例，年轻劳动力比例持续下降。近几年，很多城市搞"人才争夺战"，本质是争夺年轻人，年轻人不足就会制约经济和社会发展。广州、深圳经济发展得好，一个重要原因是，其充分享受了"年轻人口红利"，而老龄化带来的压力却被年轻人出走的地区负担了。

老龄化与数字化同步共振的负面效应进一步加剧了"代际数字鸿沟"。新冠

肺炎疫情使生活、工作、学习及政务和商务的数字化进程大大加速，但健康码、二维码等五花八门的数字化应用也使大部分老年人严重不适应，导致对老年人事实上的"数字歧视""数字排斥""数字隔离"，给老年人生活带来诸多不便。好在该问题在 2020 年年底引起社会广泛关注，政府部门出台一些措施，要求相关场景遏制和避免对老年人的数字歧视，要求相关企业对 App 等数字化应用进行适老化改造。

其次是老龄化与城镇化同步共振。许多东北地区的年轻人去了南方，农村地区的年轻人去了城市，这样的人口迁移和城镇化进程，大大加剧了东北地区和农村地区的人口老龄化，带来许多新的问题，使得这些地区面临的老龄化挑战尤其复杂和严峻。

## 五、新型老龄化：政府、市场、社会三部门协同应对

在我国特有的超级老龄化和复杂老龄化的背景下，我国老龄化必定要走一条具有创新特色的新型老龄化应对之路。多年来，政府、市场和社会都在努力探索新型老龄化应对之路，对人口老龄化和老龄社会的认知快速提高，共识逐步成型，政策逐渐完善，各类社会创新不断涌现。

以一、二、三部门融合应对人口老龄化挑战，是我国积极应对人口老龄化的一大特点。我国对人口老龄化的认知、政策和举措都在进步，从最初的政策创新、市场创新，到后来的政策、市场与社会融合创新，如社会企业等，方式很多，创新不断。2019 年，我国有了《国家积极应对人口老龄化中长期规划》，2020 年进一步将积极应对人口老龄化上升为国家战略。

在国家积极应对人口老龄化的总体思路中，以下三个方面值得特别注意。一是财富储备。财富储备很重要，但如何创造、积累和用好财富储备是个很大的挑战。我们以前主要通过社保来实现，但只靠社保是远远不够的，还需要企业年金、商业保险及信托等多个支柱。二是打造高质量的服务体系和产品供给体系。三是科技创新能力。随着年轻劳动力日益紧缺，通过科技手段和服务创新来改善人口老龄化背景下的劳动力有效供给非常重要。

## 六、老龄产业方兴未艾

与老龄化相关的市场逐步涌现和发育，不再局限于只针对老年人养老的养老产业，而是进一步扩展为老龄产业。老龄产业可以大致分为以下四个板块。第一个板块是适老化改造。很多地方对此重视不够，或者仅将其放在某个产业里。适老化产业非常重要，是事关老龄社会基础设施的数万亿元市场规模的产业。第二个板块是老龄"医康养"、老龄用品和老龄服务，包括生活性服务和生产性服务。第三个板块是老龄地产、老龄金融、老龄文化教育。第四个板块是老龄科技、老龄数字平台和社群。每个板块都有相当规模的细分市场。

据预测，老龄产业的市场规模将从 2014 年的 4 万亿元（GDP 占比为 8%）增长到 2050 年的 106 万亿元（GDP 占比为 33%）。我们今天看到的仅是刚刚冒头的老龄产业，未来的规模将远远超过我们现在的想象。

## 七、老龄社会、老年人、养老所涉范畴依次递减

综上所述，我们面临的是年轻社会向老龄社会的转型，不仅限于老年人，更不仅限于老年人养老，而是整个社会的转型。事实上，如果不着眼于整体或总体的社会转型，养老问题本身也很难解决，甚至无解。

那么康养呢？康养不仅与养老有关，甚至不仅与老年人有关，而是涵盖了社会多个领域，而且是跨领域的，既涉及健康和康复，又涉及养生和养老。关于康养，目前尚无较为清晰的概念、定义，不过没关系，一个新的领域刚开始大多如此，在交流、研究、发现、示范和推动的过程中很多概念会越来越清楚，并吸引和带动更多的人或机构加入进来。

人口老龄化是国家现代化和文明进步的结果，不是问题，更非坏事，不要将其视作洪水猛兽。老龄化不是问题，基于年轻社会的一整套社会体系与老龄化不适应才是问题。要解决的是不适应问题，而不是老龄化问题。当下的社会机构体系几乎都是适应年轻社会的，如养老金体系、办公室设计等，这些都不适应老龄社会，所以要加以改造以适应老龄社会。长久以来与年轻社会相适应的社会保障

制度，也与老龄社会不相适应，也要变革和完善。总之，要解决的是各种与老龄化不适应的问题，而不是老龄化本身。

## 八、老龄社会转型、挑战与对策

从年轻社会向老龄社会的大转型，将经历三个阶段：一是共识启动期（2018—2022 年），旨在探索、凝聚和形成关于人口老龄化、老龄社会及其转型战略的共识；二是基础建设期（2023—2035 年）；三是社会转型期（2036—2050 年），最终形成和实现有适老化基础设施和制度环境，有创新型经济、政务和社会支撑平台，有全面服务体系，面向多元主体的全龄包容、多元共享、智能创新的老龄社会。

在从年轻社会向老龄社会转型的过程中，会面临非常多的挑战，下面给出主要的八项挑战及相应的对策。

一是基础设施严重不适应。对策是启动适老化基础设施改造工程。既有的基础设施是基于和面向年轻社会的基础设施，迫切需要适老化改造，包括居家适老化、社区和公共设施适老化、交通适老化、信息交流适老化及商业适老化等。此外，世界卫生组织多年前提出构建老年友好城市，国家卫健委也在推动创建老年友好社区。

二是年轻劳动力紧缺。对策是释放 3 亿人的老年劳动力资源，提高全要素生产率：一方面是通过制度创新、社会创新释放老年劳动力资源，如改善和创新退休制度；另一方面是通过技术创新、金融创新提高全要素生产率，让一个人能发挥两个人或更多人的作用。

三是养老金入不敷出。对策是推动全要素、多支柱、阶梯式的养老金体系，多渠道满足人们对养老资金方面的需求。

四是少子化。对策是推行生育自由、生育平权和生育福利。

五是区域及乡村衰落。对策是促进多极城市群视角下的区域与城乡均衡。

六是社会互助服务不足。对策是鼓励以时间银行为代表的社会互助服务创新。

七是代际数字鸿沟。对策是倡导以全龄包容为导向的设计、评估与服务体系。

八是生命、权利和医疗资源悖论。对策是推动面向未来的生命教育、生前预嘱与缓和医疗。

# 张新红|
# 共享养老助力缩小代际数字鸿沟

张新红，信息社会50人论坛理事、2021年度轮值主席；长期从事信息社会和数字经济理论、实践及政策研究，参与一系列相关政策的研究制定工作。

新冠肺炎疫情期间，一些老年人不会使用健康码、看病不会用手机挂号缴费等事件频发，引发了业界对"代际数字鸿沟"的关注。代际数字鸿沟是指不同年龄阶段的人群在拥有和使用现代信息技术方面存在的差距。现阶段缩小代际数字鸿沟的难点在于如何让老龄人口不被数字时代落下，出路在于让数字技术赋能和服务老龄人口。《中华人民共和国国民经济和社会发展第十四个五年规划和2035年远景目标纲要》提出要实施积极应对人口老龄化的国家战略，开发适老化技术和产品，培育智慧养老等新业态。国内外关于共享养老模式的探索实践有可能帮助我们找到化解矛盾、解决问题的新途径。

所谓共享养老，就是利用互联网等现代信息技术整合分散化的社会养老资源，以使用权的分享为特征，满足多样化养老需求的经济活动总和。共享养老是一种新的养老模式，是共享经济在养老领域的创新应用，重点在于盘活全社会的养老资源，服务全部的老年人。如果按照传统的养老模式，可能我们的资源永远不够用。如果用共享经济的模式去用好这些资源，可能我们将来遇到的难题会少很多，难度也会小很多。因为共享经济的核心要义就是，用更少的资源满足更多的需求。

研究发现，现有大多数养老模式都可以用共享经济的方法进行改造提升。下面介绍几种共享养老的新模式。

## 一、候鸟式养老

现在已经有不少北方老年人选择到海南、成都、西双版纳等南方城市过冬，这就是典型的"候鸟式养老"模式。事实上，当北方人到南方过冬时，也有不少南方人期望到北方体验冰雪世界。这样，相关的土地、房屋、旅游资源等都可以通过共享的方式发挥更好的作用。候鸟式养老，也就是大家经常说的旅居养老，其基本特征就是在合适的季节到合适的地方去。只要在不同地方拥有房产，老年人就可以换住，甚至其都不需要购买房屋，使用别人的房屋就行。只要有这样的房源可以提供给老年人居住，就可以通过互联网把这些房源串联起来，任何人在需要的时候在平台下单就可以了。也就是说，候鸟式养老用共享的办法是完全可以实现的。

## 二、抱团养老

抱团养老的一个基本说法是"爱人在身边，朋友在隔壁"。一群合得来的朋友选择一个地方，大家在一起租房或买房，在一起生活，可以喝茶、打牌、聊天等。美国得克萨斯州的四对夫妇抱团养老的模式在网上广为流传，国内现在也有对这种方式的探索。将来有了互联网平台，就不一定非得是大学同学或同一个公司的员工才能一起抱团养老，人们可以通过共享的办法，随时在网上找到拥有共同爱好的人，大家一起到一个地方居住、养老。这里涉及的共享资源就是土地和房屋，当然也涉及周边的旅游资源。具有优美环境、丰富旅游资源的地方，将来都可以通过共享养老的平台发展抱团养老项目。

## 三、搭伴养老

搭伴养老也叫同居养老，据说在德国已非常流行。也许你一个人在家时会有人过来敲门："我们同居吧！"如果合适，你们就可以一起居住，互相照顾。除了老年人一起居住、互相扶持，现在还出现了一些新的模式——老年人和年轻人搭伴。比如说某个年轻人到一个新的城市打工、上学，他没有房子，也付不起越来越高的房租，而老年人守着一个大房子却无人照顾。在此情况下，两人搭伴，年轻人住进去之后可以每周抽一天时间帮忙做家务，以此换取房租的免除。这种模式目前在国内外都有人尝试，但还没有出现比较大型的平台。老年人可能拿出自己的房产资源来共享，年轻人共享的是他的一些时间和精力，如帮老年人买菜、打扫卫生、取快递、修花园或陪老年人聊天。

## 四、众筹养老

在一个山清水秀、风景优美的地方，通过众筹就可以用很低的价格拥有一个小木屋，这就是共享小木屋。不同人在不同地方有小木屋，将来其可在全国各地甚至世界各地交换使用。在最合适的时间到最合适的地点住最好的小木屋，相信这样的养老模式也有很多人期待。类似这样的众筹养老模式在国内已经有人开始探索，但真正做大的平台还没有。众筹养老模式涉及的共享资源主要是土地、房屋、资金等。

## 五、共享姥姥

近年来，德国出现了一个非常有意思的共享经济新模式，叫"共享姥姥"。老太太的孩子不在自己身边，谁家需要有人帮着带孩子，老太太就可以上门当姥姥去。年轻人当然也很需要一个贴心的姥姥帮忙照顾孩子。久而久之，老太太真变成孩子的姥姥了，年轻人也会把她当自己家的姥姥一样去孝敬。当中国老龄社会到来时，相信这样的需求也会增加。国内目前有共享家政、共享月嫂的平台，但共享姥姥（不以赚钱为目的）的平台还没有出现。共享姥姥涉及的资源主要是劳务、知识、时间和情感。

## 六、时间银行

时间银行是20世纪80年代发展起来一种义工服务模式，一个人可以把做义工的时间存起来，在其需要的时候可以享受同等时间的义工服务。很多国家都有时间银行模式，我国很多城市也有，但数十年过去了，都没有做大。因为它没有利用互联网，没有真正建立大型的共享平台。时间银行也算一个共享模式，但因为没有建立互联网平台，所以很难做大。在一个城市内、一个小区内做时间银行，会受区域的限制、资源的限制。将来如果有基于互联网的大型平台做时间银行的话，那么它就可以不受地域、不受资源的限制。时间银行就可以与志愿者服务结合起来，从而有更好的发展机遇。

## 七、共享陪护

很多老年人不想去养老院，因此共享陪护、在家陪护这样的模式就应运而生了。现在国内的网约护士就是共享陪护的一种，国内六七个省份已经在做试点，相信将来会有较好的发展前景。目前对于共享护士存在一些争议，但大家担心的问题都是发展过程中的，可以在发展中逐步解决。共享家政也是共享养老服务中的一种需要。例如，如果家里有老年人需要照顾，可以通过共享家政平台找到一个合适的住家保姆或钟点工。自愿结合、智能化匹配加上信用保障机制，这样的共享模式已经非常成熟。其他如共享陪聊、共享走路等模式也有人在做。在美国就有这样的陪聊或陪走路服务，起步价是每小时 30 美元。共享陪护涉及的共享资源主要是劳务和知识。

## 八、共享养老院

从统计资料看，2019 年年底，全国养老机构约有 3.4 万家，共有 761 万张床位，相信将来肯定会更多，因为用现在这些资源来满足我们的养老服务需求是远远不够的。目前，我国 60 岁以上的老年人有 2.55 亿人，据说 2020 年独生子女家庭有 2 亿户。这些家庭的老年人将来指望儿女们在身边照顾几乎不太可能。即便 10%的老年人需要住养老院，至少也得有 2000 多万个床位，所以将来肯定要大幅度地增加床位。现有的这些养老机构的资源使用也存在一些结构性问题，有的可能很紧张，有的可能使用率不够高，而且不同的季节、不同的时间段使用率也会有所不同。如果用共享的办法，哪个地方有空闲资源就去哪儿养老，或者提出需求，等人接单，这样人们就可以选择在不同的季节到不同的地区去养老。

## 九、共享社区养老

社区养老对于我国来讲有现实意义。以社区为中心，依托互联网平台整合周边的社会养老资源，通过共享的方式满足多样化的养老需求，在理论上行得通，在实践上也已经有不少地方开始探索。这方面可以参考共享办公模式的经验，一些共享办公平台已经整合了 500 多种资源和服务，将来共享社区养老平台甚至可以整合更多的资源，不仅可以为老年人服务，还可以带动其他方面的社区服务。

未来也许会有更多更有效、更有发展前景的共享养老模式。如果将共享思维用于养老服务的所有资源，对于很多现在感觉难以解决的问题，也许能找到比较好的解决方案。要构建真正理想化的共享养老大环境，我们还有很长的路要走。我们现在就应该做一些努力，也到了该努力的时候了。

总之，共享养老是数字化和老龄化自然耦合的必然产物。对于中国来说，发展共享养老具有特殊意义，也有巨大的市场潜力。服务老龄社会是数字经济的使命，也是数字经济的机遇。利用数字经济缩小老龄社会的代际数字鸿沟，需要做的工作很多，需要政府、企业、社会组织、家庭和个人一起努力，更需要技术创新、模式创新、制度创新和理念创新。

左美云、刘　浏|

# 智慧健康养老发展脉络：基于 2009—2020 年养老政策的分析

左美云，信息社会 50 人论坛成员，老龄社会 30 人论坛成员，中国人民大学信息学院副院长及教授、智慧养老研究所所长，中国老年学和老年医学学会智慧医养分会会长；出版专著《智慧养老：内涵与模式》《智慧养老：服务与运营》。

智慧健康养老由于能有效实现医养结合、康养结合，能实现减人增效、降低成本、扩大服务规模，能实现规模经济和范围经济，得到了各界的响应和关注。政府为了促进智慧健康养老的发展，出台了一系列的政策。为了更好地了解智慧健康养老政策的发展过程和相关政策的执行情况，本文对 2009—2020 年的 187 个养老相关政策进行了梳理和分析，划分了智慧健康养老政策的发展阶段，分析了政策关注的内容，并针对智慧健康养老专门分析了关键政策的执行情况，在此基础上对未来政策的制定提出了建议。

## 一、智慧健康养老政策阶段划分

本文所用数据均来自中华人民共和国中央人民政府网站及其外链的国务院部门网站，由于在这些网站可以检索到的数据中，从 2009 年开始每年都有新的与养老相关的政策，因此我们将 2009 年选为数据起始年份。

为了更好地区分不同政策，本文采用 S（Smart，智慧）、H（Health，健康）和 E（Elderly，老年人）分别代表与智慧技术相关的政策、与健康相关的政策和与养老相关的政策，并使用"政策类别-发布年份-政策当年序号"的方式对所有政策编号。例如，政策 E-2019-1 表示该政策是侧重养老方面的政策，是 2019 年发布的第 1 个政策；政策 HE-2009-1 表示该政策是包含健康和养老两方面的政策，是 2009 年发布的第 1 个政策；而政策 SHE-2017-3 表示该政策是覆盖智慧、健康、养老三方面的政策，是 2017 年发布的第 3 个政策。历年政策分布情况如表 1 所示。

表 1　历年政策分布情况

| 年份 | 单纯养老（E） | 智慧养老（SE） | 健康养老（HE） | 智慧健康养老（SHE） |
|---|---|---|---|---|
| 2009 | 3 | | 1 | |
| 2010 | 3 | | | |
| 2011 | 4 | | | |
| 2012 | 5 | | 1 | |
| 2013 | 9 | | 4 | |
| 2014 | 12 | 1 | 1 | 1 |
| 2015 | 15 | 1 | 1 | |
| 2016 | 11 | | 2 | 1 |
| 2017 | 14 | | | 4 |
| 2018 | 14 | | | 6 |
| 2019 | 22 | 1 | 6 | 3 |
| 2020 | 18 | 4 | 13 | 6 |

　　2009—2012 年，每类政策数量都较少，从 2013 年起，政策数量大幅度增加；在不同类别的政策中，关于养老政策的总数最多，其次是健康养老政策和智慧健康养老政策，而智慧养老政策的数量较少。值得注意的是，2019 年和 2020年，与健康养老相关的政策增长很快。这可能是因为自 2018 年国家卫生和计划生育委员会更名为国家卫生健康委员会后，政府对养老和健康相关事宜的管理结合更加紧密，所以智慧健康养老政策和健康养老政策的数量都比智慧养老政策的多。另外，2020 年的健康养老政策数量大幅度增长也与新冠肺炎疫情背景下的老年人健康防护和养老院管理有关。从单独类别数量上看，单纯养老类政策从 2013 年开始有较多增长，健康养老类政策从 2009 年起断断续续出台，近两年政策数量较多；智慧健康养老类政策从 2017 年开始保持相对稳定的数量，而智慧养老类政策数量最少，只在其中四年有少部分政策出台。

　　一般来说，我国政策的出台具有延续性，一些政策中会提到该政策出台所响应的政策和精神，提到该政策出台的诱因。政策被引用次数多代表该政策层级可能更高、关注内容更为重要。我们以政策间的引用关系构建了政策的关系网络，如图 1 所示。其中，图中节点大小表示相应政策被引用次数的多少，黑色节点是被引用次数较多的三个节点，没有引用关系的政策未在图中呈现。

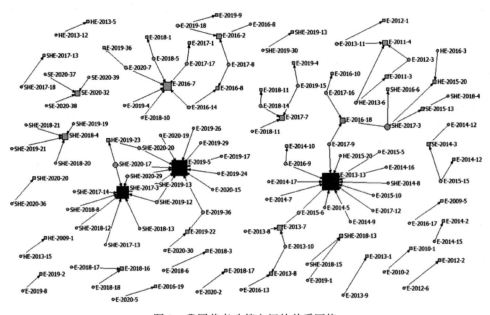

图 1　我国养老政策之间的关系网络

由图 1 可知，网络中最重要的三个政策分别是 E-2013-13、SHE-2017-3、E-2019-5，这三个政策分别为《国务院关于加快发展养老服务业的若干意见》（国发〔2013〕35 号）、《工业和信息化部　民政部　卫生计生委关于印发〈智慧健康养老产业发展行动计划（2017—2020 年）〉的通知》（工信部联电子〔2017〕25 号）（以下简称《行动计划》）和《国务院办公厅关于推进养老服务发展的意见》（国办发〔2019〕5 号）。

被调用最多的政策为《国务院关于加快发展养老服务业的若干意见》，发布于 2013 年。该政策发布后，我国养老政策发布数量迅速增加。为了积极应对老龄化、推进经济持续健康发展、解决当时养老服务业问题，该政策统筹规划了养老服务业发展的城市、农村、居家、机构、消费和医疗等多方面内容。被调用第二多的政策是发布于 2017 年的《行动计划》，作为三个关键政策中唯一与智慧健康养老相关的政策，它从技术产品、服务、平台、标准体系、网络安全等多方面考虑和规划了智慧健康养老产业近几年的发展，极大地促进了智慧健康养老产业的市场培育。而《国务院办公厅关于推进养老服务发展的意见》发布于 2019 年，其针对老年人对服务不满意、服务商盈利难和行业机制不完善的问题提出政策指导，以期进一步破解养老服务发展的痛点。

自新冠肺炎疫情出现以来，各地纷纷启用类似健康码这样的手机 App，给许多不会使用智能手机和相应 App 的老年人造成很多不便，甚至使他们产生心理上的"无助感"或"被时代抛弃"的感觉。健康码的问题只是冰山一角，健康码引起社会的广泛关注后，社会各界蓦然发现，其实老年人还面临在线支付和在线挂号等移动互联网产品使用方面的诸多困难。为了有效解决老年人在运用智能技术方面遇到的困难，让广大老年人更好地适应并融入数字化社会，2020 年 11 月 24 日，国务院办公厅发布《关于切实解决老年人运用智能技术困难的实施方案》（国办发〔2020〕45 号）。

在国务院文件的基础上，2020 年 11 月，全国老龄工作委员会办公室发出的《全国老龄办关于开展"智慧助老"行动的通知》（全国老龄办发〔2020〕3 号）中决定用 3 年时间开展"智慧助老"行动，利用 3 年时间，动员社会各方力量共同努力，推动老龄社会信息无障碍建设，促进全社会推进适老化改造和升级，提升老年人在运用智能技术方面的获得感、幸福感、安全感。这是"智慧助老"第一次正式出现在全国性的文件标题中，该文件给出了具体的智慧助老行动安排。文件中规定，到 2022 年 12 月，要对"智慧助老"行动进行总结评估，将各地在行动过程中形成的经验和做法在全国推广，并适时上升为国家政策。这也标志着，国务院办公厅发布的《关于切实解决老年人运用智能技术困难的实施方案》这一政策开始实施和落实。

我们可以基于以上四个政策发布的时间点将 2009—2022 年我国智慧健康养老政策发展分为四个阶段：启蒙Ⅰ期（2009—2012 年）、启蒙Ⅱ期（2013—2016 年）、探索Ⅰ期（2017—2019 年）和探索Ⅱ期（2020—2022 年）。2009—2012 年可以查询到的养老政策数量较少，我们称之为启蒙Ⅰ期，这个阶段智慧养老的概念开始被学术界提出，但智慧健康养老政策尚处于酝酿阶段，彼时大多数政策关注的都是养老金和政府养老保障，关于老年人养老和健康需求的政策较少，偶尔会提及养老信息化的内容。

2013 年，《国务院关于加快发展养老服务业的若干意见》从国家层面提出了完善养老服务的规划，养老服务业发展开始加快。我们称 2013—2016 年为启蒙Ⅱ期，该阶段内养老政策关注内容增多，随着信息技术发展，智慧养老、医养结合、智慧健康养老、智慧健康和智慧医疗的概念逐渐被接受，相关政策也开始发布。

我们称 2017—2019 年为探索Ⅰ期，其间政府发布了较多智慧健康养老相关的政策，特别是发布于 2017 年的《行动计划》是一个关键性文件，其包括试点评选、服务和产品推广等内容，从多方面规划了智慧健康养老产业的发展，这个阶段开始深入探索智慧健康养老的各种发展模式。

2020 年，国务院办公厅印发《关于切实解决老年人运用智能技术困难的实施方案》，从老年人日常生活的 7 个场景出发，给出相应的智慧技术解决方案，让老年人能够真正享受智慧服务的便利，开启智慧健康养老的新发展阶段，即进入探索Ⅱ期。我们希望到 2022 年——全国老龄工作委员会办公室推动的"智慧助老"行动收官之年，能结束探索Ⅱ期，进入成长期。

为了落实国务院办公厅印发的《关于切实解决老年人运用智能技术困难的实施方案》，2020 年 12 月 24 日，工业和信息化部印发了《互联网应用适老化及无障碍改造专项行动方案》（工信部信管〔2020〕200 号），决定自 2021 年 1 月起，在全国范围内组织开从展为期一年的互联网应用适老化及无障碍改造专项行动。这次专项行动的重点工作之一是开展适老化及无障碍改造水平评测并将其纳入"企业信用评价"，并根据适老化及无障碍建设水平评测结果，对符合要求的互联网网站、移动互联网应用（App）授予信息无障碍标识（   ）。这个工作很有价值，相信也能引导相关企业开发更多的适合老年人使用的产品。

## 二、智慧健康养老政策内容分析

### （一）全部养老政策内容所用工具分析

本文的分析框架分为以下两个维度。一个维度是 Rothwell 和 Zegveld 提出的政策工具分类，他们将政策工具分为供给型、需求型和环境型。供给型工具指政府采用的扩大供给、改善要素供给状况等措施，提供行业推力；需求型工具指政府通过采购、外包等多项措施扩大市场需求和减少市场不确定性，提供行业拉力；环境型工具指政府采取措施提供更有利的政策和市场环境，提高行业影响力。另一个维度则来自国家统计局发布的《养老行业统计分类（2020）》，我们将其中的分类整合修改成两个大类：产品与服务类、支撑与保障类。我国养老政策工具与类型分析如表 2 所示。

从养老行业的属性维度看，使用工具较多的政策类型是产品与服务类中的养老照护类政策（105 个）和医疗健康类政策（53 个）；支撑与保障类中的智慧养老类（46 个）、社会保障类（39 个）、公共管理类（36 个）政策使用工具数量中等；之后是医养结合类政策（27 个）；老年产品类（13 个）、养老设施类（13 个）、养老金融类（12 个）和社会参与类（8 个）政策使用工具数量很少，说明我国养老政策中对老年人的养老照护和医疗健康关注较多。

从政策工具的维度看，供给型（168 个）和环境型（147 个）政策工具较多，而需求型（37 个）政策工具较少。供给型政策工具中数量较多的是示范工程（45 个）与资金投入（33 个），这里的资金投入仅指政府直接投入资金帮助市场发展，不包括政府直接购买服务的情况，其中资金大多投入到养老金和养老保险等社会保障（17 个）中，而示范工程主要指养老照护试点（21 个）、智慧养老试点（14 个）和医养结合的示范试点工程（7 个）。

### （二）《行动计划》完成情况分析

通过分析我们发现，《行动计划》是被引用较多的三个关键政策之一，因而我们对其进行专门分析。《行动计划》中规划了 2017—2020 年智慧健康养老产业发展的主要任务，分别是：①推动关键技术产品研发；②推广智慧健康养老服务；

表 2　我国养老政策工具与类型分析

| 政策工具 | | 产品与服务 | | | | | | 支撑与保障 | | | | 总和 | | |
|---|---|---|---|---|---|---|---|---|---|---|---|---|---|---|
| | | 养老照护 | 医疗健康 | 医养结合 | 老年产品 | 养老金融 | 社会参与 | 智慧养老 | 社会保障 | 公共管理 | 养老设施 | 单项 | 占比 | 总和 |
| 供给型 | 示范工程 | 21 | 1 | 7 | 0 | 0 | 1 | 14 | 0 | 1 | 0 | 45 | 27% | 168 |
| | 资金投入 | 5 | 3 | 1 | 1 | 0 | 0 | 1 | 17 | 2 | 4 | 33 | 20% | |
| | 人才培养 | 11 | 9 | 1 | 0 | 1 | 2 | 0 | 0 | 1 | 0 | 28 | 17% | |
| | 信息服务 | 3 | 6 | 3 | 0 | 0 | 1 | 2 | 3 | 2 | 0 | 25 | 15% | |
| | 设施投入 | 6 | 2 | 2 | 1 | 0 | 0 | 7 | 0 | 2 | 5 | 20 | 12% | |
| | 科技投入 | 3 | 3 | 1 | 1 | 0 | 0 | 9 | 0 | 0 | 0 | 17 | 10% | |
| 环境型 | 策略性措施 | 11 | 8 | 4 | 1 | 1 | 1 | 2 | 0 | 8 | 0 | 38 | 26% | 147 |
| | 法规管制 | 9 | 5 | 2 | 0 | 2 | 1 | 1 | 10 | 6 | 0 | 36 | 24% | |
| | 标准设计 | 9 | 4 | 1 | 1 | 0 | 0 | 2 | 1 | 1 | 1 | 20 | 14% | |
| | 金融支持 | 3 | 2 | 2 | 1 | 2 | 0 | 0 | 1 | 1 | 0 | 12 | 8% | |
| | 税收优惠 | 5 | 1 | 1 | 0 | 3 | 0 | 0 | 0 | 0 | 1 | 11 | 7% | |
| 需求型 | 目标规划 | 9 | 4 | 2 | 2 | 1 | 0 | 3 | 4 | 3 | 2 | 30 | 20% | 37 |
| | 市场塑造 | 5 | 3 | 0 | 4 | 1 | 0 | 2 | 0 | 6 | 0 | 21 | 57% | |
| | 海外交流 | 4 | 2 | 0 | 1 | 1 | 1 | 2 | 0 | 2 | 0 | 13 | 35% | |
| | 政府采购 | 1 | 0 | 0 | 0 | 0 | 0 | 0 | 1 | 1 | 0 | 3 | 8% | |
| 总和 | | 105 | 53 | 27 | 13 | 12 | 8 | 46 | 39 | 36 | 13 | 352 | | |

③加强公共服务平台建设；④建立智慧健康养老标准体系；⑤加强智慧健康养老服务网络建设和网络安全保障。其中每个任务相关政策的出台数量如表 3 所示，每个政策的主要内容是什么，该政策就被分到相应的任务中，不会重复计数。

表 3 《行动计划》中与任务相关的政策出台数量

| 任务名称 | 相关政策数量/个 |
| --- | --- |
| 推动关键技术产品研发 | 1 |
| 推广智慧健康养老服务 | 15 |
| 加强公共服务平台建设 | 0 |
| 建立智慧健康养老标准体系 | 2 |
| 加强智慧健康养老服务网络建设和网络安全保障 | 0 |

表 3 显示，在 2017 年以来的 18 个智慧健康养老政策中，有 15 个是与智慧健康养老服务推广任务相关的，还有 2 个标准体系建立相关的政策和 1 个关键技术产品研发相关的政策。由表 3 可知，在《行动计划》任务中，与服务推广相关的政策出台数量最多，而只有少量与标准体系建立和关键技术产品研发相关的政策出台，没有与平台建设、网络建设相关的政策出台。这说明在智慧健康养老政策中，对智慧健康养老服务的推广重视程度较高。

在服务推广和标准体系建立方面，《行动计划》中规划了两个指标：一是到 2020 年，我国建立 100 个智慧健康养老应用示范基地；二是制定 50 项智慧健康养老产品和服务标准。当前已完成的 2017—2020 年四批评选，分别选出 23 个、10 个、23 个和 17 个智慧健康养老应用示范基地，总数为 73 个，约完成目标的七成。在智慧健康养老产品和服务标准方面，根据在全国标准信息公共服务平台查询的结果，现行的养老相关标准仅有 20 项，其中有国家标准 14 项、行业标准 6 项，还没有专门针对智慧健康养老的标准；相关政策中虽然对智慧健康养老服务的收费及管理标准提出了一些规定，但目前还没有形成国家标准。由此可见，尽管在国家标准方面有一定数量的政策出台，但从数量上看尚未达到《行动计划》中所规定的目标。

## 三、结果与建议

本文使用公开获得的政策发布数据，通过构建政策网络分析网络中的关键政策，根据关键政策将迄今为止的我国智慧健康养老政策发展分为四个阶段：启蒙 I 期（2009—2012 年）、启蒙 II 期（2013—2016 年）、探索 I 期（2017—2019 年）和探索 II 期（2020—2022 年）。

经过了政策数量少且主题单一的启蒙 I 期、对养老关注逐渐增多的启蒙 II 期、对智慧健康养老等新兴技术关注的探索 I 期，国务院办公厅印发了《关于切实解决老年人运用智能技术困难的实施方案》，这表明当前我国正处于使用智慧技术真正帮助老年人改善生活的探索 II 期。我们把启蒙期和探索期分别分成了两期，凸显了智慧健康养老发展的艰难，需要很长时间的启蒙和探索。

智慧健康养老政策工具分析结果表明，今后制定的政策应该更多地考虑如何发现和扩大老年人的需求及减少市场发展的阻碍，从而在保证供给的同时更好地满足老年人的需求，实现市场供需平衡。当前政府主要通过建立示范试点的方式推动智慧健康养老发展，但在发掘市场需求和规范市场环境方面的政策还很不足。将来政府应该更多地调查和激发老年人的需求，规范市场环境，并加大投入推广试点的先进模式。

从《行动计划》的完成情况来看，在其提出的五个关键任务中，政府更重视服务提供，对标准体系建立、平台建设、关键技术产品研发和网络建设的关注较少，但总的来说各方面任务都没有完全完成。这说明政府在下一阶段除了要继续开展服务推广工作，还需要投入更多精力加大智慧健康养老平台建设和网络建设力度，鼓励关键技术产品的开发研究和智慧健康养老标准的发布，让老年人享受更便利周全的服务，并提升老年人融入信息社会的获得感、幸福感和安全感。

张国华|

# 破"内卷"、化"债务"，推动城际铁路和市域（郊）铁路高质量发展

张国华，信息社会 50 人论坛成员，国家发展改革委城市中心总工程师，国土产业交通规划院院长、博士、教授、高级规划师；北京交通大学和北京建筑大学兼职教授、中国城市规划协会专家、蚂蚁金服学术委员会委员、中国远见智库论潭专家、"一带一路"百人论坛专家委员会专家。

2017 年，国家发展改革委联合四部门发布了《关于促进市域（郊）铁路发展的指导意见》，并启动市域（郊）铁路第一批试点项目。2019 年，国家发展改革委发布《国家发展改革委关于培育发展现代化都市圈的指导意见》，强调打造"轨道上的都市圈"。2020 年 12 月，国务院办公厅转发国家发展改革委等单位《关于推动都市圈市域（郊）铁路加快发展的意见》，对于明确市域（郊）铁路功能定位和技术标准、完善规划体系、有序推进实施提出具体意见。

近年来，城际铁路、市域（郊）铁路发展步伐不断加快，截至 2020 年年底，全国 19 个主要城市群已有 16 个开通城际铁路，纳入统计的市域（郊）铁路运营里程超过 1000 余千米。在城际铁路和市域（郊）铁路快速发展的同时，一些地方也出现了供需匹配脱节、模式定位失准、债务风险加大等问题。"十四五"时期，在京津冀、长三角和粤港澳大湾区等重点区域即将启动新一批项目之际，有必要深入分析造成上述问题的深层次原因，提出有效举措，从而更好地实现城市群和都市圈轨道交通网络化发展目标。

## 一、内卷化——城际铁路、市域（郊）铁路正面临的问题

一是一批城际铁路、市域（郊）铁路建成项目效果未达预期。

城际铁路和市域（郊）铁路大多建在城市密集、增长活力充沛的优势区域，这些项目在满足旺盛出行需求的同时，对于城市和区域发展也常常具有强烈的引领导向作用，深受市场关注和青睐。山东某市曾经曝出一房地产企业私设轨道交通站牌以吸引顾客的新闻。尽管如此，一些已经建成的城际铁路、市域（郊）铁路线路却出现了"客流去哪儿了"的问题，有个别线路被当地群众戏称"运椅子"。如中部地区某城际铁路于 2016 年开通，设计能力为 30 万人次/日，但 2020 年前三季度日均客流不过 1.5 万人，历史单日最高客流不到 7 万人；同样在中部地区的某城际铁路日开行动车不到 10 对，日均客流仅 1 万人左右。

不仅城际铁路、市域（郊）铁路如此，一些城市内部的城市轨道也如此，比如国内某超大城市花几千亿元建了近 240 千米的地铁，年补贴 20 亿元以上，日均客流却不到 150 万人，主要依靠地铁通勤即每周乘坐 8 次以上的常旅客人数仅 10 万人左右，大大低于设计能力。此外，还有一些线路长期不能形成稳定的通勤客流，主要作为观光线路发挥作用，比如开通 12 年的北京市郊铁路 S2 线，现在北京铁路局每日只定点开行 3~7 对列车，与日本东京都市圈 JR 东日本市郊铁路通勤客流占比高达 65.78%、常旅客占比接近 70% 相比有很大差距。

二是采用其他铁路发展模式建设城际铁路和市域（郊）铁路。

目前，仍有很多地方一味追求速度高标准，把高速铁路和城际铁路混为一谈，如一些地方建设的城际铁路时速达到 350 千米，设站离城几十千米，自然难以发挥作用。也有一些城市采用延伸城区轨道方式代替市域（郊）铁路，如上海的"11 号线+花桥线"、北京的"房山线+燕房线"、广州的"广佛线"等。还有主要把城际铁路和市域（郊）铁路引入以长途运输为主的火车站，再组织市内换乘接驳的做法，如北京的京通市郊铁路和京津城际铁路等。

三是城际铁路和市域（郊）铁路成为地方债务风险加剧的推手。

城际铁路、市域（郊）铁路作为基础设施，政府要坚持其公益性，就意味着这是需要持续大量投入与补贴的项目，不仅新建项目需要政府出资，后期运营维护还需要政府持续投入。即使在交通需求旺盛的超大城市，轨道交通依然需要巨额补贴。例如，根据预测，到 2040 年，国内某超大城市的城市轨道交通建设投资和运营补贴将累计达 1.3 万亿元。相比之下，国内很多城市的交通需求远达不到超大城市的规模，城际铁路和市域（郊）铁路这样的吸金大户如果长期过度依赖政府补贴，对地方财政来讲将是沉重的包袱，如债务压力较大的西部某省会城市，其前期投资近 50 亿元建设的首条城际铁路，建成后客流寥寥无几，运营年年亏损，财政补贴不断加大。

造成这些问题的原因，一是一些地方对城际铁路、市域（郊）铁路的认识不足、定位不明，为上项目而搞建设，对于城际铁路和市域（郊）铁路的发展，还是在"用老办法解决新问题"的思维模式下"用新瓶装旧酒"，只解决"有没有"，对"好不好用"考虑不足；二是城际铁路、市域（郊）铁路与所在城市群和都市圈的发展实际脱节，线路和站点布局与沿线人口、产业分布情况结合不够，供需空间错位，导致该满足的需求没有满足，供给效率不高；三是绝大多数城际铁路、市域（郊）铁路项目还是政府自己在掏腰包，市场力量参与不进来，影响综合开发效益和活力。

如果不破除这些问题瓶颈，我们国家的城际铁路、市域（郊）铁路将进入低水平、"重复"建设的"内卷化"陷阱，很难适应新时期高质量发展要求，很难支撑城市群、都市圈的高水平建设发展。

## 二、突破"内卷化"——城际铁路、市域（郊）铁路下一步发展思路

一是把握都市圈和城市群的发展规律，优先在城市群、都市圈的生态主轴上建设城际铁路、市域（郊）铁路。

在中心城市通过集聚扩散形成都市圈、多个都市圈协同合作演变成城市群的过程中，轨道交通发挥着重要的先导作用。在都市圈和城市群的演变过程中，一些轴向联系需要加强、城镇节点需要培育，这是城际铁路、市域（郊）铁路发展的需求基础。城际铁路、市域（郊）铁路要支撑引领城镇化地区的轴带生长，与沿线的产业、空间、人口布局紧密关联，要在集聚的密度、联系的频率、服务的速度都能支撑的前提下推动城际铁路、市域（郊）铁路的发展。

因此，当务之急是，优先在京津冀、长三角和粤港澳大湾区等重点区域推动

骨干通道的城际铁路建设，在北京、上海、广州、深圳等核心城市周边建设具有通勤功能的放射性市域（郊）铁路。城际铁路、市域（郊）铁路的布局要结合区域经济的空间结构特点，即便在三大重点区域内部，也不要搞"平均主义"，不能像建高速公路一样把城际铁路、市域（郊）铁路搞成网格化，对一些核心通道，6条、8条轨道也不嫌多，对条件不具备、需求不成熟的通道，1条轨道也不建。

二是坚持以城际铁路、市域（郊）铁路创新改革为主线，切实转变发展模式。

当前城际铁路、市域（郊）铁路发展面临的主要矛盾仍然在供给侧，即在城市群和都市圈对轨道交通存在迫切需求情况下，轨道交通提供的运输服务不能满足需求。对于城际铁路、市域（郊）铁路这类处在多层次轨道中间层次的轨道类型，"像铁路但不是铁路，像城市轨道但不是城市轨道"，不能简单套用既有铁路和城市轨道的发展方式，要准确把握发展定位和路网功能，发挥好"承上启下"、填补轨道交通网络空白的作用，结合城市和区域发展需求量体裁衣，通过改善供求关系，坚持效益优先，提高设施供给对需求的满足能力，从"走得了"转向"走得好"。同时要通过城际铁路、市域（郊）铁路的发展创新，特别是与综合开发结合在一起，学习和借鉴日本、中国香港的一些探索和经验，优化区域城镇空间布局，加速区域城镇化步伐，在中心城市外围整合交通枢纽中心、公共服务中心、商业中心等功能，形成城市群和都市圈的微中心、微增长极，培育发展新动能，引领和创造城市化的新需求，更好地发挥轨道交通对区域协调发展的引领带动作用。

三是积极引入社会力量参与城际铁路、市域（郊）铁路的发展，发挥各方优势，合力推动发展。

城际铁路、市域（郊）铁路大多位于中心城市外围，产业集聚能力好，土地升值空间大，在站场综合开发和构建交通引导发展 TOD 模式方面有先天优势，市场和民营企业有很高的参与积极性，如复星牵头民营企业控股杭绍台城际铁路建设、华夏幸福参与廊涿城际前期工作等。借鉴日本发展经验，市郊铁路是最容易引入社会力量、形成多元竞争主体的轨道交通领域。市场力量参与，有利于强化竞争，优化市场要素配置关系，提高城际铁路、市域（郊）铁路的发展质量。社会资本引入也能缓解地方政府和国有企业的负债压力，提高企业的营运水平。

在新发展阶段，城际铁路、市域（郊）铁路与城市群、都市圈协同发展，从基础理论、规划技术、投融资体制、运营管理、规范标准等方面都需要按照新发展理念的要求，鼓励地方政府和企业去试错探索、创新发展。

## 三、对城际铁路、市域（郊）铁路重点领域深化改革的建议

下一步应围绕规划、土地、投融资、商业模式等方面加强长效机制建设，确保城际铁路、市域（郊）铁路的发展行稳致远、长期可持续。

### （一）调整完善城际铁路、市域（郊）铁路的相关规划制度

相关主管部门要强化系统观念，发挥在城际铁路、市域（郊）铁路规划方面的综合统筹作用，加强主要城市群和都市圈多层次轨道交通体系的规划审批，加强对技术标准、财务预算与执行等内容的实质性审查，要防止中央或地方的发展意图受到利益集团的影响，防止"项目牵着规划走"。支持重点城市如北京、上海、广州、深圳等，按照都市圈发展要求，与周边城市联合编制跨行政边界的市域（郊）铁路建设规划并单独报批。就城际铁路、市域（郊）铁路建设规划和可研审查设立加分项，鼓励地方在做线路前期工作时就统筹考虑基础设施发展、产业布局和综合开发建设，推动交通设施与公共服务设施、商业开发设施一体化建设，做深做细方案。同时要建立国土空间规划中关于城际铁路、市域（郊）铁路站点及周边建设指标的调增调减机制，如可以学习日本在都市开发中提出以集约化为引导原则的容积率奖励机制，当站点及周边开发给城市带来显著改善时，开发商将得到突破既定规划容积率的额外奖励，从而促进车站与周边用地深度融合。另外，还要建立规划实施督导机制，定期开展城际铁路、市域（郊）铁路发展回头看，组织第三方机构评估重点区域城际铁路、市域（郊）铁路的建设、运营和综合开发情况，及时总结问题、纠偏方向，严防随意变更规划和工作落实不到位。

### （二）建立健全与城际铁路、市域（郊）铁路建设和综合开发相关的土地配套措施

要落实城际铁路、市域（郊）铁路建设用地保障，强化用地跟着项目走，加快前置要件审批，对已纳入国土空间详细规划的项目可免除选址意见书和用地预审等审批环节。完善铁路综合开发土地指标供应奖励机制，落实《国务院办公厅关于支持铁路建设实施土地综合开发的意见》等相关政策对轨道交通综合开发的支持，对利用既有通道建设、集约节约用地项目给予综合开发建设用地指标额外奖励。鼓励地方针对城际铁路、市域（郊）铁路沿线开发改革土地出让制度，探索土地提前收储、分层出让、特许协议出让、土地作价入股等办法。支持中心城市周边的集体经营性建设用地入市，用于城际铁路、市域（郊）铁路的综合开发。

### （三）进一步推动城际铁路、市域（郊）铁路投融资和商业模式创新

要明确城际铁路、市域（郊）铁路发展的责任主体，支持省级政府或重点城市政府牵头成立跨行政区的高级别联系机构，统筹各地区、各部门推动城际铁路、市域（郊）铁路建设及沿线土地开发、产业集聚协同发展；鼓励地方强化城际铁路、市域（郊）铁路的企业主体权利/义务，建立相应的城际铁路、市域（郊）铁路项目绩效考评机制，根据"投资+建设+开发+运营"的综合效益制定沿线地方政府的钱、地补贴支持方案。鼓励打破当前城际铁路、市域（郊）铁路以建设单位为核心、以工程项目为主导的发展模式，贯通全产业链、全生命周期，开展"轨道+物业""轨道+社区"等跨界整合，加强沿线用地收储开发，做好溢价回收，建立规范、多元、可持续的投融资机制。促进运输业务市场主体多元化和适度竞争，支持引入一些有先进开发和运营经验的外资企业深度参与城际铁路、市域（郊）铁路发展，如中国香港港铁集团、日本东急公司等，利用"鲶鱼效应"，提高本土企业的竞争力；鼓励地方做强一批属地企业，深耕本地市场。做好建设运营资金保障，统筹用好地方财政资金、地方政府专项债券等；支持资本市场发挥作用，把经过合理开发策划和规划设计的城际铁路、市域（郊）铁路项目打包上市，吸纳基础设施领域不动产投资信托基金和保险等长期资本进入；鼓励地方财政采取股权投资、运营补贴等方式对城

际铁路、市域（郊）铁路项目提供稳定支持。

### （四）通过试点示范把重点区域的城际铁路、市域（郊）铁路发展落到实处

"京津冀""长三角""粤港澳"三大区域的城际铁路和市域（郊）铁路作为重大工程已经纳入"十四五"规划，整体推进建设。三大区域的尺度很大，各个城市、都市圈的发展水平也存在很大差异，建议在空间尺度适宜、具有一定工作基础的区域，就城际铁路和市域（郊）铁路发展开展从规划、设计、投融资到运营管理等的全链条试验示范，同时在已有的三年滚动项目清单中筛选一批项目，总结经验做法并进一步推广。也可考虑将成渝地区"双城经济圈"等三大区域之外的城镇化发展重点地区纳入试点示范，梳理区域、城市和企业层面需要组织试点示范的关键领域和重大问题，组织各方力量协同攻关，及时总结推广经验，更好地推动城际铁路、市域（郊）铁路的发展。

# 杨冰之|

# 城市超级 App——战略抉择与体系建设

杨冰之，信息社会 50 人论坛成员，国脉集团董事长、首席研究员，"我能"和"超能城市"App 创始人；电子政务、政务大数据和相关 App 的研究者与实践者。

城市超级 App 正在成为一个城市发展的战略抉择。做好该 App 对城市的未来发展至关重要。研发城市超级 App 属于体系建设，需要调动方方面面的力量。但城市超级 App 到底要做成什么样呢？笔者提出 8 个字：城市在握，成事在我。"城市在握"即城市数据都汇聚在 App，为我们所使用；"成事在我"即通过城市超级 App 帮助城市市民更好地成长成功。

## 一、数字化转型的目标、愿景与关键要点探讨

### （一）数字化转型的目标

数字化转型第一阶段的目标包括三个：①完善城市数据资产清单，政府经过多年的建设，基本梳理了城市数据资产清单，但还没有完全掌握企业、社会等的数据；②提高城市组织数据的含金量，数据是一种特殊资源，不断被消化，又不断产生，越用越多、越用越好，可以替代物质和能源，因此看城市的智慧化程度，就要看它的组织和业务的数据含金量；③形成在线服务能力，将线下服务尽可能搬到网上，为市民提供更多的便民服务。

### （二）数字化转型的愿景

数字化转型的愿景：①一切业务数字化+一切数据业务化，业务要数字化转型，数据也要支撑业务的发展和创新；②一切资产数字化+一切数据资产化，每

个城市的政府可能都掌握了数亿条、十亿条、百亿条，甚至千亿条数据，但这些数据值不值钱、值多少钱、怎么样让它值钱、怎么样让它更值钱，这些都是数据管理和运营者面临的挑战；③组织智慧化+知识组织化+组织生态化，数字化转型最终一定表现在组织层上，不能以老的思路、方式、套路、组织形态来应用现在的产品和服务，要把人的经验和知识有序关联起来，构建一个共建、共享、共赢的体系。

### （三）数字化转型的关键要点

要实现数字化转型，应做到以业务为主体、以数据为主导，通过数据改造优化业务。对于一个城市来说，市民是主体，要坚持以人民为中心的理念；政府是城市重要的管理者，数字化转型工作应由政府来主导。做好城市数字化转型，有三个基本要求：①心里有数+手中有数，要有大量的数据资源；②不要搞重复建设，过去很多系统间的功能、服务都是重复的；③吸引年轻人，中国正步入老龄社会，一个城市是不是智慧、有没有未来，就看其能不能吸引更多年轻人参与创新创业，使这个城市充满活力。做好城市数字化转型，可放大数据资产价值，实现数据主导和平台支撑相结合。

## 二、"十四五"城市数字化转型规划浅见

①以用对、用活、用足数据为主线，实现资源全要素最优化匹配。一个东西放在一个地方，可能是垃圾、废物，放在另一个地方就可能是宝物，因此我们要通过数据实现资源最优化匹配。②全方位重构运营数据思维，整合优化各类资源，建好城市数据体系。我们现在已进入重构时代，需要整合各种资源，建设城市数据体系。③基于超级平台，通过场景应用设计解决当前城市的实际痛点、难点。例如，灵锡 App 通过场景设计解决当前城市的痛点和难点。④积极探索城市数据资产化和政府组织形态变革。数据作为生产要素，具有重要的价值，数据可以资产化。构建智慧组织，要有基于数据时代的组织架构。⑤加快推进数字经济发展，提升城市经济活力和创造力。数字经济非常重要，这方面的投入往往会产生更多的经济效应。⑥培育全民数字观念和技能，积极建设和拥抱数字社会。数字技能尤为重要，数字公民需要一定的数字技能，这样才能充分发挥数字经济

的潜能，使每个人都能够享受城市的数字红利。⑦创新各类合作模式，培育新兴组织形态，要舍得大投入。将来运营城市超级 App 的主体不是企业，而是一种新的组织形态，对平台建设要舍得投入（尤其是对超级平台）。⑧强化用户主体意识，提升在线服务能力。一些 App 能成功是因为其把用户既当上帝，又当朋友，可以帮助用户更好地成长。

## 三、"十四五"城市数字化转型规划不能忽视的要素

第一，在服务体系方面，重视数据、业务、转型、安全、产业、融合等事项，但容易忽视界面、载体、融合介质和用户服务端等看起来细小的事项；第二，在超级 App 建设方面，对于抓促进、抓融合等手段、方法、工具和载体的重视不够，究其具体原因，是对趋势、本质、技术变化缺乏最深刻的认知、把握和实操能力。

所以基于"十四五"规划，笔者特别呼吁：①破成见；②换赛道；③抓趋势，把握核心发展趋势，深入感知信息化动态，把握数字公民的服务需求。

## 四、城市超级 App 是智慧城市的画龙点睛之作

城市超级 App 是智慧城市的画龙点睛之作，可以把城市超级 App 看作：①新基建，即建设数字城市的基础设施；②新品牌，以无锡的灵锡 App 为例，将来，灵锡 App 可能和太湖一样，成为外地人认识无锡的一个新品牌；③新平台，即数据世界的服务平台；④新动能，即推动城市数字化转型的强效动能；⑤新服务，即通过城市超级 App 提供更多服务。

城市超级 App 的"点睛"作用主要体现在以下五方面。

第一，晒成绩——资源集聚，集中展示。城市超级 App 是智慧城市多年建设成果的汇聚地、整合地和展示地。

第二，见成效——最接地气，便捷服务。城市超级 App 是直接服务最广大市民、企业的可感知的综合移动平台，能够解答移动时代市民高频、刚需的问题。

第三，促改革——作用明显，倒逼改革。各种效果的实时性、数据化和可比性倒逼各种服务优化，促进平台不断迭代升级。

第四，强应用——整合资源，创新运营。城市超级 App 有助于解决城市各类数据资源问题，创新智慧城市建设模式，促进城市数据的流动性。

第五，抓建设——以点带面，全面提升。城市超级 App 是智慧城市建设的牛鼻子，可推动各类智慧城市建设工作的协同发展。

## 五、城市超级 App 的六大特征

从数字世界的空间来看，城市超级 App 就像一艘诺亚方舟，把整个城市载入数字社会。城市超级 App 具有六大特征：融合性、协作性、人本性、赋能性、价值性和创新性。关于价值性，一个好的城市超级 App 可能值几亿元、几十亿元，将来也可能值百亿元，所以它是一项有价值的投资，既有助于社会发展，又能创造社会财富。

城市超级 App 是新物种，拥有新基因。它是新工具，也是新平台，还会构建新生态。通过城市超级 App 能够孵化或培育一批拥有新知识、新技能的新人类，并使其用数据更好地改造社会，更好地设计新服务，从而促进人与人、人与组织、组织与组织的社交协作。有了新服务，必定创造新价值（体系），城市超级 App 把数据变成资产，实现用户即股东。其包含大量智慧组织，并且按照一定的规则体系创造新的社会形态——数字社会。

## 六、城市超级 App 的定位与发展

城市超级 App 是城市的数字社会空间、信息服务市场和资源配置中心，通过构建集城市要素链接、场景链接和人的链接于一体的移动城市生态圈，实现各类主体、业务、商机等要素的实时在线、高效协同，提高城市资源利用效率、创新活力和业务协同能力。它是城市数字化转型的"一号工程"，并将成为一个城市的政务服务窗口、数字经济载体和社会协作平台。它主要扮演四个角色，有四个功能：①信息服务商，城市私域流量聚集地；②政务服务商，城市社交平台；

③生活服务商，城市资源整合优化和任务协作场地；④产业服务商，数字社会和网络命运共同体。

## 七、城市超级 App 的形象与标签、价值清单和作用探讨

### （一）城市超级 App 的形象与标签

从城市本身角度看，城市超级 App 可以叫作信息总门户、应用系统、服务平台、生命体、生态系统等；从信息化角度看，城市超级 App 是总集成、新基建、协作体，代表未来趋势；从用户角度看，市民、政府、企业等多方参与城市超级 App 建设；从价值层面看，城市超级 App 作为工具和引擎，描绘城市未来图景。

### （二）超级城市 App 的价值清单

城市超级 App 的价值分为社会价值和经济价值。社会价值：提升城市移动综合服务能力和城市数字化管理水平，改善城市人居环境和数字营商环境，打造城市数字 IP，提升知名度，放大城市优势，提升城市凝聚力，增加市民的数字技能。经济价值：促进数字经济增长，推进新型服务模式和市场模式，促进数据融合，推动数据资产化/价值化，促进城市内部更好地协作，提升高质量发展水平。

### （三）城市超级 App 的作用——深化城市发展内涵

城市超级 App 可深化城市发展内涵：①创新城市新形态，建设城市数字空间，构建城市虚拟形态；②创新城市运营模式，形成由政府引导、企业运营、行业实践、公共参与的模式；③提供城市新服务，通过信息流整合物流、资金流和人力流，实现城市要素的优化、整合、利用和增值。

## 八、当前城市 App 存在的五大问题与出路

当前城市 App 建设还存在很多问题：一是散，以政府主体为例，一个地级市有多达上百个 App 和小程序；二是乱，城市 App 存在各种类型、形态、模式、数据标准，杂乱无章；三是差，城市 App 整体运营水平差，服务质量和创新能力不强；四是弱，技术支撑和安全保障不足、社会影响力小、用户黏性低；

五是难，整体盈利难、发展机会少、上台阶难。有些城市 App 的数据、业务量很大，但用户活跃度不高，迫切需要整体重构、整合优化，形成利益共同体。

## 九、城市超级 App 建设的 SWOT 分析

城市超级 App 建设存在一定的优势、劣势、机遇、威胁（SWOT）：优势是拥有大量资源，有政府的大力支持等；劣势是技术不足、人才短缺、经验不够、区域限制等；机遇来自智慧城市发展的需要；威胁则来自成熟 App 的城市板块和其他平台的发展。

## 十、城市超级 App 发展中的十大问题

要处理好城市超级 App 发展中存在的以下十大问题。①处理好上下、左右、内外和前后关系：上下要形成一盘棋，而不是市里、各区县各自建设；对于左右关系，如无锡的灵锡 App 要处理好无锡与苏州、常州等兄弟城市的关系。②实现大与小、多与少、快与慢的平衡：App 不是做得越大越好，功能和服务做得越多越好，而要把握城市超级 App 的机遇期。③实现技术、产品、服务三者之间的动态平衡。④处理好模仿与创新的关系，百花齐放或相对统一。⑤把握政府、企业、市民的角色和作用。⑥明确集成与创新是企业制度还是新组织规则。⑦明确是自营、委托外包还是混合经营。⑧明确设置单目标还是多目标，追求服务优先还是追求盈利优先。⑨处理好与现有政务 App 的关系。⑩处理好与互联网企业城市平台的关系。

## 十一、城市超级 App 的运营模式、运营能力及关键框架

### 1. 创新思维方式、组织体系和运营模式

要有互联网思维、数据思维、用户思维、服务思维，更要有运营思维。按照任务形成协作单元，实现任务、岗位和能力的有机融合，通过三个要点围绕目标进行灵活调整，应对各种新任务和新情况。

### 2. 不断增强应用 App 的能力

"超级"二字意味着极为复杂的技术组合、超级变动的服务体系、极为精致

的产品设计。不仅要掌握 App 的规律、方法、流程、工具，更重要的是理解数字世界、数字公民，掌握线下资源和转移方法，做好制度设计，巧用外部力量和资源，用商业思维做好运营，用事业情怀做好服务。

### 3. 提出影响城市超级 App 发展的关键要素思考框架

围绕影响城市超级 App 发展的关键要素，提出思考框架，包括城市超级App 发展要素知识图谱、先进实用融合的技术支撑体系、内容与服务能力建设、规范高效专业的运营与资源整合能力、外部环境与制度保障。

## 十二、城市超级 App 应有的功能体系与服务架构

城市超级 App 提供政务服务、商务服务和社会服务。政务服务包括政策、办事、互动交流等板块；商务服务以优惠券的形式为市民提供福利；社会服务涉及就业、教育、娱乐、社区等领域。在创新层上，其包括用户激励体系、金融服务和任务协作，可构建生态体系，实现组织之间、人员之间、业务之间的内部生态化，以及各个城市、平台之间的外部生态化。在价值层上，其包括数据体系、价值体系、成就体系、普惠体系。数据体系帮助城市构建数据资产；价值体系构建一套适合网络时代的数据规则；成就体系帮助城市的每个人更好地成长和成功；普惠体系释放的政策福利惠及广大市民。

城市超级 App 建设是一场精彩之旅，希望各个城市的超级 App 越来越好，能服务好城市的每个人。

# 国家信息中心
# 中国共享经济发展概况

2020 年，国际形势严峻复杂，国内改革发展稳定的任务艰巨繁重，叠加新冠肺炎疫情的严重冲击，在这样极为不利的条件下，我国经受住了考验，成为全球唯一实现经济正增长的主要经济体，显示了强大的抗风险能力。在这个过程中，以共享经济为代表的新业态新模式表现出巨大的韧性和发展潜力，在保障民生供给、推动复工复产、扩大消费、提振内需等多个方面发挥了重要作用。共享经济企业充分发挥平台优势，在满足人们日常生活需要的同时，持续推进出行、住宿、生产、教育、医疗等领域的变革，成为经济社会数字化转型的重要推动力。

2020 年，共享经济整体市场规模增速大幅放缓，不同领域共享经济发展的不平衡状况更加突出。

## 一、共享经济市场交易规模同比增长约 2.9%

初步估算，2020 年我国共享经济市场交易规模约为 33773 亿元，同比增长约 2.9%，整体增速较 2019 年大幅放缓（见表 1、图 1）。从市场结构上看，生活服务、生产能力、知识技能三个领域的共享经济市场规模位居前三，分别为 16175 亿元、10848 亿元和 4010 亿元。

表 1　2017—2020 年我国共享经济发展概况

| 领域 | 共享经济市场交易规模（亿元） | | | | |
|---|---|---|---|---|---|
| | 2017 年 | 2018 年 | 2019 年 | 2020 年 | 2020 年同比增速 |
| 交通出行 | 2010 | 2478 | 2700 | 2276 | -15.7% |
| 共享住宿 | 120 | 165 | 225 | 158 | -29.8% |
| 知识技能 | 1382 | 2353 | 3063 | 4010 | 30.9% |
| 生活服务 | 12924 | 15894 | 17300 | 16175 | -6.5% |
| 共享医疗 | 56 | 88 | 108 | 138 | 27.8% |

（续表）

| 领域 | 共享经济市场交易规模（亿元） | | | | |
|---|---|---|---|---|---|
| | 2017 年 | 2018 年 | 2019 年 | 2020 年 | 2020 年同比增速 |
| 共享办公 | 110 | 206 | 227 | 168 | −26.0% |
| 生产能力 | 4170 | 8236 | 9205 | 10848 | 17.8% |
| 总计 | 20772 | 29420 | 32828 | 33773 | 2.9% |

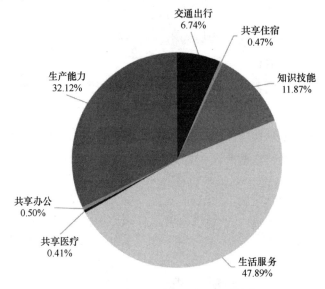

图 1　2020 年我国共享经济市场结构情况

从发展速度上看（见图 2），由于不同类型的共享平台在产业活动中发挥的作用不同，新冠肺炎疫情对不同领域共享经济产生的影响也显著不同。知识技能和共享医疗两个领域的市场交易规模分别增长 30.9% 和 27.8%，而那些必须通过线下活动完成交易闭环的领域，在新冠肺炎疫情冲击下市场规模出现显著下滑。交易规模下降幅度较大的三个领域是共享住宿、共享办公和交通出行，同比分别下降 29.8%、26% 和 15.7%。此外，生活服务领域的交易规模同比下降 6.5%，主要是因为新冠肺炎疫情发生后餐饮、家政服务、线下休闲娱乐等都受到严重冲击，生活服务消费出现大幅下滑。以餐饮业为例，国家统计局数据显示，2020年第一季度餐饮业收入下降 44.3%，10 月份餐饮业收入同比增长 0.8%，是年内首次实现正增长，但 1—10 月同比仍下降 21.0%。

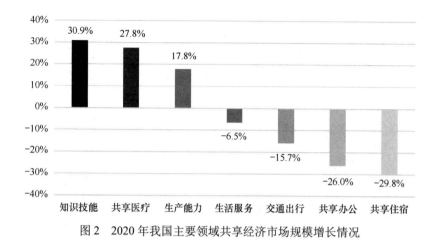

图 2　2020 年我国主要领域共享经济市场规模增长情况

## 二、共享经济新就业对稳就业保民生的作用凸显

新冠肺炎疫情冲击与就业市场持续存在的总量压力和结构性矛盾相叠加，使得 2020 年我国就业总体形势面临前所未有的巨大挑战。国家统计局数据显示，2020 年 1—11 月，全国城镇新增就业 1099 万人，完成全年目标任务的 122.1%。全面就业形势总体稳定并好于预期，离不开一系列保就业政策的实施，也得益于共享经济发展提供的大量灵活就业岗位，共享经济在拓宽就业渠道、增强就业弹性、增加劳动者收入等方面发挥了重要作用。

初步估算，2020 年我国共享经济参与者人数约 8.3 亿人，其中服务提供者约 8400 万人，同比增长约 7.7%；平台企业员工数约 631 万人，同比增长约 1.3%（见图 3）。

在新冠肺炎疫情使线下活动受限的情况下，直播短视频、知识分享等领域规模强劲增长，这些领域的用工需求也随之大幅提升。数据显示，2020 年春节复工后一个月内，直播相关兼职岗位数同比增长 166.09%，是全职岗位增速的两倍多[1]。百度文库 2020 年上半年知识店铺的开店量超过 4 万家，直接带动近 100 万名兼职或全职的内容创作者就业[2]。抖音平台上，2019 年 8 月至 2020 年 8 月，

---

[1] 智联招聘. 2020 年春季直播产业人才报告. https://mp.weixin.qq.com/s/dyM1FZrqpEFwgdVsaK5Kxg.

[2] 让灵活就业成稳就业重要抓手. http://www.xinhuanet.com/local/2020-08/17/c_1126374611.htm.

共有 2097 万人通过从事创作、直播、电商等工作获得收入[①]。在生活服务领域，2020 年上半年，通过美团平台获得收入的骑手总数为 295.2 万人，同比增长 16.4%[②]。

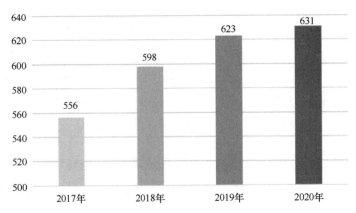

图 3　2017—2020 年我国共享经济平台企业员工数（单位：万人）

基于共享平台的新就业形态具有较高的包容性和灵活性，不仅有助于缓解重点群体的就业压力，而且有利于应对就业市场的不确定性，增加劳动者收入和帮助改善民生。一方面，依托共享平台的新就业涉及的领域宽、包容性强，既有创意策划、软件设计、在线教育等适合大学生群体的知识密集型复杂劳动岗位，又有外卖骑手、网约车司机、云客服等适合文化水平相对不高群体的熟练性劳动岗位，为社会重点群体的就业创造了更广阔的空间和更多机会。调研显示，滴滴平台上大约 20.4% 的专职司机由于下岗、失业等原因从事网约车工作，其中 41.1% 来自制造业，13.6% 来自交通运输业，4.9% 来自钢铁、煤炭等去产能行业。2020 年上半年，在美团平台的新增骑手中，来自国家建档立卡贫困户的近 8 万人[③]。另一方面，平台企业可以根据市场供需变化，及时调节劳动力的供给量，促进劳动力跨业流动和减少摩擦性失业。新冠肺炎疫情期间，美团平台的骑手工作吸纳了大量的二、三产业从业人员，35.2% 的骑手来自工厂工人，31.4% 来自创业

① 中国人民大学国家发展与战略研究院课题组. 抖音平台促进就业研究报告. http://nads.ruc.edu.cn/zkcg/ztyjbg/c90764ffcbd641b79e3b9e352abeee61.htm.
② 美团研究院. 2020 年上半年骑手就业报告. https://mp.weixin.qq.com/s/cMEfsTfLfvSxF88dLN8LIw.
③ 美团研究院. 2020 年上半年骑手就业报告. https://mp.weixin.qq.com/s/cMEfsTfLfvSxF88dLN8LIw.

或自己做小生意的人员，17.8%来自办公室职员[①]。

随着新就业形态的快速发展，网约配送员、电商主播、在线咨询师等新职业不断涌现，备受关注。2019 年和 2020 年，我国先后发布了 3 批共 38 种新职业，与平台经济相关的职业如数字化管理师、物联网安装调试员、无人机驾驶员、电子竞技员等占比超过一半。如在服务业领域，随着数字化转型的持续推进并横跨两百多个生活服务细分行业，出现了酒店收益管理师、无人车安全员、线上餐厅装修师等诸多富有特色的新工种。新职业的出现生动体现了我国经济发展"量"与"质"的变化，不仅丰富了就业岗位的种类，而且推动了整个社会就业结构的变化。

发展新就业形态成为我国稳就业的重要抓手。自 2020 年以来，相关部门出台了多项政策，多渠道鼓励平台经济新就业：一是明确鼓励发展自主就业、分时就业、多点执业等新就业形态的大方向，清理、取消不合理限制新就业的政策规定，为新就业劳动者在审批管理、资金、场地等方面给予政策支持；二是加强劳动者权益保障，推动建立适应新就业形态的用工和社会保障制度，加快新就业形态薪酬制度改革，建立健全互联网平台用工的劳动标准体系等；三是统筹各方力量促进就业质量提升，如鼓励平台企业、中介服务机构等降低劳动者网络平台服务费、加盟管理费，支持平台企业建立灵活就业、"共享用工"平台，提供线上职业培训、就业供需对接等服务。2020 年 5 月，人社部还启动了新就业形态技能提升和就业促进项目试点工作，面向新就业形态的重点就业群体提供岗前培训和技能提升培训，促进其就业或稳定就业。

## 三、共享型服务和消费成为提升经济韧性的重要力量

新冠肺炎疫情对服务业发展和消费市场都造成了前所未有的冲击。2020 年上半年，我国服务业和消费市场发展缓慢，随着新冠肺炎疫情防控形势不断向好，消费市场稳步复苏，并呈现加速回暖态势。国家统计局数据显示，2020 年上半年，我国社会消费品零售总额同比增速始终为负，第二季度最终消费支出对经济增长贡献率一度下降至-73%。2020 年下半年，随着我国新冠肺炎疫情

---

① 美团研究院. 2020 年上半年骑手就业报告. https://mp.weixin.qq.com/s/cMEfsTfLfvSxF88dLN8LIw.

防控取得重大战略成果，各项政策措施落地见效，服务业发展和消费市场都呈现稳步复苏态势。2020 年，我国服务业增加值比 2019 年增长 2.1%，以新技术为引领的现代服务业领域增势较好；最终消费支出占 GDP 的比重达54.3%，高于资本形成总额 11.2 个百分点，为近年来的最高水平。在这个过程中，5G、人工智能、物联网等新技术得到了广泛应用，推动了线上线下加速融合，共享型服务和消费新业态新模式快速扩张，在有效保障居民日常生活需要、推动国内服务业和消费市场恢复、促进经济企稳回升方面发挥了重要作用。

从共享型服务的发展态势看，测算表明，在交通出行领域，2020 年网约车客运量占出租车总客运量的比重约为 36.2%（见图 4），占比比 2019 年小幅下降 0.3 个百分点。主要原因是出于新冠肺炎疫情防控的需要，在居民出行意愿明显下滑的情况下，很多城市在一定时间段内暂停网约车平台服务。据不完全统计，2020 年上半年，全国超过 50 个城市发布了一定时间段内网约车停运要求，网约车平台订单较传统巡游出租车下降幅度更大；一些地方甚至因为网约车停运或客流停滞，大量网约车司机向线下运营服务公司申请退车。另外，调研显示，新冠肺炎疫情期间网约车平台上专车服务订单的占比较新冠肺炎疫情之前有明显提高。

图 4　2016—2020 年网约车与巡游出租车客运量占比情况

在生活服务领域，新冠肺炎疫情使人们线下活动受到限制，线上生活服务需求大增，"宅经济"爆发。以在线外卖为例，测算表明，2020 年在线外卖收入占全国餐饮业收入比重约为 16.6%，同比提高 3.8 个百分点（见图 5）。餐饮企业积极开展外卖营销推广，加大外卖业务比重，开展"无接触"配送服务，满足疫情下人们的餐饮服务需求，在线外卖市场快速增长。国家统计局数据显示，截至 2020 年 6 月中旬，快餐和外卖相关行业达产率高于餐饮业整体约 10 个百分点。

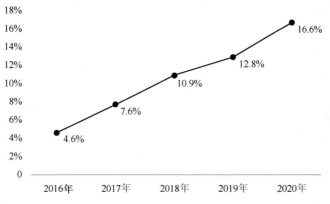

图 5　2016—2020 年在线外卖收入占全国餐饮业收入的比重

在住宿领域，测算表明，2020 年共享住宿收入占全国住宿业客房收入的比重约为 6.7%，同比小幅下降 0.2 个百分点（见图 6）。总体来看，整个住宿服务业是受新冠肺炎疫情冲击较大的领域之一，共享住宿新业态也不例外。尤其是在 2020 年上半年，前五个月主要共享住宿平台上的订单总量同比下降 65%，接待人次同比下降 63%，整体市场交易额同比大幅下降 72.1%[①]。随着国内新冠肺炎疫情防控取得显著成效，相关部门陆续出台一系列扶持政策帮助企业纾困解难，平台企业积极探索新的营销模式并加大对商户的扶持，加上人们暂时被压抑的旅游休闲需求得以释放，共享住宿行业发展的自我修复和创新动能持续积累并日益强大。但新冠肺炎疫情的不确定性也使整个市场的复苏进程更加曲折。

从居民消费的角度看，新冠肺炎疫情影响下，线上生活必需品购买、生

---

① 国家信息中心分享经济研究中心. 中国共享住宿发展报告 2020. http://www.sic.gov.cn/News/568/10548.htm.

鲜零售配送、到家服务等需求较平时有显著提升。2020 年，网约车用户、共享住宿用户和在线外卖用户在网民中的普及率分别为 36.19%、7.43%和 43.52%（见表 2）。

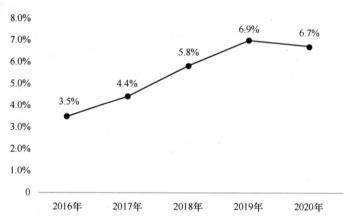

图 6　2016—2020 年共享住宿收入占全国住宿业客房收入的比重

**表 2　2020 年主要生活领域共享型服务普及情况**

| 领　　域 | 用户规模（万人） | 网民使用率（%） |
|---|---|---|
| 网约车 | 34011 | 36.19 |
| 共享住宿 | 6983 | 7.43 |
| 在线外卖 | 40903 | 43.52 |

注：①2020 年网民规模、在线外卖用户数、网约车用户数来自 CNNIC《第 46 次中国互联网络发展状况统计报告》（均为 2020 年上半年数据）；②共享住宿相关数据来自国家信息中心分享经济研究中心。

从主要领域共享型服务支出占比来看（见表 3），2020 年人均在线外卖支出在餐饮消费支出中的占比继续提高，达 16.6%，较 2019 年提高了 4.2 个百分点。人均网约车支出占出行消费支出的比重与 2019 年基本持平，约为 11.3%。人均共享住宿支出在住宿消费中的占比则由 2019 年的 7.4%下降到 4.9%。下降幅度较大的主要原因在于，新冠肺炎疫情防控下出行住宿需求大幅下降，订单量急剧减少，同时间夜价格也出现明显下降，如 2020 年前五个月主要共享住宿平台上平均间夜价格同比下降 16%[①]。

---

① 国家信息中心分享经济研究中心. 中国共享住宿发展报告 2020. http://www.sic.gov.cn/News/568/10548.htm.

表3　2019—2020年主要生活服务领域共享型服务支出占比

| 领域 | 人均消费支出（元） | | 共享型服务支出（元） | | 共享型服务支出占比 | |
|---|---|---|---|---|---|---|
| | 2019年 | 2020年 | 2019年 | 2020年 | 2019年 | 2020年 |
| 出行 | 2764.6 | 2311 | 316.4 | 261.7 | 11.4% | 11.3% |
| 住宿 | 216.8 | 229.8 | 16 | 11.2 | 7.4% | 4.9% |
| 餐饮 | 3428 | 2862.5 | 425.4 | 474.4 | 12.4% | 16.6% |

## 四、直接融资大幅度增长

测算表明，2020年共享经济领域直接融资规模约为1185亿元，同比增长66%（见表4）。各领域融资情况差异较大，共享办公、生产能力和共享医疗等领域融资额大幅度增长，涨幅分别达到466.7%、285.6%和130.7%（见图7）；共享住宿领域融资规模较2019年明显下降。

表4　2016—2020年共享经济各领域直接融资规模

| 领域 | 2015年（亿元） | 2016年（亿元） | 2017年（亿元） | 2018年（亿元） | 2019年（亿元） | 2020年（亿元） | 2020年同比增速（%） |
|---|---|---|---|---|---|---|---|
| 交通出行 | 313 | 700 | 1072 | 419 | 78.7 | 115 | 46.1 |
| 共享住宿 | 34 | 13 | 37 | 33 | 1.5 | 1 | -31.0 |
| 知识技能 | 73 | 199 | 266 | 464 | 314 | 467 | 48.7 |
| 生活服务 | 155 | 325 | 512 | 185 | 221.5 | 260 | 17.4 |
| 共享医疗 | 42 | 44 | 19 | 147 | 38.1 | 88 | 130.7 |
| 共享办公 | — | — | — | 41 | 12.0 | 68 | 466.7 |
| 生产能力 | 4 | 10 | 34 | 203 | 48.2 | 186 | 285.6 |
| 总计 | 620 | 1291 | 1941 | 1490 | 714 | 1185 | 66 |

共享办公领域融资规模大幅度增长，主要是受领先企业优客工场上市和WeWork中国获得新融资的影响，两家企业的融资额占该领域融资额的九成以上。新冠肺炎疫情影响下，共享办公进入新阶段，越来越注重精细化运营、智能化和多元化服务。2020年9月，WeWork中国获挚信资本2亿美元的追加投资，将致力于将决策和管理、产品和服务全面实现本土化。2020年11月，优客工场成功登陆纳斯达克，成为"联合办公第一股"。公开资料显示，截至2020年6月30日，优客工场已经覆盖国内外47个城市，拥有185个联合办公空间。根据其2019年下半年披露的运营数据，其经营超过24个月的成熟空间的出租率从2017

年末的 63% 已上升到 2019 年末的 87%。

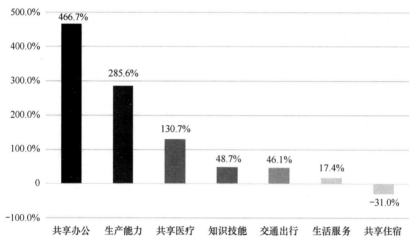

图 7　2020 年共享经济各领域直接融资额同比变化情况

生产能力领域日益获得资本青睐。全国工业互联网产业基金规模突破 28 亿元，一批"独角兽"企业加速涌现。跨领域工业云平台的建设、AI/机器视觉工业应用、工业安全解决方案等领域成为投融资热点。IDG、金沙江、红杉资本等知名风投机构积极开展工业互联网领域投资。2020 年，卡奥斯物联、树根互联等平台企业都获得了新的融资。据不完全统计，卡奥斯物联所属领域新工业在2020 年共有 44 笔融资，融资额约 11.5 亿元。2020 年 12 月，树根互联获得 C 轮8 亿元的融资，成为工业互联网领域新的"独角兽"。其搭建的根云平台可为工业用户提供设备一站式快速接入服务和端到端的一站式服务，具备灵活订阅的成本优势，可降低工业企业的转型风险。

共享医疗的价值也因新冠肺炎疫情进一步凸显。在新冠肺炎疫情防控期间，互联网医疗在提供医疗健康服务方面的独到之处进一步凸显，让广大用户体验到技术应用和模式创新带来的新型医疗服务。包括医保支付在内的利好政策密集出台，行业发展迎来新一轮契机，阿里健康、京东健康、腾讯智慧医院等平台纷纷加大资源投入和业务布局，行业竞争更为激烈。新冠肺炎疫情结束后，实现用户留存和盈利模式创新将成为平台企业之间竞争的焦点。未来，随着生活水平的提升，人们对医疗服务的质量要求也不断提高。互联网医疗的发展将逐步形成"线上+线下""诊疗+健康服务""药品+健康品"的多样化、内容丰富的服务链条，从而呈现行业多元化、融合化的发展趋势。平台企业要在竞争中脱颖而出，需要在创新产品、提升服务质量等方面持续努力。

与此同时，有些领域由于受新冠肺炎疫情冲击较大，行业整体监管力度加强，行业增长的不确定性加大，资本市场对企业的盈利能力和长期可持续发展能力要求提高，融资规模同比持续下降。总体来看，在新冠肺炎疫情影响下，共享经济主要领域都将迎来整合期，一些规模较小、抗风险能力较差的平台，或被迫退出市场，或主动寻求合作机会。行业洗牌整合加速，市场资源将向资本力量雄厚、综合实力强的品牌聚集。

## 五、企业服务市场成为竞争新战场

过去几年共享经济平台的服务主要面向 C 端消费者用户，随着这些业务逐步进入相对成熟阶段，行业领先企业积极拓展企业服务等新业务领域。与此同时，在新冠肺炎疫情冲击下，数字化水平高的企业的抗风险能力进一步凸显，传统企业数字化和平台化转型的意愿大大提升，这为平台企业从消费者业务转向企业服务业务提供了机会。平台企业发展重心的转变，也成为各行业数字化转型的重要推动力。

越来越多的共享平台转向 B 端，即企业服务市场。在出行领域，滴滴平台的出租车业务升级为"快的新出租"，并投入专项补贴为出租车乘客发放打车券，快的新出租通过滴滴 App 向用户提供服务，未来还将开放小程序等入口，出租车业务在公司整体业务中被提升至新的高度，已在 360 多个城市提供服务。嘀嗒出行与西安、沈阳、徐州、南京等多个城市开展合作，通过打通乘客、司机、计价器、车辆及出租车公司和管理部门之间的数据，推动传统出租车业务数字化转型，乘客打车后，扫码即可使用行程实时查询与分享、服务评价与投诉、聚合支付、电子发票等系列线上功能，从而享受更便捷智能的乘车体验。高德打车启动"好的出租"计划，计划一年内完成 100 万辆出租车的巡网融合改造，帮助 300 家出租车企业进行数字化升级；与新月联合、北方北创、北汽出租、金银建出行等北京多家大型出租车企业达成巡游出租车网约化合作。T3 出行的新战略在传统出租车业务方面推出了"T3 新享出租"，意在匹配线上需求和线下出租车。一些城市也开始探索网约车与传统巡游出租车融合发展的途径：如深圳、贵阳等地的巡游出租车驾驶证和网约车驾驶证合二为一、济南符合条件的巡游出租车可以申请转为网约车等。在生活服务领域，美团实施帮扶计划，一方面帮助商家拓展线上销售渠道，以外卖、在线商城等方式扩充新的收入来源；另一方面通过提供智能硬件和数字化解决方案辅助商家在开店选址、产品设计、活动运营、品牌营销等方面进行智能决策与管理，精准统筹企业服务能力的时空布局、资源分配，从而帮助中小商户进行数字化转型。饿了么平台加大在企业订餐服务领域的布局力度，针对企业商务宴请、会务餐、团建餐、加班餐、差旅餐等多种用餐需求提供一站式企业订餐管理服务；员工在平台下单后可采用企业支付、统一开票功能，免去先垫资后报销的复杂流程，且可自动进行餐补抵扣，并能在员工之间转赠共享，更加灵活和人性化。街电与购物中心、便利店、酒店、餐饮企业等开展合作，除提供充电服务之外，还帮助商家打通会员体系、开展广告营销、打造周边产品，提高商家的获客能力和品牌曝光率。共享经济平台在 B 端市场竞争日益激烈，其业务拓展无疑将深刻改变传统行业，全面推进线下业务的平台化转型。

共享经济平台在服务 B 端市场具有突出优势：一是平台拥有庞大的消费者流量及数据资源，可以帮助企业进行精准用户画像、提供客源基础、收集用户反馈，更好地满足消费者多样化、个性化的需求；二是通过规模效应实现服务降本增效。共享经济平台作为多主体力量整合的纽带，能够集聚、整合、分享产业链资源，发挥规模优势，为企业及商户提供高效率、低成本的相关服务。

开发 B 端市场有助于共享经济平台企业以较低的成本进一步扩大市场和培育新的竞争优势：一是 B 端市场上服务提供主体的合规性高，企业及相关从业人员已经取得相应的经营资质，平台无须投入额外的合规成本；二是业务稳定性强，B 端服务的专业化水平更高，用户切换成本也较高，更容易增强用户黏性，形成服务壁垒。三是从业人员的社会保障水平相对较高，从业人员一般都与企业签有正式的用工合同并享有相应的劳动保障，减少了平台企业所面临的社保责任压力。

但也应看到，面向 B 端企业的服务与面向 C 端消费者的服务有显著差别，共享经济平台需要采取针对性的策略，具体如下。一是根据业务形态的不同，采取定制化、针对性的专业解决方案。C 端市场用户群体规模大，产品或服务的标准化程度相对较高，业务场景相对简单，更注重交易频次；B 端市场不同行业、不同规模的企业需求具有显著差异，产品或服务的标准化程度相对较低，业务场景更为复杂，需要对企业所在行业、业务发展、组织管理等多方面有具体深入的理解。二是根据业务模式的不同，设计多元的服务模式和灵活的定价模式。共享经济平台的 C 端服务的营收主要来自用户购买服务或广告收入等，服务定价相对标准化；B 端服务的营收主要来自为企业提供定制化的解决方案，服务类型更加多元，定价方式更加灵活，如佣金、收益分成等，平台需要针对不同业务采取差别化的营销、服务和定价策略。

## 六、共享制造新业态新模式全面发展

2019 年 10 月，工业和信息化部印发《工业和信息化部关于加快培育共享制造新模式新业态　促进制造业高质量发展的指导意见》，我国共享制造发展迈上新台阶。2020 年，在满足社会抗疫应急之需、助力企业战"疫"和复工复产等方面，依托工业互联网发展起来的共享制造发挥了重要作用。新冠肺炎疫情倒逼传统制造业企业积极探索和尝试共享制造新模式，大型互联网平台企业也在共享制造领域积极布局。

共享制造的优势在抗疫时期得到凸显。依托工业互联网平台，大量的制造商、供应商、开发者等主体得以聚合，工业设备、产品、系统、服务实现更全面的连接，消费与生产、供应与制造、产品与服务之间的数据流被打通，研发设计、生产制造、运维服务等海量制造资源在线汇聚和沉淀，形成基于平台的制造能力开放共享和业务协同，促进社会化制造资源的网络化动态配置，构建起柔性、灵活、稳定的产业链供应链。新冠肺炎疫情期间，徐工汉云平台为武汉火神山医院建设紧急调配了在线设备，通过实时监测 72 台工程机械，有效开展了"云监工"。三一根云平台为陕西、广西等地的应急医院建设提供了重要技术支持，通过对工程设备开展远程监控，最大限度地加快了施工进度。富士康利用工业互联网平台进行了医疗物资的快速柔性转产，仅三天就建成了口罩生产线，为缓解口罩供给压力提供了重要支持。阿里云、华为等通过开放计算能力、汇聚优质资源、运用相关模型，对药物筛选与研制起到了重要促进作用，也为疫情防控争取到了宝贵时间。

行业龙头企业持续加大资源开放共享力度，以平台产品开发与运营为核心，创新服务模式，整合资源赋能创新创业，尤其是促进中小微企业加速发展，激发市场新活力。2019 年，工业和信息化部遴选海尔 COSMOPlat、东方国信 Cloudiip 等十大跨行业跨领域平台，广泛汇聚产业资源，实现创新引领。公开资料显示，海尔 COSMOPlat 平台上共聚集 400 多万个生态资源，覆盖 60 个细分行业，聚集 3.5 亿个用户，连接 2600 多万台各类智能终端、2000 多个工业 App，为将近 7 万家企业提供服务；同时该平台还孕育了如服装、农业等 15 个垂直行业的工业互联网平台，全部开放给中小型企业，助力中小企业转型升级。紫光、中国移动、腾讯等 ICT 企业发挥在 IaaS 和 PaaS 领域的技术优势，构建通用技术底座，降低其他平台的建设门槛。石化盈科、宝信、智能云科等制造企业依托行业经验和创新实践提供专业化服务，带动行业水平提升。

大型企业、中小微企业及各类服务企业之间的资源共享加速推进。近年来，得益于产业配套政策的不断完善，作为共享制造重要基础的工业互联网平台快速发展。我国已建成 70 多个具有跨行业和区域影响力的工业互联网平台，连接工业设备达到 4000 万台/套，平台服务工业企业共 40 万家，行业赋能效果凸显。利用海尔、用友、浪潮等的工业互联网平台开展业务的中小企业已超过百万家，数字化改造门槛显著降低，跨行业综合型平台引领作用不断增强。我国已打造形成 101 个融通型和专业资本集聚型特色载体开发区，制造业重点行业骨干企业"双创"平台普及率超过 80%，推动形成"龙头企业+孵化"的共生共赢生态[①]。

共享制造发展的基础设施持续完善。依托全球领先的 4G 网络和光纤宽带网络，应用 5G 等新型网络技术，加快构建低时延、广覆盖、高可靠的工业互联网外网体系，其已经覆盖 300 个城市、连接 18 万家工业企业[②]。工业互联网平台已

---

① 肖亚庆. 制造强国和网络强国建设扎实推进. https://wap.peopleapp.com/ article/5996942/5913241.
② 工业互联网发展全面开启数字经济新时代. http://www.cac.gov.cn/2020-10/21/c_1604847744602089.htm.

广泛应用到包括工程机械、钢铁、石化等在内的 30 余个国民经济重点行业。一批数字化车间和智能工厂初步建成。截至 2020 年 6 月，制造业重点领域企业的关键工序数控化率和数字化研发设计工具普及率分别达到 51.1%和 71.5%[①]。工业互联网网络体系加速建设，鼓励工业企业运用 5G、时间敏感网络（TSN）、边缘计算等新技术建设企业内网，领先省份的企业生产设备联网率接近 50%，全国"5G+工业互联网"内网改造在建项目超过 800 个。工业互联网标识解析体系实现了从 0 到 1 的突破。

## 七、网络直播营销成为共享平台的新亮点

新冠肺炎疫情期间，在人们线下活动受到限制、商家经营受限停摆的情况下，网络直播营销模式蓬勃兴起并快速渗透至众多行业。作为一种新模式，网络直播营销兼具内容分享与社交电商的属性，其本质是将线下海量资源在线上汇聚，由主播进行产品及品牌的直观动态展现，并与粉丝互动建立信任关系，通过商品销售实现流量变现。网络直播营销呈现"万物皆可播、人人皆可播、处处皆可播"的特征，除了专业主播，大众也参与其中。网络直播营销吸引了部分企业家的参与，并成为一些地方官员推介当地特色产品和服务的重要渠道。商务部数据显示，2020 年上半年，全国电商直播超过 1000 万场，活跃主播人数超过 40 万人，观看人次超过 500 亿人次，上架商品数超过 2000 万个[②]。

共享经济平台企业积极探索网络直播营销模式。短视频平台成为网络直播营销的重要载体，发展十分迅猛。快手数据显示，该平台电商交易总额由 2018 年的 9660 万元增至 2019 年的 596 亿元，2020 年 6 月 30 日达到 1096 亿元，两年时间增长 1000 多倍[③]。抖音平台上，2019 年 12 月至 2020 年 5 月新增 285 万名主播，直播共计 5531 万场，直播电商累计成交 119 亿元[④]。共享住宿领域，领先平台企业"直播"当地风土人情，"营销"民宿及周边产品。途家平台与酷狗直

---

① 肖亚庆. 制造强国和网络强国建设扎实推进. https://wap.peopleapp.com/ article/5996942/5913241.
② 商务部市场运行和消费促进司负责人王斌在国新办举行的国务院政策例行吹风会上的讲话. http://www.gov. cn/xinwen/2020zccfh/30/index.htm.
③ 快手大数据研究院. 2020 快手电商生态报告. http://www.199it.com/archives/1154103.html.
④ 面朝研究院. 2020 年直播电商数据报告：抖音 VS 快手. https://www.doc88.com/p-11973032671451.html?r=1.

播合作，优选热门城市的民宿，通过在线打卡、分享风俗趣闻、周边风光和娱乐项目等手段宣传民宿及旅游目的地，吸引十万余名观众在线收看。爱彼迎与浙江、桂林等地展开合作，通过直播、短视频等形式展现当地原生态的生活内容，直播间吸引 400 多万人次的用户参与，短视频播放量达 200 多万次。小猪平台与淘宝、飞猪和有赞等平台合作，开启民宿房东直播，帮助浙江、云南、四川、贵州等地的乡村民宿经营者售卖民宿周边特色产品；小猪、飞猪等平台还联合海南旅游和文化部门启动民宿专场直播活动，重点推广特色民宿，在两小时内就吸引 50 万人在线观看，交易额突破 200 万元。在生活服务领域，中小商户借助网络直播和基于位置的服务技术，精准锁定周边用户，使受限的线下经营在线上得以开展，并借助本地生活服务平台即时配送网络的优势高效完成消费闭环。

共享经济与网络直播营销深度融合、互促互动。一方面，共享经济平台成为网络直播营销的重要应用场景和舞台。网络直播营销的覆盖行业正从快消、美妆、农产品等特定品类，向住宿、外卖等产品和服务延伸。共享经济平台的庞大用户量成为网络直播营销目标客源的重要基础，其算法和技术能力能够进一步提高直播推送的精准性。另一方面，网络直播营销模式拓展了共享经济平台的营销渠道，使交易过程更加视觉化、情感化和互动化，大幅提升了消费体验，并使消费意愿及用户黏性大大增强。同时，网络直播营销模式还能缩短从原料商、生产商到品牌商、广告商等的链条，提高产品及服务的性价比，并通过实时收集用户数据与反馈促进上游环节的供给改善。

## 八、平台企业生态化扩张进一步加速

随着行业的发展、企业实力的增强，许多领域的领先企业在其主营业务逐渐成熟并获得一定的市场优势后，为实现进一步的增长和巩固竞争优势，开始以主营业务为核心，向产业链上下游进行拓展，或横向拓展至更多其他领域，持续打造和完善平台生态。2020 年大型平台企业的生态化发展进一步加速。

本地生活服务成为共享经济平台跨界布局和竞争的重要领域。短视频平台纷纷着手打造从"视频种草"到"终端消费"的全链路消费闭环。快手新增"本地生活"端口，提供餐饮、周边游、购物丽人、休闲娱乐等产品及服务；抖音新增同城外卖、门票预订、酒店预订等服务，用户无须跳出 App 即可完成消费闭环。网约车平台滴滴推出社区团购服务，用户在线下单后，既可选择门店自提，也可选择上门配送。公开资料显示，截至 2020 年 12 月，该业务覆盖 20 余座城市，日均件单量突破 1000 万单。

货运、跑腿业务成为各大共享出行平台积极拓展的新业务。在新冠肺炎疫情期间人们出行锐减的情况下，货物配送、代跑腿的需求大大增加，网约车平台依托已有的庞大用户基础、高效的智能调度体系和完整的安全保障机制，积极探索从"送人"到"送货"的业务延伸。2020 年，滴滴出行正式在上海、深圳、重庆等 21 个城市上线跑腿服务，首批跑腿员由平台上的代驾司机担任；成立货运关联公司发展货运业务，从 2020 年 5 月开始在杭州和成都招募货运司机。哈啰出行推出以文件、样品、小件物品递送为主的中短距离即时配送服务。曹操出行在提供同城物流服务的基础上还推出外卖配送服务。国外网约车平台 Uber、lyft 也开始布局即时配送业务，通过与各地商超展开合作，为人们提供包括食品杂货、餐饮、医疗用品、日用品等在内的生活必需品配送服务。

出现这一现象的原因如下。一是由于平台是链接多边群体、整合多方资源的枢纽，具有明显的规模效应、范围经济和网络化效应，平台规模越大，其经济活动的边际成本越低，因此平台具有扩大规模、延展范围的内在动因。二是企业的竞争需要。随着近几年用户数量增长放缓，平台营收压力不断加大，新冠肺炎疫情进一步对平台产生严重冲击，挖掘新的流量入口以争夺新用户、培育新业务成为竞争焦点。三是形成生态闭环、增强用户黏性的需要。平台以用户需求为导向，以现有业务为基点，通过对产业链价值链的全面整合，为消费者提供"一站式"的综合服务，以延长用户停留时间、丰富变现手段。

多元化扩张的探索与尝试对平台来说也是巨大的挑战。新业务与主营业务之间能否形成紧密耦合、协同带动作用，仍有待实践验证；平台能否在新业务领域形成足够的核心竞争力、是否能在激烈的市场竞争中突出重围、未来能够产生多大的收益等，都存在很大的不确定性；新业务拓展需要投入大量资源，营运成本控制、盈利模式构建等都需要持续探索，这将极大地考验平台的运营能力。与此同时，对于大型平台涉嫌垄断的质疑也越来越多。未来共享经济平台企业在发展中都面临反垄断规制的潜在风险。

## 九、量身定制的监管制度持续完善

新冠肺炎疫情使人们进一步认识到了新业态新模式的韧性和发展潜力，共享经济发展的制度保障进一步完善；与此同时，针对实践中出现的新问题，量身定制的监管力度也在加大。

从制度保障的角度看，疫情冲击下，各部门、各地区面向中小商户的支持政策力度空前，如降低企业资金压力，减免税收、租金、水电费用；缓解用工成本，延迟缴纳社保、失业保险返还；提供融资支持，设立产业纾困基金、提供低成本信贷资源等，从多个层面帮助中小商户渡过难关。与此同时，一些原有的制度性障碍逐渐被破除。共享医疗是新冠肺炎疫情倒逼下制度创新步伐加快的典型领域。面对突然激增的诊疗压力和疫情防控的需要，发展改革委、卫健委、医保局等多个部门接连下发文件，在将互联网医疗纳入医保报销范畴、医疗服务异地结算、电子处方流转、探索推行互联网医疗首诊等多个方面都取得了重要进展，意味着长期以来共享医疗服务面临的制度障碍日渐被破除。互联网医疗能够以在线诊疗为流量入口，打通"社保—商保—用户—医院—医疗—药品"等不同环节的数据隔阂，使人们足不出户即可享受到"互联网复诊+处方在线流转+医保自动结算+药品配送到家"的一站式服务。平台企业将逐步构建"医药商业+医疗终端+医患个体"的联动机制，从在线预约、在线咨询等基础功能，向医药电商、互联网医院、诊疗平台、慢性病管理系统等多个模式持续探索创新，整个行业有望迎来更大的发展空间。

与此同时，针对共享经济发展中出现的种种问题，相关部门也本着鼓励创新、底线监管的原则及时进行回应与规制，引导新业态新模式健康发展。2020年，监管和规范的重点主要体现在以下四个方面。

一是对大型平台企业竞争行为的规范。自 2008 年《中华人民共和国反垄断法》实施以来，互联网领域的反垄断监管始终处于相对宽松甚至缺位状态。随着平台经济的快速发展，技术、数据、资本等市场资源加速向头部平台企业集中，市场集中度越来越高，大型平台的不公平竞争行为集中出现，2020 年开启了反垄断监管的新局面。2020 年 1 月公布的《〈反垄断法〉修订草案（公开征求意见稿）》首次增设对互联网经营者市场支配地位认定依据的规定。2021 年 2 月，《关于平台经济领域的反垄断指南》发布，意味着反垄断相关法律制度将进一步落地实施。其将反垄断的对象从传统经济领域延展到了平台经济领域，主要针对垄断协议、滥用市场支配地位、经营者集中、滥用行政权力排除限制竞争等四类垄断行为进行了细化规定，也确认了"平台、平台经济、平台经营者"等基础概念及相关市场界定的具体考虑因素，还对平台经济反垄断领域的诸多焦点话题进行了回应，如协议控制结构交易的反垄断申报，数据、技术和算法合谋对协议行为认定的冲击，滥用市场支配地位中的"二选一"，"大数据杀熟"和必要设施理论的适用等。

二是对网络营销和交易行为等的规范。针对直播电商发展中出现的假冒伪劣产品、虚假宣传、流量造假等扰乱市场秩序和侵害消费者权益的问题，自 2020 年 11 月以来，国家市场监督管理总局、国家互联网信息办公室、国家广播电视总局均出台了相关制度，从不同角度对网络直播予以规范：一是对网络直播营销活动中的各个主体，即网络平台、商品经营者、直播者等的责任和义务做出明确规定，包括直播平台应当对商品进行目录化管理、对直播账号分级分类、建立主播黑名单制度等；二是明确直播禁止发布的内容，并加大对网络直播营销活动中违法行为的查处力度，包括侵犯消费者合法权益、产品质量违法、不正当竞争、食品安全违法、广告违法、价格违法等。在共享住宿领域，2020 年 8 月，文化和旅游部发布了《在线旅游经营服务管理暂行规定》，从在线旅游经营的应急预案、网络安全、内容审查、资质核验、信息发布、正当评价、信息收集、公平交易、行政监管、协作治理、应急救助等方面，明确了在线旅游经营者、旅游者等各方主体的行为规范、担责依据，尤其是对一些包括"大数据杀熟"、不合理低价游等在内的社会旅游热点或旅游顽疾问题进行了回应，对平台的监管义务和责任进行了规定，提出了应当保障旅游者的正当评价权、避免价格歧视、保护旅游者个人信息数据安全等要求。

三是个人信息保护进一步加强。《中华人民共和国民法典》对隐私权和个人信息保护做了专门规定，清晰界定了隐私、个人信息及个人信息的处理等基本概念，明确了隐私权侵害行为的类型、处理个人信息的原则、个人信息的合理使用范围等，同时对隐私权和个人信息保护的关系做了规定。2021 年 11 月，《中华人民共和国个人信息保护法》正式实施。该法从确立以"告知-同意"为核心的个人信息处理的一系列规则、严格限制处理敏感个人信息、明确国家机关对个人信息的保护义务等方面，全面加强对个人信息的法律保护。2020 年 12 月，国家互联网信息办公室发布了《常见类型移动互联网应用程序（App）必要个人信息范围（征求意见稿）》，其中规定了地图导航、网络约车、即时通信等 38 类常见类型 App 的必要个人信息范围，明确提出了只要用户同意收集必要个人信息，则不得拒绝用户安装使用。

四是对青少年等重点群体的保护。2020 年 10 月，全国人大常委会通过了修订后的《中华人民共和国未成年人保护法》，新增了"网络保护"专章，除了对网络素养教育、网络沉迷预防和网络欺凌防治等突出问题进行了全面规范，还重点关注了网络直播、网络音视频等领域存在的问题，明确了服务提供者应当设置相应的时间管理、权限管理、消费管理等功能。2020 年 11 月，国家广播电视总局发布文件，明确禁止未成年用户打赏；国家互联网信息办公室发布的相关制度则要求未满十六周岁的人不得参与直播间运营和直播营销。2020 年 12 月，中央网信办、教育部等联合发出通知，明确提出未成年人网课平台不得推送不适宜未成年人的信息或广告引流内容。

治理

# 高红冰 |

# 构建数据治理新体系　促进数据生产力崛起

高红冰，信息社会 50 人论坛理事、阿里巴巴集团副总裁、阿里研究院院长、中国社会科学院信息化研究中心理事和特邀研究员、清华大学经管学院新商业学堂特聘教授、北京大学国家发展研究院 EMBA 特聘教授。

## 一、数据是数字经济的第一生产要素

第一，数据个性化应用使平台上更多的小微商家获得消费者流量，促进小微商家提高销量。针对商家的商品，进行数据个性化应用对比实验：测试组为关闭个性化推荐，曝光了 28 万个商品；对照组为开启个性化推荐，曝光了 400 多万个商品，是测试组的 14 倍多。这说明，没有个性化推荐，"小而美"的商品没有机会得到消费者的认识。

第二，数据个性化应用使消费者买到想要的东西，有利于提升消费者福利水平。同样，对消费者进行对照测试。从淘宝 7 亿多名消费者中随机抽出 62 万名用户，然后将其平均分成两组，一组保持个性化推荐开关开着，另一组把个性化推荐开关关掉。测试发现，把个性化推荐关掉后，用户浏览量下降了 77%，市场成交的笔数下降了 86%，成交额下降了 81%。这说明没有个性化推荐，平台直接匹配成交的概率大幅度下降，用户看到的商品与需求、兴趣不相关，点击和后续转化很少，交易的效率大大下降，消费的需求被压抑甚至消失。由于供给与需求的匹配效率大幅度下降，消费者福利受损严重。

第三，电子面单显著提高了商品流动的社会化效率。阿里巴巴菜鸟物流跟中通、圆通、韵达合作，使用电子面单替代纸质面单，对每个商品交易产生的包裹都赋予一个 ID 号，贴上二维码，生成一个电子面单提供给快递公司。研究发现，这样做一是节省时间，快递时间从 4 天节省到 2.5 天，大约平均一年为中国人节省的快递等待时间累计 3 亿年；二是使快递公司累计节省 80 多亿元。

第四，利用大数据进行产品研发与设计，大大缩短研发周期，降低研发成本，形成以消费者需求为驱动的生产制造的改变。C2B 以消费者的需求引导研发，将需求模块化、生产设计制造模块化，形成个性化需求、柔性化生产和社会化交付。制造业的需求侧、供给侧都大幅度采用数字化技术，利用沉淀数据做成模型来实现智能化生产。就服装生产而言，过去服装交付一般需要 4 个月，现在服装交付最快只要 7 天。

数字经济最终改变商业的价值链，价值链的变革推动中国经济增长进入一个高质量发展阶段。数据不仅改变了产品研发过程和制造业，也改变了零售商贸、金融业和服务业，创造了新的消费需求。传统企业必须与数字化融合，因为数据产生效率，降低成本，使参与数字化转型的各方都获得巨大的好处。通过数字化驱动生产要素、资源要素，尤其是实现供给和需求的高效配置，可推动经济高质量发展。产业政策应该去保护和促进这样的创新。

## 二、数据很难被垄断

目前各方对数据治理没有达成一致意见，立法也在进行中，所以审慎和包容变得更加重要。不管是对个人信息保护、数据安全问题，还是对数据财产化、政府数据开放问题，以及政府数据采购有偿化、"数据垄断"问题，都存在多种看法和争议，并没有取得一致的结论，在这种情况下，需要保持特别谨慎的态度。

第一，数据具有与石油、电力等有形物质不一样的特征，不宜轻言"数据垄断"。一是与石油、电力相比，数据是无形物，不具有排他性、独占性。二是数据以爆炸式速度增加，实时数据比重越来越大：到 2025 年，全球近 30% 的数据将是实时的，存量数据的价值在降低。在 2017 年，实时数据所占比例为 15%。三是收集数据的关键在于需要应用场景，而应用场景是动态变化的，是高度竞争的。四是原始数据价值很小，数据必须经过加工才有价值。因此，各方竞争的是开发利用数据的能力，而不是拥有数据的多少，这是一个更关键的未来趋势。

第二，在竞争中，数据虽然重要，但绝非关键，希望用数据来建立或巩固垄断地位几乎是不可能实现的。一是数据更多的是互联网平台持续运行时的副产品，而不是创建互联网平台时的关键。经济学家杰弗里·曼恩对互联网公司的崛起做过调查，结果发现成功的互联网公司开始时几乎都没有数据，更不是什么数据驱动型企业。二是 2018 年 11 月，美国联邦贸易委员会曾对数据垄断问题进行过一次听证会，多位在业内具有很高知名度的经济学家都出庭作证，几乎所有的经济学家都认为，数据的确可以大幅度增加企业的竞争力，但如果企业想仅依靠数据来实现垄断，则是十分困难的。三是经济学家安雅·兰布雷希特（Anja Lambrecht）和凯瑟琳·塔克（Catherine Tucker）曾写过一篇论文对数据与市场力量之间的关系进行探讨，结果他们发现："几乎没有任何证据可以证明在不断变化的数字经济中，仅仅依靠数据就能充分排斥更优的产品或服务的供给。要想建立可持续的竞争优势，数字战略的重点应当放在如何使用数字技术给用户带来价值上面。"

## 三、企业数据权益、使用的代表性观点

第一，数据权属："效率最高者拥有。"一是华东政法大学数据法律研究中心主任高富平提出，对于数据资源，应当按照经济规律创设和配置数据权利，遵循"谁生产，谁决定"，即谁生产数据谁就享有初始的权利，并可开始进行数据的流通、社会化利用。二是谁用得好就归谁。经济学者薛兆丰持这种观点。这是对科斯定律最流行版本的通俗解读。例如，亚马逊使用用户的阅读和笔记数据。在制度设计时，应尽可能让资源的流动和分配更方便、更容易。

第二，数据收集：监管重点应是使用环节而非收集环节。北京大学法学院张平教授提出："商业机构的隐私风险并非产生于个人信息收集之初，多集中在使用环节，即使类似的信息因使用场景的差异也会带来完全不同的结果，所以未来的信息立法应当更加重视信息使用阶段的监管。"从技术发展看，未来 IoT 环境下无目的收集的数据量（如摄像头）将远远超过有目的收集的数据量。换句话

说，数据自动化记录的环境，正在成为个体生活和工农业生产环境的基本特征。

第三，数据使用：企业拥有为提供个性化服务而正当利用个人数据的权利。中国社科院信息化研究中心发表的《基于个人信息的数据资产保护研究》提出："企业具有对个人提供出于精准营销和个性化服务目的而利用个人数据的权利。"北京师范大学新闻传播学院执行院长、教授喻国明认为：理论上算法导致"信息茧房"的假说从未被证实；实践上算法已经越来越多元并不断被优化，今天人们不可能只依赖一个算法平台获得信息，平台也从不追求用户兴趣的窄化，它更希望看到人们不同的需求，以获得更多的服务空间。

## 四、国家数据政策建议

第一，建立鼓励企业和产业开发使用数据的激励机制，充分发挥数据的价值。《中华人民共和国网络安全法》《中华人民共和国数据安全法》《中华人民共和国个人信息保护法》对国家数据安全和个人数据权益提供了保障。但是，没有法律法规对企业和产业的数据及数据资产提供保护。当前，企业数据权益亟待政策关注和支持。企业是数据开发和利用的主体，也是实现数据产业化和产业数据化的主体。明确保护企业组织的数据权利，有助于促进企业加工生产更多更好的数据资源，保护不足则会让企业失去积极性和创造性。

第二，企业应当保护和尊重个人信息和隐私，保障数据安全。少数互联网龙头企业建立了与国际接轨的数据安全管理能力，但大部分机构的数据保护意识和能力还存在很大缺失，如缺乏基本的数据保护意识、专业的数据管理人才等。全社会数据保护意识和数据治理能力不均衡，影响了我国整体数据保护能力的提升。企业、政府等数据开发利用机构应当采取保护个人隐私的措施，并通过法律、标准、宣传等方式促进全社会数据安全能力的提升。

第三，促进政府公共数据开放，使数据得到充分利用，以创造价值。目前信用、卫生、行政许可、交通、社保等方面的高价值数据的开放比例不高，数据开放的内容完整性、时效性、可机读性等也有待提升。为了进一步释放数据红利，建议进一步加速推进政务数据开放。

# 吕本富 |
# 数据开放与隐私保护的平衡研究

吕本富，信息社会 50 人论坛成员，中国科学院大学管理学院教授，国家创新与发展研究会副理事长，中国信息经济学会副理事长；国内电视节目的财经评论嘉宾，参与央视《对话》和《今日观察》近 100 期节目的策划与评论；2013 年位列香港世界经理人峰会评选的"中国商学院十大最受尊敬的教授"第四名。

## 一、数据产权界定

产权（Property Right）指的是"一种通过社会执行而实现的对某种财产的多种用途进行选择的权利"。产权不等同于所有权，是一组相对的权利束，包含使用权、处置权、支配权等一组权利，这些权利可能属于同一个主体，也可以分属于不同的主体。合理的产权安排可以起到激励作用，优化资源配置[1]。

数据具有很多与实体物品不同的属性：复杂性，由多主体产生，经过多轮处理才能形成有价值的数据；不确定性，数据的价值很难被标准量化；可复制性，数据方便复制，可以同时存在不同介质中；特殊的稀缺性，数据具有无形性，且理论上可无限复制，并且复制品与"原物"的价值等同，数据的稀缺性不同于传统意义的资源稀缺性，往往体现在获取及控制使用上，而不是数据本身具有很高的直接价值，单个数据往往不具有直接的经济价值；隐私性，能够识别特定个人身份或特征的数据往往具有隐私性；时效性，通常情况下，如果在一段时间内数据没有被很好地分析使用，其价值就会随时间推移而减少。因此，数据产权的认定比实体产权的认定更加复杂，现有的产权制度，如物权、所有权、知识产权制度并不能很好地套用于数据产权问题。数据作为信息载体，已成为一种战略性资源和重要的生产要素，其所有权、使用权、收益权等的界定会对数据产权主体（既可能包含个人用户、数据收集企业、平台企业，又可能包含政府机构与数据中介等组织）的福利乃至社会福利产生很大的影响。合理的数据产权安排是数据安全有序开放的前提，清晰的权责分配有助于数据的高效流通并兼顾公平，实现净价值最大化。本文将从经济学的效率和公平平衡角度，采用成本效益分析法剖析数据产权界定问题。

## 1. 效率角度

诺贝尔奖获得者罗纳德·科斯（Ronald Coase）提出的科斯定理是分析产权问题的重要工具。科斯定理指出：只要财产权是明确的，并且交易成本为零或很小，那么，无论在开始时将产权赋予谁，市场均衡的最终结果都是有效率的，可实现资源配置的帕累托最优[1]。科斯定理反映了一个很直观的逻辑，在交易成本足够小的情况下，只要产权还没有被配置给使用效率最高的人，这个人就会不断地抬高出价，最终结果是相应的产权一定会落到使用效率最高的人手里。但是，在现实社会中，并不存在交易成本为零的情况。为了实现效率目标，初始产权就应该被直接分配给最能有效对其使用的一方。具体到数据产权问题，由于不同人对数据价值的判定存在主观性，数据流动过程也涉及大量成本，因此，交易成本不可能为零。如何把初始产权分配给数据使用效率最高的一方这一问题就转变成界定谁更能有效地使用数据，即如何在不同的利益主体之间甄别出那个合适的人的问题，对此需要结合具体情况做具体分析。

以平台企业与用户之间的数据产权划分问题为例，如果数据由用户个人所有，那么单个用户的数据量小，数据维度不多，数据价值是微不足道的，并不具备财产属性。但是，如果平台上的用户在平台上产生的数据都归平台企业所有，数据规模更大，数据来源更广，数据维度更多，平台企业可以借助大数据分析方法、人工智能等技术来分析、预测微观层面的消费者行为，形成范围经济和规模经济效应[2]，从而大大提高数据价值和数据使用效率。但是，把数据产权划分给平台企业也存在一定的成本：一方面，增加了平台企业侵犯用户隐私的可能性；另一方面，平台企业掌握大量用户数据后，使"第一类价格歧视"的实施成了可能，加剧了人们对数据垄断的忧虑[3]。然而，事实表明，平台企业拥有数据产权产生的风险其实并没有想象的那么大。Athey、Catalini 和 Tucker 在关于隐私悖论的研究中通过实验证明，即使是对隐私表示出强烈偏好的用户，也愿意为小额的奖励而放弃个人信息[4]。也就是说，在大数据时代，人们通过隐私信息来换取更多便利的、个性化的服务，产生社会福利，净成本并不是很大。数据垄断具有两层意思：一是指平台企业对于数据资源的垄断，但由于数据的可复制性、非竞争性[5]，平台企业很难实现垄断；二是指平台企业依靠掌握的数据强化垄断行为，这类问题跟传统的垄断问题并无本质差别，不影响数据产权问题[6]。

综上分析可以得出，从效率角度综合比较成本效益，数据产权越向大体量级别的主体（政府、企业）集中，所产生的价值越大，效率也越高，让更能使数据产生价值的一方获得数据的产权是更为可取的。但是，科斯定理本身具有明显的局限性，对于是否达到帕累托最优状态人们存在很大争议，片面追求资源配置效率可能会导致类似企业因过度追求商业利益而剥夺用户福利，进而降低整体社会福利的问题。

### 2. 公平角度

经济中的公平强调要素投入与要素收入相对称，它是在平等竞争的条件下通过等价交换来实现的。从公平角度出发，主要的衡量标准为相关主体所做的贡献，谁的投入多，谁的贡献就大，产权就归谁。具体到贡献的比较，不同主体在不同的立场上得出的结论可能完全不同。从数据生命周期角度分析，从数据生产到数据收集再到数据使用，各个环节所对应的主体不同。

以个人产生数据、企业收集数据、平台建模分析处理数据过程为例，进行数据收集、分析的可能是同一个平台企业，也可能是不同的主体。原始数据来源于个人用户的行为，表面上个人是原始数据的生产者，但单个用户的行为本身并不直接形成数据。因此，在无法律规定或合同特别约定的情况下，用户对于其提供给网络运营者的单个用户信息尚无独立的财产权或财产性权益可言。只有将这些行为中蕴含的信息以数据形式收集起来，并进行必要的加工，才会产生有价值的数据，而这个过程需要投入大量的资源和劳动。从成本效益角度看，个人用户没有动力也无法承担数据收集、加工的成本，这些工作大多由平台企业集中完成。

例如，淘宝上的商户并不会专门雇人记录每天的营收情况、消费者的访问情况等，而是由淘宝平台利用其技术优势集中处理，利用规模效应来降低成本。在这种情况下，如果把数据的初始产权界定给个人，那么淘宝平台就失去了做数据收集和分析工作的积极性。

根据公平原则，在数据形成过程中，个体用户和企业均参与并付出努力，把产权单独划给某个主体并不合理。若刻意追求公共利益，强调公平，虽然可能在一定程度上保护了数据隐私，但也限制了数据价值的挖掘，遏制了企业的创新能力，阻碍了新技术发展。因此，单从公平角度，无法通过直接量化每个主体的贡献来界定数据产权。

### 3. 平衡效率与公平

在数据产权界定问题上，仅从效率角度或仅从公平角度分析都是不合适的。若只考虑效率，将数据产权划分给平台企业，以实现资源配置效率最优，会导致侵犯隐私或数据滥用现象，打击个人产生数据的积极性，阻碍数据的可持续发展；反之，若只考虑公平，可能会使数据价值开发不足，影响数据利用效率和社会福利。因此，最好的方式是实现效率与公平的平衡，坚持数据开放的主线，在最大限度提高数据利用效率的同时，注重数据安全和隐私保护，兼顾公平原则，强调公共利益和商业利益相协调。

关于数据产权分配，本文认为关键在于三权分离，即分离产权中的所有权、使用权、收益权。首先，个人是数据生产者，由个人行为产生的原始底层数据的数据所有权属于个人；企业是数据加工者，经过平台匿名处理、脱敏建模的数据，以及已经确认无法识别特定个人或用于精准用户画像的数据，数据所有权属于企业。其次，由平台收集、处理加工后的数据使用权归平台所有。这些数据虽然本质上是个人数据的集合体，但收集、管理、存储所需成本都由收集一方付出，因此，为了体现公平，平台享有使用权。同时，为了保障个体作为数据生产者的权益，应该对平台的使用权做出限制性规定，比如禁止数据滥用，限制使用时限，用户享有知情权、访问权、使用权、被遗忘权、数据可携带权等处置权。关于收益权，在整个数据产生、收集、分析、价值实现的过程中，涉及的各方主体均应享有数据的收益权，各个主体之间的收益分配可以根据收入产出比通过等价交换实现。值得关注的是，企业与个体之间的交易，由于数据体量较大、数据类型繁杂、涉及个体用户较多，针对每个个体用户的数据定价是十分复杂低效的。因此可以借鉴庇古税，通过设计合理的税收制度，由政府向使用数据获得收益的企业根据获得收益的多少来征收一定比例的"数据税"，再将收取的税收投入数字基础设施建设，进一步提高数据安全技术，通过间接转移支付让每个个体都能享受到收益，进而提高社会整体福利。

## 二、规范数据开放使用流程

为了实现数据开放与隐私保护的平衡，在数据产权明晰、权责分配明确之后，还需要进一步规范含有隐私数据的数据开放使用流程。目前，国内关于网络信息收集和使用的规则分散于《中华人民共和国消费者权益保护法》《电信和互联网用户个人信息保护规定》《人口健康信息管理办法（试行）》《侵害消费者权益行为处罚办法》《中国人民银行关于银行业金融机构做好个人金融信息保护工作的通知》等法律、法规、部门规章及规范性文件中。显然，个人信息保护问题已经引起政府相关部门的重视，《中华人民共和国民法典》已于 2021 年 1 月 1 日施行，标志着个人信息保护立法的顶层设计基本完成。

此外，《信息安全技术　个人信息安全规范》已于 2020 年 10 月 1 日正式实施；《中华人民共和国数据安全法》也于 2021 年 9 月 1 日实施。但对于隐私数据的开放使用问题，我国至今仍未出台统一的标准规范。目前，国内数据控制主体仍以政府、企业为主，本文将从政府和互联网平台企业的角度讨论隐私数据规范使用问题。

### 1. 注重个人信息数据收集的合法性

数据收集可以看作一种价值交换行为，例如，去银行贷款，贷款人主动提供个人资产信息，以便获得贷款；去医院看病，病人主动提供个人健康数据，以便医生对症下药，这些本质上是一种个性化服务与敏感数据之间的平衡。换句话说，脱离数据服务谈论敏感数据收集问题是不切实际的，收集的信息应该与所提供的服务相关，应具有一定的合法性、必要性。例如，如果某人去餐馆吃饭被问收入状况，是没有任何意义的，但如果其去买房，被问收入状况等信息就是必要的。

在我国，合法性基础主要是个人的同意，通过点击"同意"按钮或实际使用服务，用户的数据就可以被合法地收集。然而，大多时候用户在点击"同意"按钮时并不明确哪些数据被收集及数据收集的目的，用户事实上无法真的基于理性选择——做出决定，从而使点击"同意"按钮流于形式。绝大部分用户并不在意自己的信息被记录、收集和分析，除非会带来人身伤害或经济损失；他们也没有能力逐一核实自己的信息如何被使用，也就是说，徒有告知表象，却无告知之实。另外，遇到一些突发情况，如新冠肺炎疫情，在《通用数据保护条例》（*General Data Protection Regulation*，GDPR）框架下，基于疫情监测、防控、隔离等目的，互联网公司、电信运营商基于已掌握的个人信息为相关部门进行传染病防控提供数据支撑，不必拘泥于数据主体的同意要件，可援引第 6 条（d）"为保护数据主体或其他自然人重大利益"或第 6 条（e）"公共利益目的执行任务或数据控制者履行所赋予的公共职能所必要"作为数据处理的合法性基础[7]。而在新冠肺炎疫情暴发早期，《中华人民共和国网络安全法》并没有给出同意的例外情形，《信息安全技术 个人信息安全规范》中关于同意的例外规定也存在欠缺。

针对以上问题，2021 年 8 月 20 日，第十三届全国人大常委会通过了《中华人民共和国个人信息保护法》，其给出了个人信息的定义，并详细规定了信息处理者收集、处理信息的条件，赋予了信息处理者应对突然事件时的信息处理权和个人信息所有者对信息处理过程的被告知权。值得一提的是，《中华人民共和国个人信息保护法》明确告知了信息所有者对其个人信息的处置权利，对于个人信息所有权和使用权进行了区分，既明确了信息处理者的权责范围，又保障了信息所有者对数据信息使用的知情权、选择权，为个人信息的收集和使用提供了合法性依据。

### 2. 建立数据分级分类制度

首先，厘清个人信息与隐私的定义。《中华人民共和国民法典》第一千零三十四条规定，"个人信息"是指以电子或者其他方式记录的能够单独或者与其他信息结合识别特定自然人身份或者反映特定自然人活动情况的各种信息，包括姓名、出生日期、身份证件号码、生物识别信息、住址、电话号码、电子邮箱、健康信息、行踪信息等。关于隐私的定义，不同文化或个体对隐私有不同的理解，但主体思想是一致的，即特定个人（或团体）不愿意暴露的、可用于确认其身份或特征的敏感信息。《中华人民共和国民法典》中也明确了"隐私"的定义，其是自然人的私人生活安宁和不愿为他人知晓的私密空间、私密活动、私密信息（参见第一千零三十二条），即个人信息中可能也含有不想为他人所知晓的私密信息。根据该定义，隐私数据在任何情况下都不可以作为开放数据来交易。

其次，将个人信息相关数据进行分级管理，如分为一般数据、敏感数据等。通常情况下，对于敏感信息如医疗保健数据、金融数据等，应该给予重点保护，不可随意开放流动；而对于一般数据，在匿名处理之后可以开放交易。但是，对于个人信息数据的分级不是固定不变的，没有统一的标准，应该视场景而定，具体情况具体分析，即何种信息数据在何时落入敏感数据这个类别，是和场景密切相关的。从数据控制者的角度出发，若认为某部分数据"一旦泄露、非法提供或滥用可能危害人身和财产安全，极易导致个人名誉、身心健康受到损害或歧视性待遇等"，就应当自觉将这些信息数据"升格"为敏感数据并予以更高级别的保护。

### 3. 发展第三方数据安全服务产业

匿名化技术发展成了现在数据挖掘中保护隐私的最主要的技术手段。GDPR中对于匿名化的定义：将个人数据移除可识别个人信息部分，并且通过匿名化处理，避免数据主体被识别[7]。如果将可识别的个人数据通过匿名化技术处理转变成不可识别的数据再进行数据开放，则可以实现数据开放与隐私保护之间的平衡。然而，由谁来进行数据匿名化处理呢？在传统的中心化模式下，相比于企业，个人用户处于技术不对等的弱势地位，即使每次都以匿名身份使用企业提供的各项服务，其也无法避免在各种数据挖掘分析技术下成为一名"透明人"。而企业本身如果自主研发或引进匿名化处理技术，又将是一笔不小的投入成本，因此很多企业，尤其是中小企业缺乏内在激励[8]。在此情况下，可以发展第三方数据安全服务产业，在数据收集之初就将数据安全相关业务交由专业可信的第三方完成，从源头切断个人隐私数据相关的风险。

规范的第三方数据安全服务产业还可以承担数据开放安全标准制定、数据安全测评、帮助企业对数据进行分级分类、推进新型数据安全技术（如区块链技术）研发应用等重任，由此构建数据治理生态，提高数据开放的安全水平。首先，人工智能时代充满了不确定性，当下数据安全治理是充满未知的，只能摸着石头过河，不断试错、不断调整。在这种情况下，由政府主导的自上而下的治理模式是不够灵活的；相反，鼓励发展第三方数据安全服务产业，让专业的数据安全组织参与数据安全测评、帮助企业对数据进行分级分类、制定数据开放安全标准，由实践出发的自下而上的管理模式更适合快速变化的时代。其次，《自然·通讯》杂志发表的一个研究表明，目前所使用的匿名化技术和数据开放方法可能不足以保护个人隐私或满足数据保护法律法规的要求[9]，因此，仍需要进一步激发数据安全企业的创新能力，推动新技术发展。

## 参考文献

[1] COASER H. The problem of social cost[J]. Journal of law & economics, 1960(3): 1-44.

[2] OECD. Data-driven innovation for growth and well-being[R/OL]. [2020-09-01]. http://dx.doi. org/10.1787/9789264229358-en.

[3] 张亮亮，陈志. 培育数据要素市场需加快健全数据产权制度体系[J]. 科技中国，2020(5): 15-18.

[4] ATHEY S,CATALINI C,TUCKER C. The digital privacy paradox:small money,small costs,small talk[R/OL]. [2020-09-01].https://www.gsb.stanford.edu/faculty-research/working-papers/digital-privacy-paradox-small-money-small-costs-small-talk.

[5] JONES C, TONETTI C. Nonrivalry and the economics of data[R/OL]. [2020-09-01]. https://www.gsb.stanford.edu/faculty-research/working-papers/nonrivalry-economics-data.

[6] 费方域，闫自信，陈永伟，等. 数字经济时代数据性质、产权和竞争[J].财经问题研究，2018(2): 3-21.

[7] 京东法律研究院. 欧盟数据宪章[M]. 北京：法律出版社，2018.

[8] 姚前. 数据隐私保护新思路：从依赖他方到自主可控[J]. 中国信息安全，2019(1): 104-107.

[9] ROCHER L, HENDRICKX J M, MONTJOYE Y. Estimating the success of re-identifications in incomplete datasets using generative models[J]. Nature communications, 2019, 10(1): 1-9.

# 邱泽奇 |
# 算法向善选择背后的权衡与博弈*

邱泽奇，信息社会 50 人论坛成员、法学博士、长江学者特聘教授、北京大学博雅特聘教授、北京大学中国社会与发展研究中心主任；高等学校科学研究优秀成果奖获得者、国家图书奖提名奖获得者、中国出版政府奖图书奖提名奖获得者，享受国务院政府特殊津贴。

作为数字社会的技术核心，当下的算法为人类的生产、生活和治理提供了极大的便利。在生活领域，从出门到回家，从进入工作场所到离开工作场所，处处都有算法的帮助，人们衣食住行的方方面面也都有算法在支撑。在生产领域，数字经济的发展，农业、工业和服务业的数字化转型，都依赖算法的协同。在治理领域，从人口有效管理到公共政策的出台和公正执行，从城市服务优化到乡村福利分配，算法是其中不可或缺的部分。指纹识别、人脸识别、红绿灯调节、驾驶导航、网络搜索、在线支付、社会信用等在生产、生活和治理中的广泛运用，都有算法在助力。

2020 年 9 月，以促进科学发展为己任的《自然》（*Nature*）杂志子刊《机器智能》（*Machine Intelligence*）刊登了一篇文章——《我们赖以生存的算法》，尖锐地批评了英国政府运用算法预测学生高考（A-Level Exam）成绩的做法，认为用学生平时成绩预测高考成绩是对既有社会分化的固化和极化。近期，国内外卖系统的算法也引起人们热议。人们似乎认为，算法是人类共同面对的、前所未有的敌人，算法之恶已令社会深恶痛绝。为此，我们如何应对算法的利弊，让算法

* 本文系国家社会科学基金重大项目"新科技应用背景下的数字社会特征研究"（项目编号：19ZDA143）子课题"数字社会的国家治理研究"的部分成果。

更好地服务于人类社会呢？这一问题值得探讨。

## 一、算法的产生与运用：泰勒制、老虎机与数字导航

当下，人们很容易认为算法是在大数据产生之后才出现的新生事物，其实不然。在人类面对大规模生产组织时，算法就已经产生且被运用了。

泰勒制是算法运用于生产的古典案例。19 世纪末 20 世纪初，企业规模迅速扩大和企业数量迅速增长带来生产的混乱和效率下降。美国著名管理学家弗雷德里克·温斯洛·泰勒（Frederick Winslow Taylor）认为，科学管理如同节省劳动力的机器一样，目的在于提高每个单位劳动时间的产量。泰勒主张向管理要效率，他研究生产流程的每道生产工序，把工序分解为最小作业单元；研究岗位劳动者的每个生产动作，把动作分解为耗时最短的操作；分析生产过程中使用的每件生产工具，把工具分解为最简单的使用形态。进一步地，他运用算法，在工序、动作、工具之间进行配置，研究出最经济且生产效率最高的"标准操作方法"，依据工序和工具制定生产规程及劳动者的劳动定额，并将定额与劳动单位的收入挂钩，让劳动者自己算出每个操作的收入。泰勒认为，劳动者是理性的，也一定会向收入最大化努力，当每位劳动者都实现收入最大化时，企业的效率自然实现了最大化，这就是科学管理。其中，工序、动作和工具之间的最佳匹配便是算法的产出。

老虎机是算法运用在生活中的经典案例。在美国西部的"淘金热"中，一夜致富几乎是每个淘金人的梦想。1895 年，查尔斯·费（Charles Fey）发明了老虎机，运用了以小博大的淘金梦原理：玩家投入极小的赌注，即有机会获得最大的赔付。许多怀揣淘金梦的人把玩老虎机当成了另一种淘金，一时间，玩老虎机成为一种时尚。随着工业化的推进，人口大量聚集到城市，城市劳动人口的业余时间成为城市生活亟待占领的一个市场，老虎机随之而来。其不仅成为许多赌场的标配，还成为人口密集区域便利店的设施。老虎机依靠算法，一方面制造赢家，另一方面让庄家得以盈利并维系老虎机的存续与发展。

数字导航则是算法运用在生产、生活和治理领域的当下案例。无论是物质还

是人，都可被称为实体。运输是为现代市场传递实体的行业，运输效率对市场效率有直接影响。为了提高市场效率，针对运输设施和设备进行技术创新的努力从未停止。单个设施和设备的技术创新并不足以提高运输效率，设施与设备之间的协同才是提高运输效率的关键。为此，人们开发了运输管理系统，运用算法和有限数据建构运输需求、运输设施与设备之间的衔接和匹配关系。以陆地运输为例，在运输管理系统中，车与路的协同始终是难题，尤其是在运输需求极高的城市，在运输需求不断增加的情况下，如何最大限度地让道路和车辆高效协同，是城市发展面临的问题。

传统的解决方案是，让人们到路口去数每个时间段的车流量，综合计算道路与车流量之间的关系，将运输需求与道路承载力的关系转化为红绿灯的切换节律。在给定道路承载力与路网关系的前提下，一方面，通过红绿灯切换、车辆数量和类型约束提高运输行业的运输效率；另一方面，让驾驶者运用经验规划路径，以提高个体的运输效率。其中，红绿灯切换和驾驶者路径规划运用的依然是算法。

而当下的解决方案是，汇集每辆车的实时位置和移动速度数据，计算具体道路的运输需求、车辆数量、移动速度与道路承载力之间的关系，同时计算路网衔接对运输效率的影响，为每位驾驶者提供道路拥堵程度的数据和高效到达目的地的路径选择。在数字导航中，交通管理系统获取路网实时数据，车辆提供实时位置和车速数据，驾驶者即时选择驾驶路径——道路上的每个实体都参与了提高路网运输效率的行动。支持这一解决方案的还是算法。

与当代算法不同，古典的泰勒制、经典的老虎机和传统的运输管理系统都使用人力和简单的计算工具进行计算，无法对多个"关系对"进行综合计算，也没有能力实现整体最优。而在数字导航中，生产、生活及治理三方对效率的需求被同时纳入一个体系中，三者合一。尽管如此，从泰勒制到数字导航，算法一直存在于人类的生产、生活和治理领域。每个例子都告诉我们，算法并没有善恶，只是提高效率的工具。

## 二、算法只是效率工具，不是自我决策系统，社会规则决定算法善恶

使用工具产生的后果，无论善恶，都不是工具的对错。现在的我们对古典、经典和传统算法没有厌恶感，是因为我们没有生活在当时的社会场景中。事实上，泰勒制、老虎机、红绿灯等算法也曾引发过大规模舆情、社会运动，甚至社会混乱。

以泰勒制为例。泰勒制是福特制生产流水线的理论依据。福特和他的团队把汽车生产流程分解为 7882 个动作。1913 年，第一条 T 型汽车生产流水线诞生。1900 年，美国的汽车保有量为 5000 辆；1917 年，T 型汽车的年产量超过 200 万辆。第一批 T 型汽车售价为 850 美元，两年后下降到 350 美元。与此同时，工人日薪从 3 美元增加至 5 美元，日工作时间从 10 小时以上减少至 8 小时。福特制生产流水线提高了汽车生产效率，也为企业、工人和社会三方带来了更大收益。但当时，泰勒制却遭到前所未有的谩骂和攻击。一些人认为泰勒制反人性，把工人变成了流水线上的螺丝钉，强迫工人做简单重复的劳动，损害了工人的身心健康。

当下，由外卖骑手引发的舆情、对算法的批判，与 20 世纪早期人们对泰勒制的批评类似。例如，当下对算法逻辑进行批判，认为外卖行业的竞争让传统劳资关系的最后一点温情被剥夺，个人成为企业的一个编号等。再如，对算法逻辑带来不平等进行批判，认为资本不会以公共安全为主要目标，资本的天性是追逐更多的企业利益和更大的市场份额。订立一个契约，却让完全没有议价能力且被迫接受契约的骑手来遵守契约并承担后果，正是劳资之间的不平等。更有观点认为，算法难以解决的难题正是劳资之间的剥削关系，或者认为劳资矛盾正通过社会评价体系转化为劳动者与消费者之间的冲突。甚至还有人将算法政治化，认为算法政治不仅是技术议题，更是政治与道德议题等。

值得思考的是，面对泰勒制时，人们把矛头指向资方，而当下，人们却聚焦于算法。可是，算法并不是资方。算法的发展历程已经表明，其既可以是资方提高效率的工具，又可以是劳方提高效率的工具。至于为谁提高效率，不是算法自

己掌控的，而是社会实体掌控的。既然如此，人们为什么不把矛头对准资方或劳方呢？笔者以为，这与人们对数字社会算法的误解密切相关，人们以为数字社会的算法是一套自我决策系统。的确，基于大数据的算法具备了智能化特性，如打败人类国际象棋冠军和围棋冠军、计算道路拥堵状态和预测不同路径的运输时间，甚至判断人们的口味偏好或期待、预测人们可能的投票行为等。在泰勒制时代，这是不可想象的目标，而如今，人们对此习以为常。算法的确参与了人类的生产、生活和治理，提供了各类优化选择，节省了人类的脑力，也为人类达成特定目标带来了多种选择。可是算法只是效率工具，不是自我决策系统。

也许是数字社会的算法与社会互动特征的差异给人们带来了误解。古典的、经典的乃至传统的算法参与人类生产、生活和治理是通过组织体系或物质形态实现的。福特制是一种组织体系，老虎机是一种物质形态，二者都是算法的产物，社会无法看见算法。但是，在数字社会，算法跳出了传统组织体系和物质形态范围，直接暴露于社会中，与社会实体进行直接互动。在数字导航中，驾驶者选择不同路径，算法就会告诉驾驶者不同的运输时间；外卖骑手选择接单，算法就会把骑手的位置动态直接呈现在卖方、平台和买方面前。面对数字社会的算法，每个社会实体就像面对另一个社会实体。问题是，算法并没有因其呈现与社会互动的方式而改变其本质。古典算法是一套计算公式，数字社会的算法还是一套计算公式。不同的是，古典算法是工程师写在纸上的公式，数字社会的算法是程序员写在数据挖掘或机器学习模块中的一段代码。古典算法也具有互动性，只是互动周期长一些，让人们忽视了互动的存在；数字社会的算法的互动周期短或极短，凸显了互动的"刺激—反应"特征。可归根结底，算法不是实体。

数字社会的算法与社会的强互动形成了算法对生产、生活和治理的实时参与，直接落入了德国社会学家马克斯·韦伯（Max Weber）的权力分析框架。在数字社会的算法呈现其社会影响力时，计算社会学权威拉泽尔呼吁人们关注算法的影响，并提出"社会算法"（Social Algorithm）的概念，指出计算程序有能力掌握、评估我们的期待并提供个性化的体验。其实这是一种误导，其把算法提供的建议当成强制，以为算法掌握了某种社会权力，甚至是霸权。以阅读为例，当算法为读者提供个性化内容时，读者依然有选择权，可学者们无论是出于有意还是无意，都忽略了读者（人）的选择权。这样的忽略，无疑是误导。

现在，我们分析外卖骑手面对的算法。想象一个场景：在道路上，飞奔的外卖骑手面对四方——买家、卖家、平台、骑手对效率的追求，以及两项阻碍效率的约束条件——路况与运输工具，那么，把每单 40 分钟缩短为 30 分钟，骑手受损了吗？事实是：买家等待减少 10 分钟，收益为正；卖家提早 10 分钟回笼货款或还可多卖出几单，收益为正；平台提早 10 分钟收取服务费或因此扩大市场覆盖面，收益为正；骑手提早 10 分钟获得提成或可以多送几单，收益也为正。在每一方都有收益的系统里，利益相关方之间的互动一定会产生正反馈（Positive Feedback）效应，每一方对效率的追求都会为其他三方带来收益，也因此获得其他三方的支持，进一步形成事实上的"沉默的螺旋"。

## 三、面对"沉默的螺旋"和系统崩溃，社会选择的基准是经济效率的社会限度

如果我们把外卖骑手的工作场景放在历史长河中，便会发现它只是一段历史在数字社会的重现而已。回想一下福特制，外卖骑手的四方互动与福特制的多方互动一致，外卖骑手面对的算法与当年泰勒制算法并没有本质区别，都在提高社会整体的效率。而问题是，如果没有对"沉默的螺旋"的约束，正反馈的后果只有一个：系统崩溃。相比于古典、经典和传统的算法，数字社会的算法会更快地推动系统崩溃。在正反馈体系中，外卖系统的四方，没有一方愿意通过牺牲自己的收益来挽救系统。

能够阻止系统崩溃的不是技术。人们以为在算法中引入对参数和模型的不确定性考量，让算法具有稳健性就能解决问题，或者以为扩大算法指针的宽容度，增加算法变量的开放度就能解决问题。其实，问题不在技术，算法的稳健性、宽容度、开放度都是算法的技术指标，可以改进算法的准确度和精确度，提高系统的效率，却阻止不了四方中任何一方对更大收益的追逐。

能够阻止系统崩溃的也不是管理。有观点认为，外卖骑手受平台企业规则

约束，骑手与消费者都通过平台建立服务关系，因此，只要平台改善管理就能阻止系统崩溃，如改善算法、系统、骑手 KPI、派单机制、导航等。一些有社会影响力的人士甚至还指出，比起将消费者置于"多等五分钟"的道德选择中，平台更需要改变。其实，问题也不在管理。作为营利性企业，平台追求效率无可厚非，既符合实体角色，又是市场应有之义。问题是，平台改善管理可以在一方内部进行，却无法约束其他三方，更无力约束整个市场，何况市场上不止一家外卖平台。

一些观点认为，系统崩溃不可避免。理由是，外卖系统的各方几乎都在承受最大成本。任何一方想要改进，只能以其他三方的损失为代价，并且难以收获实效。还有观点认为，一方面，只要资本逻辑没有改变，企业管理的调整就不可能触及核心，而只是权宜之计；另一方面，强制性的外部监管又会给企业和骑手带来成本及收入压力。其实，问题不是外卖系统内谁承担成本，而是系统之外，面对"沉默的螺旋"和系统崩溃，社会如何选择。历史事实告诉我们，选择的基准是经济效率的社会限度。我们的社会到底需要什么样的效率？是让每一方都安全和有效的社会效率，还是不顾一切的经济效率？如果选择不顾一切的经济效率，算法无法阻止系统崩溃，只会加速系统崩溃。如果选择每一方都安全和有效的社会效率，算法也可以支持一个给定的经济效率，并且更加公平地分配收益，让社会整体最优。

对"沉默的螺旋"的破解需要借助外部规则。一个容易理解的例子是道路限速，个别国家在特定路段不限制驾驶速度，但为了公共安全，道路限速依然是世界各国的普遍实践。平台企业自我约束可以达成某种目标，应对市场的利益竞逐，就像道路限速，社会作为一个整体，对行业的约束依然是社会成本最低和实现社会整体最优的选择。针对行业制定有效的监管制度，是可为的治理之策。

对正反馈的破解则需要数字社会的"精益生产"。在泰勒制时代，社会通过对效率的频道切换改变了福特制带来的正反馈效应，把人们对生产数量的追求带到了对生产质量和精益追求的轨道，有效地破解了系统迈向崩溃的迷局。在社会制定规则、约束行业时，行业自身也可以考虑转换经济效率的频道，以外卖平台为例，其可以把对单量的追逐转向对服务质量和每单附加值的强调。

## 参 考 文 献

[1] [美]弗雷德里克·泰勒. 科学管理原理[M]. 蔡上国，译. 上海：上海科学技术出版社，1982.

[2] [美]迈克尔·波根. 福特：汽车大王[M]. 程素菊，译. 石家庄：河北人民出版社，2006.

[3] 孙萍."算法逻辑"下的数字劳动：一项对平台经济下外卖送餐员的研究[J]. 思想战线，2019(6)：50-57.

[4] 汝绪华.算法政治：风险、发生逻辑与治理[J].厦门大学学报（哲学社会科学版），2018(6)：27-38.

[5] [美]凯西·奥尼尔.算法霸权：数学杀伤性武器的威胁与不公[M]. 马青玲，译. 北京：中信出版社，2018.

# 何 霞|
# 中美自动驾驶出租车商业化政策法规研究|

何霞，信息社会 50 人论坛理事，中国信息通信研究院资深专家、政策与经济研究所总工程师，电信科学技术研究院硕士生导师，中国信息经济学会副理事长；长期从事车联网与自动驾驶领域的政策研究，完成多个论文和政策支撑成果。

自动驾驶是人工智能和实体经济融合率先突破的前沿领域。自动驾驶商业化落地有自动驾驶出租车（Robotaxi）、自动驾驶卡车和无人配送车三大发展方向。其中，自动驾驶出租车从技术研发、公开道路测试，开始进入区域商用化探索的快速发展期，对发展环境提出了更高的要求。为此，需要从政策法规、技术路线、商业模式和金融保险保障等方面积极探索，推动形成各具特色的发展战略与实施路径。

## 一、中美自动驾驶出租车商业化落地的探索实践

当前，自动驾驶出租车的商业化进程中美同步领先，两国正在构建由科技公司、出行平台、自动驾驶系统集成商及整车制造商和一级供应商组成的强大生态系统，推动商业化落地。

Waymo、百度、文远知行等科技公司率先开启商业化探索。2018 年年底，谷歌旗下的 Waymo 在美国率先部署了自动驾驶出租车服务 Waymo One。2019 年，Waymo 完全自动驾驶出租车已在亚利桑那州菲尼克斯的部分地区上路。百度旗下的 Apollo Go 在长沙、北京、沧州提供自动驾驶出租车与自动驾驶公交车出行服务，并在北京首钢园区启动 Apollo 完全自动驾驶出租车测试，如遇到

紧急状况，Apollo 完全自动驾驶出租车将由 5G 云代驾接管，其将成为 2022 年北京冬季奥运会访客出行的常规选择。自动驾驶初创公司成为技术供应商和出行服务提供商，形成自动驾驶出租车发展的后浪。中国首家得到全球汽车制造商投资的 L4 级自动驾驶初创企业——文远知行，于 2020 年在广州核心城市开放道路进行自动驾驶出租车试运营。AutoX 在深圳进行完全自动驾驶出租车试运营，并获得美国加州完全自动驾驶测试牌照。小马智行（Pony.ai）在北京亦庄提供面向公众的全区域、全时段自动驾驶出租车试运营，并在中国广州，以及美国加州尔湾和弗里蒙特市面向公众提供无人车试运营。

Lyft、Uber、滴滴等出行平台加大商业化落地部署。自动驾驶出租车是典型的双边平台经济模型：服务提供商在启动期需要投放一定密度的车辆，而出行平台有足够的车辆密度，通过混合派单，可减少对启动资金的要求。同时，自动驾驶能解放大规模的司机队伍，是出行平台发展的必经之路。因此，中美出行平台加快布局。2018 年，美国网约车平台 Lyft 和一级供应商 Aptiv 合作，在拉斯维加斯推出自动驾驶出租车运营，这也是全球最大的自动驾驶出租车运营规模。Uber 原是研发自动驾驶的"急先锋"，由于陷入自动驾驶事故及与 Waymo 的专利纠纷，其自动驾驶项目受挫。2020 年，Uber 平台重开，邀请 Waymo 和 Cruise 自动驾驶汽车接入运营。滴滴出行于 2016 年组建自动驾驶团队，获中美四地的自动驾驶路测资格，于 2019 年获得上海自动驾驶汽车客运服务许可证，面向公众开放自动驾驶出租车服务。

通用、戴姆勒、博世、长安等主机厂扮演中坚力量。当前，全球各大车厂都在向移动出行服务商转型，自动驾驶出租车成为车企最为关注的领域。相比科技公司和出行平台，车企是汽车产业链中的中流砥柱，优势在于超强的资源整合能力，以及拥有制造技术和数量庞大的车辆，这是前两者不可比的。如果说 Waymo 是自动驾驶领域的"领头羊"，则紧随 Waymo 的便是通用。凭借 Cruise 的技术实力，通用站在了主机厂阵营的前沿。2020 年，Cruise 发布 "Origin" 无人驾驶汽车，其获美国加州交管局的完全无人驾驶测试牌照，并在旧金山进行测试。戴姆勒和博世于 2017 年联手开发自动驾驶汽车，于 2018 年开启自动驾驶出租车路测，于 2019 年在加州圣何塞测试，联合打造的自动驾驶出租车服务将在 2022 年投放海外市场。特斯拉 AutoPilot 的升级版将在美国向特定少数专家和谨慎驾驶车主推送"完全自动驾驶"测试。福特准备于 2021 年推出自动驾驶出租车及送货服务。2019 年 7 月，长安的 L4 级自动驾驶出租车在重庆仙桃数据谷投入试运营。

## 二、自动驾驶出租车的合作模式与落地路径

合作共赢是自动驾驶出租车商业化落地的重要方式。自动驾驶出租车的商业化部署大致有以下三种模式。一是独立运营。Waymo 和 Uber 都公布过庞大的车队独立部署计划，但至今未能实施。二是众包模式。在美国，特斯拉让车主将他们处于闲置状态的特斯拉车辆加入自动驾驶打车服务网络——TESLA Network，从而减少特斯拉的投入成本，并且车主可从特斯拉所赚收入中抽取 25%～30%的佣金。三是合作模式。全球有三家自动驾驶公司采用合作模式，这是自动驾驶商业化落地的重要路径。其中：百度 Apollo 提供自动驾驶与车路协同的软/硬件系统，一汽红旗提供自动驾驶出租车前装量产产线，双方合作在长沙进行测试；文远知行通过旗下合资公司文远粤行与广州白云出租汽车集团、科学城投资集团合作，在广州合力启动自动驾驶出租车试运营项目；Aptive 与现代汽车于 2019 年成立自动驾驶合资公司 Motional，将于 2022 年向自动驾驶出租车运营商及车队运营公司推出自动驾驶系统及支持技术。综上，自动驾驶出租车要真正实现商业化落地，需要构建一个由科技公司、车队运营公司、出行平台、出租车公司、车厂组成的开放合作的产业生态。

单车智能与车路协同两大技术路线推动商业化落地。美国方面，基于高度发达的汽车智能化产业背景，以 Waymo 为首的自动驾驶企业采用单车智能的技术路线，这对于建设智能交通、智慧城市帮助很小。中国方面，起初我国相关企业采用单车智能技术路线，2020 年在新基建加持下，基于我国信息通信产业的优势，我国相关企业开始构建车路协同网络，采用车、路、云结合的技术，实现对自动驾驶出租车路线的实时监控、紧急状态下的云端接管，形成"聪明的车+智能的路+云端的车路协同"的技术路线，从而打造我国的自动驾驶产业。

自动驾驶出租车的无人化推进路径。自动驾驶出租车的终极目标是去掉安全

员，实现无人化，但需要逐步推进。初期的自动驾驶路测，主驾上有安全员，副驾上有测试员，现在百度、文远知行和小马智行均去掉了测试员，只在主驾上保留了安全员。正在测试的完全自动驾驶出租车，安全员变为远程安全员，通过远程实现多车接管，降低人/车比。未来，在保证行驶安全的前提下，可通过不断降低人/车比，以及商业模式的同步运作，实现商业化收益和多城市布局，逐步达到无人化和规模化运营。

## 三、中美自动驾驶政策立法进展与展望

中美在自动驾驶商业化的政策法规与环境构建等方面各具特色。美国联邦和州层面出台法规政策推动自动驾驶发展。美国联邦以美国运输部为主导，从机动车监管角度制定政策，为自动驾驶系统的应用消除监管障碍。自 2016 年以来，美国运输部基本上每年都发布一版自动驾驶政策，对汽车制造商和其他机构提供具备指导意义的前期规章制度框架和最佳范例，以便在自动驾驶的安全设计、开发、测试和应用等各个环节提供指导意见。2021 年 6 月，美国国家公路交通安全管理局（NHTSA）发布了《2021-01 标准常规命令——自动驾驶系统和 L2 级辅助驾驶系统的事故报告》，不仅增强了对 L4/5 级自动驾驶系统的监控，更重要的是首次将 L2/3 级自动驾驶系统也纳入了监管体系，消除了自动驾驶监管障碍。美国国会曾希望推出统一立法，为自动驾驶上路的合法性提供保障，消除各州法律之间相违背的条款，结束各州立法碎片化、不统一的局面，并以此为基础出台全球第一部自动驾驶法律，但国会的自动驾驶立法行动以失败告终。美国州层面从驾驶员管理与车辆使用的角度出发，为自动驾驶测试与应用提供政策和法律依据。根据美国国家立法机构会议（NCSL）的统计，截至 2020 年 2 月，美国至少有 41 个州和哥伦比亚特区审议了与自动驾驶汽车相关的立法，其中，29 个州和哥伦比亚特区颁布了立法，11 个州颁布了州长行政命令，5 个州立法并颁布了州长行政命令。加州是自动驾驶领域最活跃的州，2020 年 11 月，加州公共事业委员会（CPUC）批准"有驾驶监督员的自动驾驶车辆部署计划"和"无人驾驶的自动驾驶车辆部署计划"两个新项目，允许自动驾驶车辆运营商在该州推出自动驾驶出租车服务，允许参与者提供乘客服务、共享乘车，并接受乘坐自动驾驶车辆的货

币补偿。有 60 家公司获得在加州测试有安全驾驶员的自动驾驶车辆的有效许可，其中 Cruise、Waymo、Nuro、Zoox 和 AutoX 获得额外许可证，允许在公共道路上测试完全自动驾驶车辆。

中国加强自动驾驶发展的顶层设计。中国重视汽车的自动化、智能化与网联化协同进步，在推动自动驾驶发展中，发挥已有的网络基础优势，以开放心态和审慎态度，规范引导自动驾驶有序发展，打造具有中国特色的自动驾驶发展之路。国家制定战略，提出发展目标。2019 年，中共中央、国务院印发《交通强国建设纲要》；2020 年，国务院印发《新能源汽车产业发展规划（2021—2035）》，提出"2025 年高度自动驾驶汽车实现限定区域和特定场景商业化应用"和"2035 年高度自动驾驶汽车实现规模化应用"的目标。部委出台政策标准，明确发展领域。2020 年，国家发展改革委等 11 个部委印发了《智能汽车创新发展战略》，阐述了发展自动驾驶的基本原则。2018 年，工业和信息化部印发《车联网（智能网联汽车）产业发展行动计划》，提出"具备高级别自动驾驶功能的智能网联汽车实现特定场景规模应用等"目标。2020 年，工业和信息化部公示《汽车驾驶自动化分级》推荐性国家标准报批稿。2018 年，工业和信息化部等部门联合发布《智能网联汽车道路测试管理规范（试行）》。2021 年，工业和信息化部等部门联合印发《智能网联汽车道路测试与示范应用管理规范（试行）》。2019 年，交通运输部印发《数字交通发展规划纲要》，提出"推动自动驾驶与车路协同技术研发"。2021 年，公安部推动《道路交通安全法（修订建议稿）》向社会征求意见。地方探索自动驾驶出租车的商业化运营与立法。沧州市于 2020 年发布《沧州市智能网联汽车道路测试和示范运营管理办法（试行）》修订版，于 2021 年开启自动驾驶出租车无人驾驶测试和高速公路测试，探索收费机制。北京市于 2021 年出台《北京市智能网联汽车政策先行区总体实施方案》，鼓励企业开展自动驾驶出行服务等规模化试运行和商业运营服务，支持智能网联企业在商业运营服务过程中提供收费服务。深圳市于 2021 年发布《深圳经济特区智能网联汽车管理条例（征求意见稿）》，这是国内首个关于自动驾驶的地方法规，提出智能网联汽车可以在特区的高速公路和城市快速路开展道路测试和示范应用。

## 四、自动驾驶出租车商业化落地的问题与建议

当前，自动驾驶出租车商业化尚处于初期阶段，系统的安全可靠性还没有得到充分验证，相关技术还有待进一步完善，政策、法规、标准、伦理还在研究讨论中。自动驾驶出租车在适应并融入社会交通环境的过程中，极可能会发生安全事故，这将给相关企业和产业带来灾难性影响。为此，如何保障自动驾驶的安全，如何包容安全事故，如何稳步推动自动驾驶商业化落地，已经成为全社会要面对的重要问题，需要政府、学术界、产业界、监管部门乃至普通民众的共同参与、研究和讨论，以更好地促进自动驾驶产业的健康发展。

### 1. 以地方立法为探索点，推动自动驾驶统一立法

自动驾驶是技术、产业、法律与文化共同推动的产物，法律在自动驾驶技术和产业发展中起到基础性保障作用。同时，自动驾驶技术和产业水平可以检验一个国家治理体系和治理能力的现代化水平。自动驾驶出租车商业化不仅需要产业界的合力推进，更需要发挥中国制度优势，为自动驾驶保驾护航，在政策法规出台、基础设施支持、示范性道路规划、车联网辅助服务、交通规章制定等方面打开更多空间。为此，我们需要从地方切入，推动出台地方自动驾驶商业化政策，支持深圳市交通运输局率先开展关于智能网联汽车立法的探索，总结地方政策立法经验，向更多地区推广。同时，还可以通过中央统一立法，推动自动驾驶产业创新发展与商业化落地。

### 2. 以自动驾驶出租车为突破点，推动自动驾驶商业化落地

当前，自动驾驶商业化走得最快的是自动驾驶出租车；无人配送车还处于封闭、半封闭园区测试阶段，今年仅北京市高级别自动驾驶示范区为首批无人配送车头部企业颁发了无人配送车车身编码，首次给予了无人配送车相应路权；自动驾驶卡车的商业化落地仍在推动中。为此，要稳步推进自动驾驶出租车商业化落地，为自动驾驶商业化探索一条新路，积累监管经验和安全措施，为自动驾驶产业发展提供良好环境。

### 3. 以安全为基点，做好自动驾驶出租车商业化落地保障工作

安全是自动驾驶出租车发展的第一天条。自动驾驶技术被赋予保障道路交通安全的重要使命，对消除人类驾驶失误、提升道路安全性具有重要作用，但同样会带来与计算机、传感器及汽车软/硬件失误等相关的问题。自动驾驶出租车作为具有营运性质的出租车，打通技术大关仅是度过了青春期，接下来它将面临安全运营的挑战和社会的监督。为此，企业应该具备安全可靠的风险管理机制，设计安全可靠的系统是自动驾驶应用的根本。相关主管部门应尽快出台政策，明确要求配备 SAE 标准下的 L2 级辅助驾驶系统、L3～L5 级自动驾驶系统的整车厂、软件提供商和运营商报告自动驾驶系统的事故情况，加强对安全事故的处置。同时，相关主管部门应以包容审慎的态度看待自动驾驶在测试、示范运营等监管过程中出现的问题，及时总结经验，应对突发风险。

# 顾　勤、周　涛
# 数据要素流通的分账机制研究*

周涛，电子科技大学教授、大数据研究中心主任；主要研究方向为统计物理与复杂性科学，发表论文 300 余篇，引用 30000 余次，H 指数为 79；自 2014 年起历年入选 Elsevier 最具国际影响力中国科学家名单；2015 年，与屠呦呦等七名个人和北斗导航等三个团队共同当选 2015 年度中国十大科技创新人物。

2020 年 4 月 9 日，《中共中央 国务院关于构建更加完善的要素市场化配置体制机制的意见》（以下简称《意见》）发布。《意见》明确了要素市场制度建设的方向及重点改革任务，并就扩大要素市场化配置范围、促进要素自主有序流动、加快要素价格市场化改革等做出了部署。《意见》首次将数据明确为与土地、劳动力、资本和技术并列的新型生产要素。数据作为生产要素参与分配具有突破性的意义，有望快速推动数据确权、数据交易和数据资本化。如技术作为生产要素地位的明确，就为技术的有价转让及以知识产权作价作为股本金出资奠定了基础。如何搭建合规且高效的数据要素流通体系，是《意见》出台后亟待回答的关键问题。

数据要素的流通方式主要包括开放、共享和交易。数据开放是指向不特定主体开放的非涉密非隐私数据，一般不收取费用。某些情况下开放是面向受限主体或有前提条件的，如有些科学数据的开放需要使用方提前说明使用方式并承诺不用于商业目的。数据共享是指在协议或约定条件下，在有限主体间共享数据，一

* 成都大数据产业技术研究院兰宇、清华大学廖敬仪和成都大数据股份有限公司徐忠波亦对本文有贡献，特此感谢。

般也不收取费用。参与共享的主体往往也是数据的提供方。其他需要支付费用才能获得数据的流通方式，往往都被归为数据交易。

数据交易的方式很多，包括批量下载（一次性付费下载大量数据，如遥感数据）、权限使用（根据权限查阅和下载数据，一般对线程数和下载量有限制，如高校购买的电子出版物和经济社会数据集等）、API 查询（通过接口查询，一般返回简单的"是/否"值或数值，按照查询次数付费）、API 调用（通过接口进行下载，一般按照下载量付费）、沙箱服务（在约定的数据环境和数据格式下进行运算并获取结果，不直接得到数据本身）等。

如果只是简单地与传统的生产要素做类比，通常会认为交易才是数据作为生产要素流通的方式。但实际情况并非如此，开放的数据也可以作为重要的生产要素，如疾病致病基因的发现需要人类表型本体（Human Phenotype Ontology）数据；又如先导药物分子的发现往往要用到大量开放的有机化学方程式库。共享的数据很多也是典型的生产要素，如多家金融机构在一定的协议约定和隐私保障下，通过数据共享来提高风险识别的准确度，提升反欺诈、反洗钱和普惠金融服务等能力。

事实上，不同于一听可乐或一件衣服，数据很少成为最终的消费品，大部分数据的需求方都将数据作为进一步生产的原材料，或通过对数据的利用提高决策水平、业务能力、服务效率等，这正好也是生产要素的特点。

与普通商品交易不同，随着数据需求深度和广度的增加，数据交易的结构可能变得非常复杂。例如，采集数据需求的平台可能并不具备部分或全部的数据，数据需求可能需要多个分布于不同位置的数据源的组合才能满足，还需要大量中介节点分解和传递数据需求、需求响应情况及数据本身。在满足数据需求的过程中，不同数据源的数据贡献程度可能差异很大，不同数据源还可能针对同一项数据需求展开竞价。如针对罕见病的研究，需要不同国家/地区的多个医疗机构提供病例数据；又如针对企业的深入尽调，需要调取在不同地区注册的目标企业及其投资对象的多维数据。

为了应对这些复杂的情境，充分发挥完成一个数据请求所涉及的多个异质主体的积极性，亟须设计一套数据要素流通分账机制，这也是保障数据要素有效流通的基础之一。

本文分析了典型的数据请求和响应模式，借鉴了 P2P 文件共享系统中请求响应的激励机制[1]和单任务的链式衰减激励机制[2]，建立了包括请求端节点、中介节点和响应端节点的激励动员模型，设计了几何衰减模型的分账机制。在上述具有普适性的框架下，本文给出了几种常见情况下分账的具体计算过程，并将该机制推广到了数据请求需要多数据源响应且各自贡献不同的含权情境。文末讨论了如何在此框架下包容更复杂的情况，包括如何处理不同数据源针对同一数据需求进行竞价的复杂情况。

## 一、基本模型

一个具备数据需求分发和响应的数据要素网络至少应该包含以下 3 类节点。

（1）请求端节点——用于采集需求方的具体需求，一般为功能性平台，允许需求方提出数据申请，如金融机构希望获取某申请贷款企业 $x$ 的所有直接和间接控股的企业集合 $O(x)$ 及 $x \cap O(x)$ 近三年的纳税记录。

（2）中介节点——根据协议和/或算法将未满足的数据需求转发给一个或多个其他中介节点或响应端节点。

（3）响应端节点——数据源所在地，根据数据需求，提供相应的数据。

注意，一个节点可能同时扮演多种角色。如请求端节点很有可能也拥有数据源，能够响应数据需求；如果请求端节点不具备应对需求的完备数据，则必然也是中介节点；很多中介节点也是响应端节点，只将本地无法满足的需求分发出去。

首先考虑最基本的模型，其中请求端节点收到数据需求后，通过若干中介节点的转发，最后由一个响应端节点满足其需求。在基本模型中，假设一个响应端节点就可以满足所有的数据需求，更一般的情况，即数据需求需要多个响应端节点协同的情况，将在下一节讨论。因此，数据需求被满足的过程可以用"请求—转发—响应"链条来描述，其中需求信息从请求端节点到响应端节点所需转发的次数称为该链条的长度。记一次成功的需求响应中所有节点总的贡献为 1，每个节点分账的比例与其贡献的比例一致。如果请求端节点本身就有所需要的数据，自身就可以响应，则不需要任何中介节点，链条长度为 0，请求端节点完成了所有的贡献 1。

一般情况下，链条的长度大于 0。例如，未来公共数据的流通体系很可能是层次架构的，某城市 a 的企业在办理业务时需要调用与城市 b 有关的数据，需求可能在城市 a 的平台提出，被转发至城市 a 所属的省级行政区节点 A，如果 A 没有相关数据，需求可能要被继续转发到国家中心节点 C，C 根据寻址的规则找到 b 所在省级行政区节点 B，然后需求被转至城市 b 的数据中心，该数据中心实现成功响应并原路回传数据。这样就形成了一个长度为 4 的链条"a-A-C-B-b"。

图 1 给出了一个按上述层次结构组织形成的长度为 4 的"请求—转发—响应"链条示意，以及在 3 种基本模型下 5 个节点贡献的比例。注意，即便不按层次结构进行组织，基本模型也是完全适用的。本文给出 3 种普适性很强的简单模型。

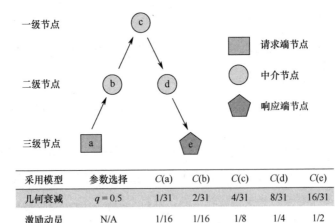

| 采用模型 | 参数选择 | C(a) | C(b) | C(c) | C(d) | C(e) |
|---|---|---|---|---|---|---|
| 几何衰减 | $q = 0.5$ | 1/31 | 2/31 | 4/31 | 8/31 | 16/31 |
| 激励动员 | N/A | 1/16 | 1/16 | 1/8 | 1/4 | 1/2 |
| 固定收益 | $r = 0.25, q = 0.5$ | 0.25 | 0.05 | 0.1 | 0.2 | 0.4 |

图 1　一个长度为 4 的"请求—转发—响应"链条示意，
以及在 3 种基本模型下 5 个节点贡献的比例

（1）几何衰减模型。该模型认为响应端节点的贡献最为显著，其次是将需求转发给响应端节点的中介节点，再次是将需求转发给该中介节点的中介节点，依此类推。按与响应端节点的距离由近到远，贡献按照几何级数衰减，而请求端节点仅被看作一个普通的中介节点。记"请求—转发—响应"链条长度为 $L$，衰减指数为 $q$（$0<q\leqslant1$），则与响应端节点距离为 $d$（$0\leqslant d\leqslant L$）的节点 $i$ 的贡献为

$$C(i) = \frac{(1-q)q^d}{1-q^{L+1}}$$

如响应端节点到自身距离为 0，则其贡献为 $\frac{1-q}{1-q^{L+1}}$；而请求端节点到响应端节点的距离为 $L$，则其贡献为 $\frac{(1-q)q^L}{1-q^{L+1}}$。图 1 给出了 $L=4, q=0.5$ 的一个计算示例。

（2）激励动员模型。该模型最早是 Pentland 领衔的 MIT 团队在参加 2009 年 DARPA 举办的寻找美国大陆 10 个红色气象气球位置的社会动员大赛时使用的策略模型。利用该策略，MIT 团队以显著优势获得了冠军[2]。激励动员模型是一个非参模型，在该模型中，响应端节点的贡献为 1/2，将需求转发给响应端节点的中介节点的贡献为 1/4，将需求转发给该中介节点的中介节点的贡献为 1/8，依此类推。如果"请求—转发—响应"链条的长度为 $L$，则距离响应端节点为 $d$（$0\leqslant d<L$）的节点的贡献为 $(1/2)^{d+1}$。请求端节点的贡献和与其相邻的中介节点的贡献一致，为 $(1/2)^L$。图 1 给出了 $L=4$ 的一个计算示例。与几何衰减模型相比，激励动员模型认为请求端节点不是一个普通的中介节点，因此略微增加了分配给它的贡献。

（3）固定收益模型。上面两个模型虽然略有差异，但给请求端节点分配的贡献比例都是最少的或是最少的之一。然而，在互联网时代，流量的获得往往起关键性的作用。固定收益模型认为请求端节点作为流量入口，不能仅被看作一个中介节点，而应该享有一个固定比例的贡献。在该模型中，其他节点的贡献分配依然按照几何衰减模型进行，而请求端节点的贡献固定为 $r$（$0<r<1$）。依然记"请

求—转发—响应"链条长度为 $L$，衰减指数为 $q$（$0<q\leq1$），则距离响应端节点距离为 $d$（$0\leq d<L$）的节点 $i$ 的贡献为

$$C(i) = \frac{(1-r)(1-q)q^d}{1-q^L}$$

图 1 给出了 $L=4$，$q=0.5$，$r=0.25$ 的一个计算示例。

以上给出的是比较简洁、具有相当适用性的若干模型，读者在具体应用场景中还可以根据特殊需求设计更复杂的基本模型。

## 二、一般模型

基本模型解决的是在一条"请求—转发—响应"链条上如何分配贡献的问题。一般情况下，一次数据请求可能需要多个节点提供数据，且所提供的数据的价值不同。因此，对一次数据请求的响应过程可能形成多条权重不同的"请求—转发—响应"链条，这些链条两两之间可以有一个或多个除请求端节点之外的重复节点。这就要求请求端节点具备将任意在其服务范围内合法的数据请求分解成最小粒度的若干个数据需求并为每个需求赋予明确权重的能力。在此基础上，每个响应端节点根据其所满足数据需求的权重，把对应比例的贡献值在相应的"请求—转发—响应"链条上进行分配。分配的机制就是前述的基本模型。一个节点的贡献值就是所有涉及它的链条上其贡献值的和。

图 2 给出了一个典型的示例，其中请求端节点将收到的数据请求拆分成 10 个最小粒度的数据需求。假设这 10 个数据需求的权重相同，在转发过程中，节点 d 满足了其中 2 个需求，但不能满足所有需求，于是其又将需求继续转发给节点 e。节点 e 满足了其中 5 个需求，还有 3 个需求是节点 g 完成的。于是，共有 3 条"请求—转发—响应"链条参与了对该数据需求的响应，分别是"a-b-c-d""a-b-c-d-e""a-f-g"，其对应的权重分别是 0.2、0.5 和 0.3。按此权重，若采用激励动员模型，则如图 2 所示，7 个节点的贡献分别为 $C(a)=0.13125$、$C(b)=0.05625$、$C(c)=0.1125$、$C(d)=0.225$、$C(e)=0.25$、$C(f)=0.075$ 和 $C(g)=0.15$。

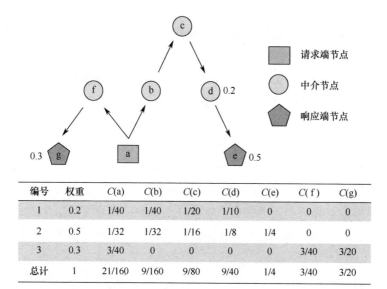

| 编号 | 权重 | $C(a)$ | $C(b)$ | $C(c)$ | $C(d)$ | $C(e)$ | $C(f)$ | $C(g)$ |
|------|------|--------|--------|--------|--------|--------|--------|--------|
| 1 | 0.2 | 1/40 | 1/40 | 1/20 | 1/10 | 0 | 0 | 0 |
| 2 | 0.5 | 1/32 | 1/32 | 1/16 | 1/8 | 1/4 | 0 | 0 |
| 3 | 0.3 | 3/40 | 0 | 0 | 0 | 0 | 3/40 | 3/20 |
| 总计 | 1 | 21/160 | 9/160 | 9/80 | 9/40 | 1/4 | 3/40 | 3/20 |

图2　一个数据请求需要多个响应端节点协同完成的示意，其中 3 条链路的权重分别是 0.2、0.5 和 0.3。节点 d 在第一条链路中扮演了响应端节点的角色，在第二条链路中扮演了中介节点的角色

显然，采用不同的基本模型，上述按链条进行贡献值分配并根据权重求和的框架也是适用的。

## 三、结论与讨论

针对数据要素流通过程中如何分账的问题，本文提出了一个简单的框架，其核心组件包括：

（1）流通网络由请求端节点、中介节点和响应端节点组成；

（2）响应端节点贡献大于中介节点，且贡献值按照几何级数衰减；

（3）一次数据请求可以由多个响应端节点满足，并根据不同权重分配贡献值。

尽管具体模型还可以根据不同场景的需求进行变化，但以上基本思想是具有普遍适用性的，应该能够在数据要素流通体系建设中发挥重要的参考价值。

　　本文一个隐含的假设是中介节点知道如何找到响应端节点，或者说知道如何为一个数据需求在流通网络上寻址。对于一些简单的情况，如一个城市 A 的数据中心掌握该城市的所有可流通税务数据，不同数据中心按照行政所属关系形成连接，这种情况下寻址的逻辑就非常简单。

　　然而，实际情况下数据的需求复杂多样，数据的供给方信息并不完备，此时如何给出数据线索，如何寻址，在哪些情况下要采用广播方式等，都是值得进一步研究的问题。其中，一种更复杂的情况是，同一个数据需求的细项有不止一个数据源可以响应。每个得到通知的数据源原则上都可以通过网络竞价。在这种情况下，如何设计竞价拍卖的机制及在该机制下如何确定竞标价格，也是值得深究的问题。

　　特别地，如果一个节点本身可以满足数据需求，它是否还要转发这个需求就成了有趣的两难选择。一方面，它的转发会带来新的竞争对手，造成竞价成功的可能性降低或自己的利润空间缩小；另一方面，即便不转发，它也不一定能获胜，而如果转发，它还可以寄望通过它的后继节点或后继的后继节点等竞价成功而获得相应分成。最近我们设计了一套机制，可以在社会化拍卖过程中让"转发拍卖信息并按照真实意愿出价"这个策略恰好是纳什均衡，从而提高拍卖效率和系统整体收益[3]。这些都可能为更好地实现数据要素流通赋能。

## 参考文献

[1] KLEINBERG J,RAGHAVAN P. Query incentive networks[C]//Proceedings of the 46th Annual IEEE Symposiumon Foundations of Computer Science,2005:132-141.

[2] PICKARD G,PANW,RAHWAN I,et al.Time-critical social mobilization[J].Science,2011,334:509-512.

[3] LI B,HAO D,ZHAO D,et al.Mechanism design in social networks[C]//Proceedings of the 31st AAAI Conference on Artificial Intelligence,2017:586-592.

# 数据治理研究报告（2020 年）——培育数据要素市场路线图

## 一、数据治理是释放数据价值的有效路径

培育发展数据要素市场需要充分释放数据价值。在数字经济全面推进的时代背景下，培育发展数据要素市场，需要充分发挥数据作为关键生产要素的价值。在大数据时代，单一数据价值十分有限[①]，真正促使数据成为社会生产要素的是"数量大、类型多、价值密度低、时效要求高"[②]的巨量数据集。可以以此为基础，通过数据分析来发现数据中蕴藏的规律趋势。数据分析不仅能在特定数据集中发现规律趋势，如新冠肺炎疫情防控期间，利用交通数据绘制春运人员迁徙热力图，为疫情防控工作部署提供参考[③]，而且能在看似不相关的数据集之间发现相关关系[④]，如通过榨菜销量预测人口流动趋势等[⑤]。将通过数据分析得到的规律趋势与实践结合进行应用落地，则能够创造经济价值，达到提高生产效率、降低生产成本的效果，真正释放数据作为生产要素的价值。

数据治理是促进数据价值实现的重要保障。释放数据价值应发挥多方主体作用，通过构建完善且覆盖全社会的数据治理体系来促进数据价值最大限度地释放。从数据价值实现的路径出发，宜重点从四个方面入手：一是要增大数据体量，将封闭的数据释放出来，为数据分析提供充足的"原材料"；二是要提升数据质量，实现数据标准化，为数据互通和数据分析提供"可用"数据；三是要促进数据的交易流通，让已有的数据流动起来，为在不同数据集之间建立更多的相关关系创造条件；四是要规制数据风险，维护各方主体的数据权益，规范数据开发

---

① 单一数据的价值主要体现为数据上所承载的信息内容的价值。
② 参见 McKinsey 发布的 *Bigdata:The next frontier for innovation,competition,and productivity*。
③ 参见中国网信网发布的文章《预判风险、追踪疫情、破除谣言……大数据为战"疫"筑牢"隔离墙"》。
④ 相关关系的核心是量化两个数据之间的数理关系。参见维克托·迈尔-舍恩伯格等著的《大数据时代》一书。
⑤ "榨菜指数"指根据榨菜在不同区域销售额的变化分析人口流动趋势。

利用行为，营造合法有序的数据要素市场秩序。培育数据要素市场路线图如图 1 所示。

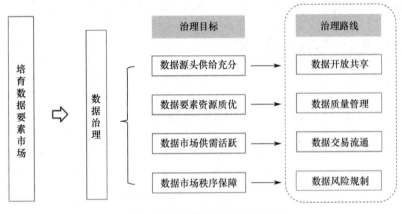

图 1　培育数据要素市场路线图

## 二、数据开放共享，充实市场源头供给

数据开放共享是释放数据价值的基础条件。将已有的数据释放出来，增大可获取的数据体量，可为大数据开发应用提供数据资源基础。当前阶段，数据开放共享突出表现为政府等公共部门的公共数据资源开放共享的问题。公共部门在履职过程中掌握了巨量、多样化的数据资源，对其进行科学有效的开发将带来巨大的经济社会价值。麦肯锡①研究显示，开放政府数据每年能够产生 3 万亿到 5 万亿美元的经济价值。公共部门将其数据资源进行开放共享，能够有效激发数据资源的活力，打破"数据孤岛"，带动社会整体数据流通共享氛围。在新冠肺炎疫情期间，获益于公共数据开放而实现的疫情信息及时发布及各地"健康码"的互联互通，为疫情预警、医疗物资供应等提供了巨大帮助。

### （一）我国加快推进数据开放共享

近年来，我国政府、企业等不同层面加大数据开放共享的力度，通过出台相关政策文件、搭建数据开放共享平台等方式，将不同来源的数据开放出来，以增大全社会的数据体量。

---

① 参见 McKinsey 发布的 *Open data: Unlocking innovation and performance with liquid information*。

一是国家层面出台了多个政策文件以推进公共数据资源开放。2015 年 8月，国务院出台《促进大数据发展行动纲要》，明确指出"要加快政府数据开放共享，推动资源整合，提升治理能力"。2016 年 9 月，国务院发布《政务信息资源共享管理暂行办法》，明确提出"以共享为原则、不共享为例外"的政务信息资源共享原则。2018 年 3 月，国务院印发《科学数据管理办法》，提出科学数据应"以开放为常态、不开放为例外"，面向社会和相关部门开放共享。2020 年 4月发布的《中共中央 国务院关于构建更加完善的要素市场化配置体制机制的意见》也提出要推进政府数据开放共享。2021 年 6 月颁布的《中华人民共和国数据安全法》也将"政务数据安全与开放"作为单独一章进行规定。同时，行业主管部门也探索在本行业推动公共数据资源开放共享。如 2015 年发布的《国家海洋局关于规范海洋生态环境监测数据管理工作的意见》、2016 年发布的《交通运输部办公厅关于推进交通运输行业数据资源开放共享的实施意见》等。

二是各地结合实际将公共数据开放实践推向纵深。一方面，多地发布规范性文件，促进和规范公共数据开放共享，如《上海市公共数据开放暂行办法》《浙江省公共数据开放与安全管理暂行办法》《北京市交通出行数据开放管理办法（试行）》《贵州省政府数据共享开放条例》等；另一方面，地方公共数据开放共享平台建设快速推进，截至 2020 年 4 月底，我国已有 130 个省级、副省级和地级政府上线了数据开放平台，其中含省级平台 17 个、副省级和地级平台 113 个[①]。

三是大型企业搭建开放平台向社会共享数据资源。目前一些互联网企业依托自身业务资源及平台优势搭建数据资源开放平台（如阿里巴巴开放平台、腾讯开放平台等），向合作伙伴和第三方开发者逐步开放会员、公司库、类目、产品、交易、营销等接口，同时将一些公开数据集在开放平台进行分享，成为企业对外开放共享数据的重要途径，为充实全社会数据资源池提供创新渠道。

四是企业与政府共享数据以提高监管效率。企业向政府部门共享数据也会成为政企合作、政企共治的常见路径。例如，2018 年 2 月，交通运输部要求网约车平台公司向监管信息交互平台传输相关基础静态信息及订单信息、经营信息、

---

① 参见复旦大学数字与移动治理实验室发布的《中国地方政府数据开放报告（2020 年上半年）》。

定位信息、服务质量信息等运营数据。2019 年 10 月，辽宁省市场监督管理局与美团进行数据信息对接共享，实现区域入网食品企业入驻信息共享、许可信息共享、食品安全社会评价和投诉信息共享，既让平台可及时查验证照的真实性，又为市场监管部门实施线下精准监管、了解市场动态形势、策略研判、风险分级管理等工作提供数据参考。

在各方推进数据开放共享实践的同时，也应注意到我国在公共数据资源开放方面仍存在供需不平衡的问题。由于各地经济技术水平悬殊，公共数据开放水平不一，目前开放程度较高的地方主要集中在我国东南沿海地区。同时，我国公共数据开放缺乏具体的实施规则、评估细则等制度设计，导致实践中公共部门数据开放共享范围不明确，缺乏有效的激励机制。

### （二）国外创新发展数据开放共享

早在 20 世纪六七十年代，美欧国家就开始了政府数据开放的相关实践，并积累了丰富的经验。近期，美欧等政府数据开放程度较高的国家通过完善立法、加强技术支撑等方式，进一步推进政府数据在更大程度上的开放共享，为本国经济技术、产业发展提供充足的数据资源。

一是立法明确数据开放共享义务。美欧等公共数据开放程度较高的国家大多出台了专门的公共数据开放政策，对于相关主体的数据开放共享义务进行规定。美国立法明确数据开放主体和开放范围。美国于 2019 年 1 月通过了《开放政府数据法》，对政府数据开放的范围、日常审查、管理机制、报告评估等都进行了明确规定。其中指出，除了出于隐私泄露、安全风险、法律责任、知识产权等因素考虑不宜公开的情形，一般的政府数据都应开放。2013 年 2 月，美国在发布的《关于提高联邦政府资助的科学研究结果的访问备忘录》中明确，由联邦资金全部资助或部分资助所产生的非保密的科学研究数据应为公众提供免费的最大化的访问，支持数据的检索、查询和分析。欧盟立法扩大数据开放范围，强调数据重用。2019 年 6 月，欧盟出台《开放数据和公共信息再利用指令》（EU2019/1024，以下简称《开放数据指令》），重点强调公共数据资源的重用，其适用的主体范围包括成员国国家、地方公共部门（如部委、市政当局等）和主要由公共机构资助或控制的组织（如气象机构、博物馆、档案馆等）等。英国立法不断扩大数据开放的主体范围。英国于 2000 年发布的《信息自由法》明确公共机构有公开特定信息的义务，于 2012 年发布的《自由保护法》明确政府部门和其他公共机构均负有主动发布可重用数据集的义务。

二是不断丰富开放共享的数据类型。美欧国家通过清单管理、肯定列举等方式不断扩大政府开放的数据范围。美国构建动态化清单管理制度。美国《开放政府数据法》中要求联邦机构与白宫管理和预算办公室（OMB）共同开发、维护数据清单，并在创建或识别每个数据资产的 90 天内进行更新。欧盟明确高价值数据集范围。《开放数据指令》规定，原则上可访问的所有公共部门的数据都可以免费重用。同时，该指令将与重大社会经济利益相关、可以加速增值信息产品和服务出现的数据集定义为"高价值数据集"，并促进高价值数据集在整个欧盟免费、便捷地重用。

三是升级数据开放共享平台。数据开放共享水平较高的国家大多搭建了统一的政府数据开放共享平台，近期更是开始推进数据开放云平台建设。多国搭建统一的政府数据开放共享平台。美国于 2009 年 5 月上线全球首个可自由获取数据的、用户与政府互动的、应用程序接口的开放网络数据共享平台——Data.gov。英国政府于 2010 年 1 月正式启动 data.gov.uk，其中包含来自英国政府各个部门的 30000 多个数据集。日本搭建了国家数据开放网站 Data.go.jp。欧盟推动数据开放共享云平台建设。欧盟于 2015 年启动"欧洲开放科学云"（European Open Science Cloud，EOSC）项目，计划联合欧洲现有的分布式科学数据基础设施，打造一个开放、无缝访问的虚拟环境，使欧盟研究人员、创新主体、公司和公民可以无缝访问和安全重用研究数据。2020 年发布的《欧洲数据战略》中提出在九个战略性部门和公共利益领域构建欧盟共同数据空间，以促进重要公共领域的数据共享和数据资源积累，包括：欧盟工业（制造业）共同数据空间、《欧盟绿色协议》共同数据空间、欧盟出行共同数据空间、欧盟医疗卫生共同数据空间、欧盟金融共同数据空间、欧盟能源共同数据空间、欧盟农业共同数据空间、欧盟公共行政共同数据空间、欧盟技能共同数据空间。

四是构建公私（B2G）数据共享机制。企业向政府共享数据，对于增进政府对社会形势的了解、提高社会管理水平和效率都具有重要意义。例如，新冠肺炎疫情防控期间，企业汇总的匿名社交媒体数据就成为全科医生报告的重要补充。目前多国对 B2G 数据共享进行规定，在立法中明确政府访问企业数据的情形。例如，法国《数字共和国法》允许公共部门访问某些私营部门具有公益属性的数据；芬兰《森林法》要求森林所有者与公共部门共享森林管理方面的信息等。欧盟在《欧洲数据战略》中明确了 B2G 数据共享原则，即在遵守《通用数据保护条例》（简称 GDPR）的前提下坚持自愿原则，促进了私营部门更方便地共享其生成的数据。仅在必要情况下，才应当在公平、透明、合理、适当和非歧视的条件下，酌情强制访问数据。

## 三、数据质量管理，提升市场资源价值

数据质量管理是释放数据价值的关键环节。"数据的互操作性和质量，以及数据的结构、可靠性和完整性对于开发数据价值至关重要。"[①]确保数据的完整性、一致性、精确性和及时性是保证数据应用的基础，数据规范统一是数据流通共享发挥作用的重要前提。数据质量提升和标准化实现，解决的是数据开发流通中数据能否"互联互通"的问题。当前，在发展人工智能、部署工业互联网的技术背景下，数据质量问题显得尤为重要，会影响巨量数据的整合效率和效果。实践中除了对公共数据质量的强制性要求，一般主要通过标准、指南等形式为相关主体的数据质量管理提供柔性指引。

### （一）我国着手开展数据质量管理

目前我国中央政府及多个地方政府着手加强政府数据质量管理，行业组织、标准化机构、企业等也通过自律方式促进数据质量提升。国家行业主管部门已经开始探索制定数据质量管理的相关要求，如 2018 年 5 月发布的《民政部关于加强和完善民政统计工作 全面提高统计数据真实性的实施意见》、2018 年 5 月发布的《银行业金融机构数据治理指引》，以及 2019 年 9 月发布的《中国银保监会银行业金融机构监管数据标准化规范（2019 版）》等。地方公共数据规范性文件中对公共数据质量进行了明确要求。例如，《浙江省公共数据开放与安全管理暂

---

① 参见《欧洲数据战略》。

行办法》中规定，公共数据应当以易于获取和加工的方式开放，公共数据开放主体应当按照有关标准和要求，对开放的公共数据进行清洗、脱敏、脱密、格式转换等处理，并根据开放目录明确的更新频率，及时更新和维护；《深圳经济特区数据条例》中要求保证公共数据的真实性、准确性、完整性、时效性。行业组织、标准化机构通过出台标准的形式为数据质量管理提供指引，如已经出台的《信息技术 数据质量评价指标》（GB/T 36344—2018）、《数据管理能力成熟度评估模型》（GB/T 36073—2018）等。

我国数据质量管理工作仍面临多方面的问题，需要体系化推进。一是对公共数据质量缺乏明确的要求。国家相关法律、管理规范中缺乏对数据质量要求的规定，导致不同部门、不同地方政府的数据质量不一、标准不一致。二是行业领域数据质量管理规范指引有待完善。行业主管部门、行业组织、标准化机构关于数据质量管理的指引、规范、标准仍然欠缺，数据质量管理机制、数据质量评估机制尚未建立、成熟，阻碍了企业间的数据共享、开发。例如，在工业互联网发展中，由于不同设备的数据格式不一致，设备联网后无法汇集和分析数据，使工业互联网应用效果大打折扣。

### （二）国外立法明确数据质量要求

国外主要通过立法、政府内部规范等形式对政府数据质量提出严格要求。美国于 2011 年发布的《信息质量法》要求 OMB 向联邦各机构发布数据质量指南，并且要求联邦各机构建立和遵守其内部的数据质量指南；确保对公众发布信息的质量（客观性、有用性和完整性），并赋予个人对政府数据质量进行申诉的权利。《开放政府数据法》中规定，联邦政府应在机构内指定联络部门回应公众关于数据质量、数据可用性的相关问题，受理公众的建议和开放数据要求，创建并实施关于评估和改善开放政府数据及时性、完整性、准确性、实用性的流程等。欧盟于 2003 年发布的《关于政府部门信息再利用的指令》（Directive2003/98/EC）中确立了关于在整个欧盟范围内开放数据的可得性、可获取性和透明度的框架规则。2013 年对该指令进行修改时，欧盟特别强调了政府数据应以可机读形式呈现，以提高数据的利用效率。

## 四、数据交易流通，连接市场供需两端

数据交易流通是释放数据价值的动力源泉。"财币欲其行如流水"[①]，商品、货币流通周转才能发挥价值，数据亦是如此。麦肯锡全球研究院发布的《数据全球化：新时代的全球性流动》报告指出，自 2008 年以来，数据流动对全球经济增长的贡献已经超过传统的跨国贸易和投资。"数据的价值在于能够使用和重用。"[②]数据交易流通是在已有数据量基础上促进数据重用、发挥数据价值的有效手段，可有机聚集、整合不同的数据集，在数据集之间寻求更多相关关系的建立，从而促进数据融合应用。在实践中，数据交易流通主要包括通过第三方交易平台进行数据交易、企业间的数据共享合作等形式。数据交易流通主要是市场主体的自愿行为，目前各国主要通过鼓励、引导的方式促进数据流通，加快释放数据价值。

### （一）我国探索促进数据交易流通

#### 1. 我国探索数据交易流通的多元模式

我国鼓励促进合法的数据交易。在数据交易方面，我国从国家政策层面鼓励合法的数据交易。目前，我国贵阳、武汉、上海等地方大数据交易中心陆续成立，在实践中探索构建、完善数据交易机制。《中华人民共和国数据安全法》《广东省数字经济促进条例》等对数据交易进行了规定。行业主管部门引导规范企业间的数据共享。如 2020 年 4 月，国家发展改革委、中央网信办联合发布《关于推进"上云用数赋智"行动 培育新经济发展实施方案》，提出打通产业链上下游企业数据通道，促进全渠道、全链路供需调配和精准对接，以数据供应链引领物资链。国家邮政局和商务部于 2019 年联合发布的《国家邮政局 商务部关于规范快递与电子商务数据互联共享的指导意见》、工业和信息化部于 2020 年发布的《工业数据分类分级指南（试行）》《关于工业大数据发展的指导意见》等政策文件对电子商务、工业数据的共享流通进行规范。行业组织通过行业自律促进企业数据流通。例如，中国互联网金融协会为加强互联网金融行业的信息共享，防范和降低信用风险，组织建设"互联网金融信用信息共享平台"；中国广告协会组

---

① 出自《史记·货殖列传》。
② 参见《欧洲数据战略》。

建互联网广告数据服务平台，组织行业各方统一制作和发布"一般无效流量数据"和适用于互联网广告领域的 IP 地址库，实施信息共享[①]。企业自主开展数据流通合作。目前，企业间自发建立战略联盟推动数据合作，如京东和腾讯推出"京腾计划"，将京东购物数据能力、腾讯社交数据能力及品牌商自有数据能力融合汇入品牌私有数据魔方，帮助品牌商形成完整的数据沉淀、数据决策、数据应用及数据回流闭环生态。

### 2. 数据交易流通面临多方障碍

目前我国推进数据交易流通尚处于探索阶段，在合法性、流通模式等方面仍存在多方障碍。

一是数据交易流通合法性不明。我国现有法律尚未对数据交易、数据流通等的合法性进行明确。而且，其他相关法律中对禁止或限制交易流通的数据类型界定也不清晰，导致可进行交易流通的数据范围不明确，市场主体出于合法性顾虑不敢进行数据交易。

二是数据交易流通规则未建立。目前数据资源定价、数据交易共享双方的权利/义务、数据不正当竞争等相关规则未建立，导致市场主体进行数据交易的动力不足，市场供需双方信任关系难以建立。

三是数据交易流通模式不成熟。目前第三方数据交易平台及企业在实践中发展的数据流通模式等仍处于起步阶段，在数据技术、标准等方面尚不成熟，影响了数据交易流通的规模。

### 3. 数据权属争议主要由司法予以解决

在诸多数据交易流通场景下，数据权属争议成为阻碍数据交易流通的核心障碍。数据权属不明，导致个人、企业的数据权利内容不确定，个人与企业间、企业与企业间的数据权利分配规则不清，对相关主体的数据权利保障不足，发生数据权利冲突时缺乏解决机制，从而阻碍了数据交易流通。

---

① 参见互联网广告技术实验室官网。

目前全球尚未达成有关数据权属的共识。数据权属涉及人格权、物权、知识产权及多种权利集合的"权利束"等观点。无论单独适用、集合适用已有的权利类型还是创设新型权利类型，都无法解决数据权属问题。就人格权来说，数据不仅包括个人数据，还包括非个人数据（如工业数据等）。而非个人数据明显不具有人格属性，因此人格权无法覆盖数据权范围。就物权来说，物权具有明确的排他性，而数据可以同时承载多方主体权利，不具有排斥他人权利的属性。如对于个人在使用App时产生的数据，个人和App企业均可主张相应的数据权利。就知识产权来说，知识产权中的著作权强调表现形式的独创性、专利权强调发明创造，而数据权属显然无法与知识产权相契合。就新型权利来说，由于当前实践和学术研究中还未能将其与其他权利类型划定明确界限，因此也无法解决数据权属问题。

国内外法律对数据权属回应尚不清晰。目前国外数据相关法律尚未对数据权属问题给出一个明确的答案。《中华人民共和国民法典》也仅规定了对数据的民法保护，未对数据权属问题进行规定。我国地方法规开始探索制定数据权属规则。例如，《天津市数据交易管理暂行办法（征求意见稿）》对数据交易双方的数据权进行了规定，要求交易数据必须无权利争议，经处理无法识别特定数据提供者且不能复原，数据需方不得对数据进行重新识别，按约定完成使用后应及时销毁数据等。地方法规为解决数据权属问题提供了有益思路，但效果如何仍有待实践检验。

实践中数据权属争议主要依靠司法审判进行个案处理。虽然现有法律还未明确数据权属相关规则，但实践中已经出现了多起数据权属争议。如领英与 hiQ Labs 的数据使用争议、用户诉今日头条非法获取个人信息案、新浪微博诉脉脉非法使用用户数据案等。

我国司法机关对数据权属争议的判决体现了在产业发展不同阶段的数据治理诉求。在大数据发展初期，对数据权属的判决向促进产业发展倾斜。2015 年，在我国"Cookies 第一案"中，二审法院认定企业利用 Cookies 技术进行个性化推荐不构成对用户个人隐私的侵犯。当时，我国已经出台了《全国人民代表大会常务委员会关于加强网络信息保护的决定》，明确了对个人信息保护收集使用的要求。"Cookies 第一案"的判决结果对于促进我国互联网企业迅速崛起、推进大数据开发纵深发展无疑具有积极的促进作用。在大数据快速发展期，随着产业发展壮大，强化对大企业数据权益保护成为判决方向。对于企业运营中产生的业务数据（非个人数据），法院明确了对企业数据权益的保护。如"大众点评诉百度""新浪微博诉饭友""阿里巴巴诉码注""淘宝诉美景"等多起案件都明确了企业对其业务数据享有的权利。而对于企业在运营中收集、产生的用户数据，法院也倾向于强调企业数据权益。如在 2016 年"新浪微博诉脉脉"、2019 年"微信诉抖音"案件中，法院确立"三重授权"原则，要求第三方必须经过企业和用户的授权才能使用用户数据，突出对大企业所掌握的数据资源的保护。培育发展数据要素市场对数据流通共享提出要求，法院判决思路转向促进数据流通。在 2020年"微信数据权益案"的判决中，法院对于数据权益归属的判决有了新的变化。法院将企业所掌握的数据区分为单一用户数据和整体数据资源。单一用户数据权益并非谁控制谁享有，依法经用户同意即可使用。而企业对整体数据资源投入了人力、物力，应当享有竞争权益。此案的判决为中小企业获取、开发单一用户渠道提供了依据，对于促进数据流通具有重要的指导意义。

司法能动性导致对数据权属的判决具有不确定性，仍然需要通过立法确定数据权属规则。由于技术产业发展水平、一国的法律传统、司法审判人员主观意志等方面的差异，类似的案件可能呈现不同的审判结果。而且随着技术产业发展变化，法院对数据权属的判决也在动态变化。因此，仍需要通过立法将实践中成熟的数据权属规则加以确定，为数据权属争议解决提供明确指引。

### （二）国外多元手段促进数据交易流通

一是明确数据交易合法性。美国是推动数据交易合法化的典型国家，不仅具有数据交易的传统，而且在立法中明确了数据交易的合法性。数据经纪商（DataBroker）是美国数据交易服务的主要提供者，其不是直接从用户处收集数据，而是通过政府来源、商业来源和其他公开可用来源等途径收集个人数据等，并转让、共享给他人，目前数据经纪商收集和分析的数据几乎覆盖全美消费者。美国联邦贸易委员会（FTC）曾发布官方报告提出对数据经纪商法律规制的建议，要点在于保护消费者的知情权、选择权等合法权益。此外，美国相关法律也对数据交易者的权利/义务进行了规定，间接明确了数据交易的合法性。被称为"美国最严的隐私法案"的《加州消费者隐私法》（CCPA）中对数据交易者的义务进行了明确。CCPA 中规定，数据经纪商是指明确知悉并从与其没有直接关系的消费者处收集个人信息并向第三方销售的经营者。

二是发布数据流通官方指引。缺乏经济激励、企业数据安全和数据权益规定不明、企业之间缺乏信任等问题，阻碍了企业间的数据共享[①]。近年来，为了促进企业间的数据流通，多国政府通过发布研究报告、官方指引、数据共享框架等方式帮助和引导企业间构建数据共享机制。2018 年 4 月，欧盟委员会发布《欧洲内公司间数据共享研究》报告，提出数据货币化、数据市场、行业数据平台、技术支持者、开放数据策略五种欧盟企业数据共享方式。2018 年 10 月，欧盟发布《非个人数据自由流动条例框架》，禁止成员国对非个人数据在欧盟内部流动设置数据本地化等制度障碍。欧盟在 2020 年发布的《欧洲数据战略》中提出，要促进企业间自愿性的数据共享，特别是解决与共同创建数据（如工业环境下的物联网数据）的使用权有关的问题。2017 年 6 月，日本制定了《数据使用权限合同指引》，针对数据提供类、数据产生类、数据共享类三类不同的数据合同，指出了合同订立时需要考虑的关键要素，并提供了相应的合同模板。2019 年 6 月，新加坡发布《可信数据共享框架》，对企业间数据共享战略、数据共享合规性要求、数据共享的技术和组织能力及运行性数据共享进行明确，提出以"可信原则"建立可信赖的数据共享伙伴关系。

三是行业组织搭建数据流通空间。除了政府部门的相关举措，产业联盟、标准化机构等也通过统一数据标准等方式促进企业间的数据流通。2016 年，德国在"工业 4.0"下启动工业数据空间子项目，由德国弗劳恩霍夫应用研究促进协会负责推进。该项目为打造可信任的数据交易共享网络，建立了一整套工业数据空间参考架构模型，结合数据使用者、数据提供者、认证中心、中间代理商等十种主体在数据共享流通中的作用，设计了包括数据主权、数据交易、数据定价等在内的完整商业模型、交易流程和软件开发规范，并为各主体提供了标准化软

---

① 参见《欧洲数据战略》。

件接口——"连接器",从技术解决方案上保证了数据安全流通和主权完整。截至目前,该项目已在制造、交通、医药等多个行业开展实践探索,累计形成超过五十个场景案例。2019 年 5 月,日本工业价值链协会发布了《互联产业开放框架》(CIOF),提供了一套"标准+技术+机制"的流通解决方案:采用分布式的方式支持数据提供者和数据使用方直接对接,形成双方认可的数据字典标准;构建以连接终端(HCT)和连接服务器(HCS)为核心的数据流通解决方案,通过在企业连接终端部署,实现对内部数据的管理和收集,并保证不被篡改,为企业间数据传输提供保障;提供多样性的格式合同,明确数据供需双方的权利义务,并通过将合同存储在以区块链为核心的数据库中,为数据共享流通过程提供机制保障。

## 五、数据风险规制,夯实市场安全保障

数据风险规制是释放数据价值的安全保障。数据风险规制意在解决数据相关的风险和问题,从规制层面为数据价值释放提供保障。数据风险规制需要国家公权力部门(立法机关、司法机关、行政机关)通过强制手段进行干预,以解决在数据领域侵害个人权利、扰乱社会秩序或危害国家安全的问题。当前阶段,数据风险体现在多个层面。在国家层面,数据泄露等数据安全问题频繁发生,对个人、企业的数据权益甚至国家安全造成威胁;在经济社会层面,数据不正当竞争对市场秩序产生不良影响;在个人权益层面,过度收集、滥用个人数据导致个人数据权益受损严重。亟待加强对数据相关风险的防控和规制,为数据价值充分释放扫清障碍。

### (一)我国不断强化数据风险规制

#### 1. 我国数据风险规制工作稳步推进

一是数据安全工作不断强化。数据安全立法不断丰富完善。2017 年,《中华人民共和国网络安全法》正式生效,对数据安全相关问题进行了明确。2021 年 9 月,《中华人民共和国数据安全法》正式生效,对重要数据管理、数据分类分级保护、国家数据安全审查等进行了明确。数据安全执法工作紧密开展。我国相关

主管部门通过集中开展数据安全合规性评估、专项治理和监督检查，督促企业强化数据安全全流程管理，及时整改消除重大数据泄露、滥用等安全隐患，全面提升数据安全管理及保障水平。在督促企业合规的同时，主管部门加快完善数据安全制度标准，建立数据分类分级保护、数据安全风险评估、数据安全事件通报处置、数据对外提供使用报告等制度，指导企业健全完善内部数据全生命周期的安全管理。

二是个人信息保护重点突出。个人信息保护相关法律、政策文件、标准规范等加快出台实施。《中华人民共和国网络安全法》《中华人民共和国刑法》《电信和互联网用户个人信息保护规定》等对个人信息保护制度进行了明确。《中华人民共和国民法典》明确了个人信息受法律保护，为个人信息保护提供了基本法律依据。2021 年 8 月，全国人大常委会通过《中华人民共和国个人信息保护法》，明确自然人个人信息受法律保护。此外，《信息安全技术 个人信息安全规范》等国家标准的出台也对个人信息保护工作起到了指引作用。在新冠肺炎疫情期间，相关主管部门规范个人信息收集使用，防止滥用。2020 年 2 月，中央网信办发布《关于做好个人信息保护利用大数据支撑联防联控工作的通知》，要求除依法授权的机构外，任何单位和个人不得以疫情防控、疾病防治为由，未经被收集者同意收集使用个人信息。个人信息保护执法活动持续开展。相关部门开展隐私条款评审、App 违法收集使用个人信息专项治理行动等，聚焦超范围收集个人信息、强制定向推送等违法行为。司法向加强个人权益保护倾斜。在处理侵犯个人信息的案件中，司法机关的判决从严格执行"谁主张谁举证"，要求个人证明侵犯个人信息事实（如 2012 年王某诉汉庭酒店案、2016 年谢某诉苏宁易购案等），转向以企业侵犯用户个人信息的"高度盖然性"为标准，要求企业承担举证责任（如 2017 年庞某诉去哪儿和东航案、2018 年申某诉携程和支付宝案等）。

三是数据市场秩序监管逐步开展。目前我国法律还未有关于"数据垄断"监管的规定。2020 年 1 月，国家市场监督管理总局发布的《〈反垄断法〉修订草案（公开征求意见稿）》在第二十一条中增加了将"处理相关数据的能力"作为认定互联网领域经营者具有市场支配地位的因素，表明数据作为影响市场秩序的一个重要因素已经受到了监管部门的关注。

### 2. 我国数据风险规制仍存在不足

一是数据相关法律制度仍需要细化落实。目前，《中华人民共和国数据安全法》《中华人民共和国个人信息保护法》等相关法律均已出台，明确了我国在数据安全、个人信息保护等方面的基本制度。但由于法律文件本身的原则性、抽象性，仍有部分制度性规定在实践中难以有效实施，需要出台相关配套法律法规明确重要数据管理、数据分类分级保护、个人信息权利保护等制度的具体要求。

二是规制数据风险执法机制不明确。目前虽然具体行业领域，如电信、金融、交通等出台了本行业数据安全、个人信息保护等相关规定。但当前数字经济飞速发展，大数据与各行业深度融合，数据风险和问题层出不穷。未确立明确的监管部门，导致执法活动分散，执法力度不集中，影响数据风险规制工作的高效化、统一化。

三是第三方协调作用未充分发挥。在规制数据风险方面，除了加强公权力部门的作用，还需要多方治理主体共同参与。目前行业组织、标准化机构等社会第三方主体在通过非强制性、非行政化等柔性手段协助规制数据风险方面的作用还未充分发挥。

### （二）国外完善数据风险规制体系

一是构建数据泄露通知制度。针对数据安全领域最为突出的数据泄露问题，目前世界主要国家/地区建立起了"数据泄露通知"制度。美国 50 个州出台了"数据泄露通知"专门法规，欧盟、澳大利亚、英国、韩国、新加坡等在数据相关法律中对"数据泄露通知"制度进行了规定，明确了数据泄露通知触发条件、企业的通知义务及相关法律责任等具体规则。

二是不断强化个人信息保护力度。一方面，立法强化对个人信息相关权利的保护。欧盟的《通用数据保护条例》明确个人对其个人信息享有知情权、访问权、更正权、被遗忘权、限制处理权、数据可携权和拒绝权等。另一方面，强调企业保护个人信息的义务。各国加大对企业违反个人信息保护义务的处罚力度，截至 2019 年，全球十大互联网公司几乎均牵涉用户数据泄露或滥用的争端。个人信息执法案件通常涉及的数据体量大、影响面广，"天价"罚单屡见不鲜。据统计，截至 2020 年 8 月，欧盟成员国数据保护机构共做出约 4.9 亿欧元的行政处罚决定①。

三是着手治理数据垄断。目前直接涉及数据垄断行为的实践案例较少，美国、欧洲国家市场执法机构已开始对数据驱动型并购交易进行审查。探索数据市场支配地位的认定。例如，欧盟竞争委员会在 2016 年微软（Microsoft）并购领英案中，并没有直接区分数据市场，而是根据双方业务领域界定了八个相关市场②，根据不同市场中双方的业务份额、并购后可能产生的网络效应和替代效果来确定并购后是否存在市场支配地位。考虑数据集中对竞争的影响。例如，欧盟反垄断机构在微软收购领英、脸书（Facebook）收购瓦次普（WhatsApp）的审查中，都考虑了数据集中后是否会对竞争对手获得数据造成阻碍，是否影响市场竞争。分析数据集中对隐私保护的不利影响。例如，美国 FTC 审查谷歌收购 DoubleClick 及欧盟审查微软收购领英时都考虑了该交易对消费者隐私保护带来的不利影响。

## 六、我国培育数据要素市场展望

当前，世界各国都把经济数字化作为实现创新发展的重要动能，在前沿技术研发、数据开放共享、隐私安全保护、人才培养等方面进行前瞻性布局。为了培育发展数据要素市场，促进数据作为生产要素价值的最大化释放，我国宜从数据开放共享、数据质量管理、数据交易流通和数据风险规制四个方面开展工作部署，加快助力数字经济高质量发展。

---

① 参见 enforcementtracker 网站。
② 八个市场分别是个人计算机操作系统、办公软件、客户关系管理软件解决方案、智能销售解决方案、在线通信服务、在线录用服务、在线广告服务、职业社交网络服务。

### （一）以开放共享为抓手释放数据体量优势

目前我国从国家和地方层面加快推进数据资源开放共享，但与国际上数据开放共享程度较高的国家相比仍然存在诸多不足，未来宜重点从以下三方面抓紧布局，加快推动我国数据开放共享进程。

一是通过统一立法的形式明确数据开放共享的主体范围。目前我国尚未出台政府数据开放共享方面的专门法律，现行相关法律中也未明确数据开放共享的主体范围。借鉴国外实践做法，我国宜考虑出台专门的公共数据资源开放共享管理规定，或在现行法律中增加相关条款，明确具有开放共享公共数据资源义务的主体范围。

二是建立动态化清单管理制度，明确数据开放共享范围。我国宜建立数据资源清单管理机制，由负有数据开放共享义务的主体结合工作实际制定数据开放共享清单，并对清单进行定期调整和更新，在确保安全的前提下不断扩大数据开放共享范围。

三是搭建统一的数据开放共享云平台，提升数据开放共享质量和水平。我国可依托国家技术资源优势搭建统一的数据开放共享云平台，鼓励各级地方数据开放共享平台接入，促进全国数据资源实现标准化整合、汇聚，为提升公共数据资源开放质量提供有力的技术支撑。

四是鼓励企业探索数据开放共享新模式。鼓励具有数据资源和技术优势的企业将数据向社会开放共享，积极推广效果良好的实践模式，并鼓励企业将能够助力社会管理的数据开放给政府部门，从而营造全社会数据开放共享的良好氛围。

### （二）以质量管理为突破激活数据资源价值

数据质量管理不仅影响数据可用性，而且已经成为数据交易流通的一大障碍。数据质量管理不规范、数据质量无保证，是数据交易流通中供需双方信任关系难以建立的重要原因。同时，对公共数据质量要求不明确，也会使公共数据开放共享的效果大打折扣。为此，我国宜重点从以下三方面强化全社会数据质量管理。

一是明确对公共数据的质量要求。我国宜在统一的公共数据开放法规中明确对公共数据的质量要求，或由具体行业主管部门对本行业的数据质量管理要求进行具体规定，同时为私营主体的数据质量管理提供借鉴参考。

二是加快出台数据质量标准，结合数据开发利用、交易流通具体场景，细化数据质量要求，加快推进数据标准化进程，为数据在要素市场的高效流通创造条件。

三是构建数据质量第三方认证机制，由权威第三方对行业数据质量开展评估认证，激励企业做好数据质量管理，为构建数据要素市场供需双方的信任关系提供有效保障。

### （三）以交易流通为关键活跃数据要素市场

促进数据交易流通是培育数据要素市场的关键环节，是数据作为社会生产要素在市场中流动并产生更大价值的重要前提。结合我国目前推进数据交易流通的相关实践情况，未来我国宜重点从以下三方面加快相关工作部署。

一是加快完善相关法律，为数据交易流通提供合法性依据。在数据相关法律中对合法的数据交易流通模式予以明确，并明确划定禁止或限制交易流通的数据范围，从而为依法依规地进行数据交易流通扫清障碍。

二是行业主管部门宜出台企业间数据流通合作的指导性文件。行业主管部门可考虑借鉴国外经验，结合本行业发展实践，针对企业间数据流通创新模式、合同范本、法律责任等发布相关研究报告、指南或指引，从而促进和规范企业间的数据流通，提高全社会的数据流通效率。

三是行业组织宜为本行业数据流通搭建整套解决方案。借鉴德国 IDS 和日本 CIOF 经验，我国相关行业组织可考虑从技术和产业实践入手，搭建行业数据流通空间，在不同的业务场景下构建企业间数据流通全流程的解决方案，促成企业间数据安全高效地流通。

### （四）以风险规制为重点强化数据安全保障

一是针对关键的数据风险加快立法。借鉴各国立法经验，我国宜加快完善数据泄露通知相关规定，明确数据泄露通知触发条件、进行通知的具体要求及相关法律责任，构建科学有效的数据安全风险防范制度。

二是构建完善的数据执法机制。明确不同职责部门在数据风险规制工作中的职责分工，建立部门间高效协作的执法机制。充分利用云计算、人工智能、区块链等新技术提高数据执法水平和效率。重点针对数据安全管理、个人信息保护等问题加大执法力度，为数据要素市场有序运行提供保障。

三是深入研究数据垄断等新问题。借鉴国外关于数据垄断、数据不正当竞争等新型问题的处理经验，结合我国产业发展实践，加强对数据垄断等新问题的研究，并适时制定相关规则、修订现有法规，强化对数据垄断风险的规制。

四是鼓励第三方机构在数据风险规制中发挥作用。鼓励行业组织、标准化机构等通过出台标准、指引的方式，引导个人、企业进一步落实数据相关法规要求。通过开展第三方评估认证等方式，防范数据风险，维护数据市场秩序。

# 信息社会共识

人类正在迈入一个潜力巨大的时代——信息社会的新时代。"在这个新兴社会中，信息和知识可以通过世界上所有的网络存在、交流、共享和传播"（联合国信息社会原则宣言，2003）。中国《2006—2020 年国家信息化发展战略》也提出了"为迈向信息社会奠定坚实基础"的战略目标。今天，我们相聚在这里，共同表达对这个时代的认知与期待。

我们看到，一个新的时代已经来临。正如农业革命诞生了农业社会、工业革命缔造了工业社会一样，信息革命正在推动人类进入信息社会。在信息社会建设的过程中，经济与社会发展的模式发生了重大变化，信息技术的广泛普及与深化应用不仅让城市生活更美好，也大大改变了农村居民的生存与发展环境，使人民生活品质得到全面提升。

我们看到，信息社会不是工业社会的简单延伸。以通信、计算机、互联网等为代表的现代信息技术飞速发展、广泛渗透，不仅改变了人类社会原有的生产力结构，还深刻改变着人们的生产生活方式；知识型经济、网络化社会、服务型政府、数字化生活是信息社会的基本特征；以人为本、开放包容、全面协调与可持续发展是信息社会的基本要求。

我们看到，世界各国都在努力为信息社会做准备。发达国家希望保持领先优势，新兴经济体力争寻求新的突破，发展中国家致力于发挥后发优势实现跨越式发展，世界各国纷纷制定了一系列信息化发展战略，都希望在信息革命中成为最大受益者。

我们认为，信息社会是人类需求变化与信息革命发展相耦合的必然结果。工业社会后期，在生产极度扩张的同时，出现了环境破坏、生态恶化、资源紧张、贫富分化等一系列问题，迫使人类转而寻求新的发展方式，信息革命适应了这种需求，成为引领变革的世界性潮流。

我们认为，信息社会建设对所有国家来讲都既是机遇又是挑战。信息革命为打造新产业、培育新业态、重塑动力机制、转变发展方式提供了难得的历史机遇，尤其对于经济发展相对落后的国家和地区而言，如能抓住机遇，应对得当，完全有可能发挥后发优势实现跨越式发展。但世界各国都会面临全球性生产力布局调整、信息安全隐患凸显、数字鸿沟扩大等方面的挑战，丧失发展机遇将成为其中最大的风险。

我们认为，从工业社会到信息社会必然经历"转型期阵痛"。在转型过程中，三类基本矛盾不可回避：一是经济增长内在冲动与资源环境支撑能力不足之间的矛盾；二是经济快速增长与社会发展滞后之间的矛盾；三是传统生产关系不适应信息生产力发展的矛盾。工业社会的经济基础、体制机制、手段方法、思维惯性与信息社会发展要求不相适应。

我们认为，信息化是化解各类现实矛盾、推动社会转型的关键。必须充分发挥信息化在助力经济成长、转变发展方式、解决现实问题、促进社会和谐、创新竞争优势方面的作用，在信息基础设施建设、信息产业发展、信息技术深化应用、信息资源开发利用、信息人才培养、信息化环境完善和社会转型等方面不断取得新的突破。

我们希望，人人成为信息社会建设的实践者、受益者。

我们希望，诚信、负责、合作、共赢成为信息社会企业生存与发展的基本守则。

我们希望，科学决策、公开透明、高效治理、广泛参与的服务型政府在信息社会建设中发挥更好的作用。

我们希望，一个"以人为本、开放包容、全面协调与可持续发展"的信息社会的来临，能够促进智慧中国的崛起，为人类创造更美好的未来。

我们希望，我们的后代将因我们现在的选择而受益，为我们现在的行动而自豪。

# 延伸阅读

## 1.《变革与重建：数智化加速下的产业与社会》

本书试图从产业、社会和治理等多个角度，以危机时刻、产业之变和社会重建三个板块，抽丝剥茧地分析当下情势，并以实践中涌现的数据和案例来展现数智化加速下的产业和社会，以带给人启迪和希望。

## 2.《数字化转型中的中国》

本书是在信息经济不断发展、"智能+"和数字化转型已被当下各界极为关注的大背景下，信息社会 50 人论坛多位权威专家深入研究和集智的呈现，分别从智能科技、工业互联网、数字化转型、智慧城市和科技向善等方面汇集了年度相关成果，希望能为社会各界分享不同角度的思考和研究成果，促动更多的思想碰撞和前沿实践。

## 3.《信息经济：智能化与社会化》

本书是信息社会 50 人论坛的多位重量级专家的成果，他们尝试从复杂经济学、信息社会的智能化与社会化，以及互联网治理等不同视角探讨经济学中的新理念、现实经济中的新事物、社会生活中的新现象、社会管理中的新课题，期望从中探索出以往没有认识到的切入点、新规律，寻找解决问题的新方法和新思路。

### 4. 《互联网经济治理手册》

本书围绕产权归属、责任归属、实践与法规的次序、线上与线下的标准这四个互联网治理的核心问题展开讨论，共四大部分：第一部分指出了互联网治理的四个核心问题；第二部分从各平台，如淘宝、滴滴、考拉、微信等的治理实践中提取经验；第三部分讨论了各平台面临的共同问题，包括市场准入、消费者保护、数据安全、知识产权、竞争政策、食药安全问题和税收政策问题等；第四部分展望了互联网经济治理的前景。

### 5. 《重新定义一切：如何看待信息革命的影响》

本书从信息社会与理念创新、分享经济与模式创新、科技进步与实践创新、互联网治理与制度创新 4 个维度研判了信息革命对经济社会发展理念、模式、技术与制度创新的深远影响。

### 6. 《拥抱未来：新经济的成长与烦恼》

自 2016 年 3 月 "新经济" 首次被写入《政府工作报告》之后，新经济焕发出勃勃生机，也越来越释放出经济发展的新动能，越来越朝着经济主旋律的道路前行。因此，在一定意义上说，新经济代表着未来经济，而本书的主题正是新经济。本书从理论认识、经济测量、平台治理、互联网发展等多个维度进行阐述，试图为新经济的成长指明方向。

## 7.《未来已来："互联网+"的重构与创新》

本书集中反映了信息社会 50 人论坛专家们关于信息社会的新思考。他们就信息社会发展过程中涌现出来的表层和深层问题，做了深入而有创新的分析与研究，对"就在身边，就在当下"的未来，分别展示了自己描绘的图景。

## 8.《读懂未来：信息社会北大讲堂》

2015 年，信息社会 50 人论坛与北京大学合作，联合主办了"信息社会·北大讲堂"，并邀请了位于信息社会发展前沿的 8 位信息领域的著名专家、学者及实践者，以凝练的主题，用细腻的感知，将各自领域中纤细的变化、宏大的前景带给听众，使听众及早感受未来席卷世界的风潮。

本书原汁原味地呈现了"信息社会·北大讲堂"的全部内容。

## 9.《信息经济：中国转型新思维》

本书汇集了来自政府、学术界及行业内信息社会研究前沿的专家从不同角度审视信息社会发展的现状与未来的成果，为读者提供了一套关于我国发展信息社会的立体思考。

## 10.《边缘革命 2.0：中国信息社会发展报告》

信息社会 50 人论坛的专家们将自己的智慧与探索，凝结成本书，期待为读者提供一个关于信息社会的新思维魔方。本书中的每篇文章都可以看作从不同侧面对这些变革及演变趋势的诠释，揭示中国信息社会大变革时期的大思路与新思维！